NUNCA
É TARDE PARA
MUDAR

1ª edição - Setembro de 2025

Coordenação editorial
Ronaldo A. Sperdutti

Preparação de originais
Marcelo Cezar

Capa
Juliana Mollinari

Projeto gráfico e diagramação
Juliana Mollinari

Revisão
Enrico Miranda

Assistente editorial
Ana Maria Rael Gambarini

Impressão
Plenaprint gráfica

Av. Porto Ferreira, 1031 | Parque Iracema
CEP 15809-020 | Catanduva-SP
17 3531.4444

www.**lumeneditorial**.com.br
www.**boanova**.net

atendimento@lumeneditorial.com.br
boanova@boanova.net

Dados Internacionais de Catalogação na Publicação (CIP)
(Câmara Brasileira do Livro, SP, Brasil)

Leonel (Espírito)
Nunca é tarde para mudar / pelo espírito Leonel ; [psicografado por] Mônica de Castro. -- 1. ed. -- Catanduva, SP : Lúmen Editorial, 2025.

ISBN 978-65-5792-120-3

1. Espiritismo 2. Psicografia 3. Romance espírita I. Castro, Mônica de. II. Título.

25-296003.0 CDD-133.93

Índices para catálogo sistemático:

1. Romance espírita psicografado 133.93

Maria Alice Ferreira - Bibliotecária - CRB-8/7964

Impresso no Brasil – Printed in Brazil
01-09-25-3.000

MÔNICA DE CASTRO

PELO ESPÍRITO LEONEL

NUNCA *É TARDE PARA* **MUDAR**

LÚMEN EDITORIAL

PREFÁCIO

Esta é uma história real, embora não retrate um fato único. Trata-se, na verdade, da reunião de vários casos verdadeiros, ocorridos em lugares e épocas distintos. Ataques terroristas se tornaram comuns, mesmo em países que, tradicionalmente, nunca tiveram ligação com movimentos islâmicos ou muçulmanos. No atual século, parece que houve um incremento desses atos de terror, que se voltaram para países democráticos sem histórico de terrorismo.

O maior ataque terrorista da história mundial foi, sem dúvida, o que atingiu as Torres Gêmeas, em Nova Iorque, e o Pentágono, em Washington, em 11 de setembro de 2001. De lá para cá, recrudesceram os atentados contra alvos civis, em lugares distantes do Oriente Médio, não apenas geograficamente, mas também, ideologicamente. Bali, Madri, Londres,

Mumbai são apenas alguns exemplos de locais tragicamente atingidos pela intolerância fundamentalista.

Não é apenas nesse aspecto, contudo, que os atos de terrorismo são observados no planeta. Ataques menores, principalmente em escolas e universidades, vêm acontecendo ao longo dos anos, ainda que muitos sem ligação com o Estado Islâmico. Os exemplos são muitos.

Foi assim em Colônia, na Alemanha, nos idos de 1964, quando um homem invadiu uma escola primária católica, matando oitos estudantes e dois professores. Em 1966, na Universidade do Texas, Estados Unidos, um major da marinha atirou em diversas pessoas do alto de uma torre. No ano de 1999, ainda nos Estados Unidos, dois estudantes invadiram o Instituto Columbine, no Colorado, matando e ferindo diversos alunos e professores. Em Realengo, bairro do Rio de Janeiro, em 2011, um jovem invadiu uma escola municipal e disparou contra os alunos, matando doze e deixando outros tantos feridos.

Esses e outros trágicos incidentes terminaram ou com o suicídio dos autores, ou com sua morte pela polícia. Em vários casos foram encontradas informações incriminadoras, ligando-os às várias facções terroristas espalhadas pelo mundo.

E foram esses casos que forneceram o material necessário para que fosse costurada a colcha de retalhos que compõe essa história. Não se trata de inspiração em um ou outro episódio terrorista, mas da junção de vários deles, de onde extraímos elementos úteis à compreensão dos mecanismos que movimentam as engrenagens da vida.

Tudo tem um motivo. Cada folha que cai de uma árvore atende ao comando da espiritualidade maior. Deus não trabalha com o acaso. Tudo no universo segue o planejamento divino, e mesmo as coisas aparentemente aleatórias possuem uma razão de ser, ainda que desconhecida pela ciência dos homens.

O passado já não importa mais. Contudo, conhecer alguns de seus meandros talvez ajude a compreender e aceitar os infortúnios do presente. Vivenciar a lei de causa e efeito é indispensável ao aprimoramento humano, muito embora não estejamos presos aos efeitos funestos das causas daninhas. Se nos atamos ao sofrimento e à dor, é porque não compreendemos, ainda, que o movimento do mundo pode ser impulsionado pelo amor e o perdão.

É isso que a humanidade está aprendendo agora, a fim de que, em um futuro próximo, consiga se despir da crença nas aflições para se imbuir do espírito mais elevado da alegria. Perdoar em lugar de sofrer; servir em vez de padecer; ser feliz para não precisar morrer.

PRÓLOGO

Localizada próximo a Jerusalém, Hebron é uma das quatro cidades sagradas dos judeus e uma das maiores da Palestina. É lá, na caverna de Macpela, que se encontram sepultados os Patriarcas hebreus e suas esposas: Abraão, Sara, Isaque, Rebeca, Jacó e Joyce. Acima, uma igreja foi erigida na época do imperador Justiniano, mais tarde convertida em mesquita islâmica.

Estreita faixa de passagem entre a África e a Ásia, a Palestina tornou-se cobiçada pelos mais diversos exércitos de conquistadores desde muitos anos antes de Cristo. As guerras de conquista se sucederam através dos séculos, passando a região ao domínio de vários povos, como egípcios, hebreus, romanos e árabes, dentre outros. Por fim, no século XVI, o

Império Otomano ali se estabeleceu, até ser expulso pelos Aliados, na Primeira Guerra Mundial.

Enquanto isso, na segunda metade do século XIX, eclodiu na Europa o movimento sionista, dando início à migração de um grande número de judeus para o território palestino. A chegada dos judeus não foi bem vista pelas comunidades árabes lá estabelecidas, gerando toda sorte de conflitos.

Com a derrota da Tríplice Aliança, da qual fazia parte o Império Otomano, sobreveio o fim da Primeira Grande Guerra. Assinado o Tratado de Versalhes, a Palestina foi dividida entre a França e a Inglaterra, cabendo a esta a região sul. Como os conflitos entre judeus e árabes eram constantes, a Liga das Nações concedeu o Mandato Britânico da Palestina, passando, à Inglaterra, sua administração legal. Em 1922, o Reino Unido dividiu a região em dois distritos administrativos, separados pelo rio Jordão, ficando os judeus com a zona oeste do rio, e os árabes, com a leste. A divisão não encerrou os conflitos. Ao contrário, acirrou ainda mais a rivalidade entre muçulmanos e judeus.

Após tantos anos de guerras e conquistas, lavada com o sangue da humanidade, a terra ainda era palco de batalhas, rebeliões e disputas. Cada povo que por lá passava atribuía a si o domínio da região. Transferindo-se de governo a governo, ao longo de tantos séculos, seus legítimos possuidores acabaram perdendo-se no tempo. Todos tinham seus justos motivos para reivindicar a terra, esquecendo-se do fundamental: o mundo não é propriedade exclusiva de ninguém, mas de todos os povos, que deveriam conviver em harmonia e paz. As fronteiras existentes entre as nações são imaginárias, convenções do ser humano para assegurar sua soberania. Não foram estabelecidas por nenhum deus para favorecer uma ou outra nacionalidade, pois todos os deuses, em essência, são apenas um só.

Em meio a essa disputa milenar, milhares de árabes e cerca de oitocentos judeus desfrutavam de uma convivência mais ou menos pacífica na cidade de Hebron. Uma parcela da população árabe, todavia, revoltava-se contra essa situação. Não eram poucos os que não viam com bons olhos seus vizinhos judeus, e as hostilidades aumentavam a cada dia. Espalhada pela cidade, uma onda de nervosismo e medo alcançou todos os segmentos da população, colocando ambos os lados em constante sobressalto.

Mesmo assim, a vida seguia seu curso. Muitos dos que lá residiam procuravam levar uma vida normal, dedicando-se ao trabalho, à família e aos estudos.

Acostumado a essas inquietações populares, o judeu Elias evitava envolver-se em conflitos ou dar ouvidos às provocações de seus conterrâneos árabes. Vivia normalmente, dividindo seu tempo entre a yeshivá, aonde ia para estudar a Torá e o Talmud, e o trabalho na loja de instrumentos musicais do pai.

Do mesmo modo que Elias, o árabe Munir também tratava de se manter distante de brigas. Embora influenciado pela visão do pai de que os judeus eram usurpadores de terras, não tomava partido em discussões nem demonstrava um temperamento agressivo, apesar de um tanto sombrio. Sonhava, um dia, tornar-se advogado para defender seus compatriotas injustiçados do jugo sionista, tudo dentro da legalidade árabe que ele imaginava perfeita.

Naquele 23 de agosto de 1929, o dia parecia haver iniciado mal para Elias. Para começar, acordara tarde, atrasando-se para a yeshivá. Depois do almoço, uma dor de barriga quase o impediu de comparecer ao trabalho, o que teria deixado o pai em maus lençóis. E apesar da insistência da mãe e da irmã para que ficasse em casa, Elias não queria prejudicar o trabalho na loja.

Mesmo sentindo-se mal, partiu para o estabelecimento do pai. No caminho, notou uma movimentação diferente, uma espécie de aura de animosidade pairando no ar. Corria, na época, o boato de que, em Jerusalém, judeus estavam massacrando muçulmanos e tomando seus lugares sagrados.

Eram rumores infundados que não chegaram ao conhecimento de Elias. Por isso mesmo, não associou sua impressão de estranheza ao perigo iminente. Julgando tratar-se de sua imaginação, distorcida pelo mal-estar matinal, não deu atenção a seus instintos e subiu a rua, a caminho do trabalho.

Enquanto isso, Munir ouvia, em silêncio, a conversa entre o pai e os tios. Tinha horror a tudo aquilo, mas sabia que o pai jamais permitiria que ele não tomasse parte no que quer que fosse que estivesse para acontecer. Desde bem pequeno, Munir sofria com o temperamento do pai. Ibrahim era violento, grosseirão, autoritário, além de fortemente estrábico. O desprezo que sentia pelo filho era visível. Munir não tinha a força moral que ele gostaria para um filho varão. Era medroso, covarde, inseguro. Seu único filho não era o menino com que sempre sonhara.

Apesar de pertencer a uma família muçulmana tradicional, em sua juventude, Ibrahim viu-se apaixonado por uma moça judia. Seguindo a impulsividade própria da idade, Ibrahim transformara o sonho platônico na ilusão de que era correspondido. Declarou-se, abriu seu coração, implorou à jovem que aceitasse sua corte. A moça, porém, também de família judia rigorosa e tradicional, não correspondera aos sentimentos de Ibrahim, chegando mesmo a demonstrar indisfarçável desprezo pelas suas declarações, repudiando-o de forma arrogante e com um certo tom de desdém, fazendo ainda comentários pejorativos acerca de seu estrabismo.

O pai da moça interveio, escorraçando Ibrahim da porta de sua casa quase a pontapés, fato presenciado por toda a vizinhança, que lhe apontava o dedo como se ele fosse portador da peste. Humilhado, Ibrahim retirou-se, ocultando de seus próprios pais o episódio. A partir de então, iniciou-se uma sucessão de desencontros com o sexo feminino. O estrabismo o tornava mais feio do que realmente era, e Ibrahim não despertava a atenção das moças de sua época. Sempre que se interessava por alguém recebia, como resposta, categóricos *nãos*, seguidos de risos de escárnio e horror.

Até que, finalmente, o pai conseguira casá-lo com uma viúva mais velha que, em face de sua pouca beleza, tinha dificuldades em encontrar marido. Ibrahim a tratava mal, tão mal que ela acabou se apaixonando por um rapazola judeu, com quem manteve tórrido caso de amor. Descoberta a traição, Ibrahim tomou a única atitude que considerava digna em face da situação: matou a mulher e o rapaz. Só não foi preso porque o pai conseguira, mediante a paga de considerável importância, transformar o assassinato em legítima defesa, o que levou ao arquivamento do caso.

O ódio de Ibrahim pelos judeus e as mulheres se transformou em justificativa para a prática de todo tipo de desmandos. Foi assim que o incidente de Jerusalém, muito embora de veracidade duvidosa, funcionou como o estopim que fez explodir todo seu rancor e legitimaria a adoção de medidas duras e violentas.

— É verdade, estou dizendo — afirmou Ibrahim, convicto. — Jerusalém está um caos. Os judeus estão massacrando nosso povo, violando nossos lugares santos!

— Não acredito — contrapôs Abdul. — Tenho amigos judeus e sei que eles jamais fariam isso.

— Devia se envergonhar do que diz — objetou Ibrahim, furioso. — Fazendo amizade com o inimigo! Devia ser queimado junto com ele!

— Calma, irmãos — ponderou Omar. — Acho que só devemos agir depois que tivermos certeza.

— Vocês são dois covardes! — bradou Ibrahim. — Estão com medo de quê? Dessa polícia inglesa vendida e mal aparelhada que nós temos? Podemos lidar com eles, com todos eles!

Abdul e Omar entreolharam-se, em dúvida. Omar só queria tomar providências se os boatos se comprovassem verídicos, ao passo que Abdul não acreditava em uma única palavra do que andavam dizendo. A discussão entre os três continuava acalorada, acompanhada por um Munir mudo e assustado. Em dado momento, o pai virou-se para ele e, dedo em riste, esbravejou:

— E você, não se atreva a acovardar-se como seus tios! É chegado o momento de demonstrar que é um homem de verdade, que não tem medo de vingar a morte de seu próprio povo!

À beira das lágrimas, Munir não se atreveu a encarar nenhum dos três. Temia que descobrissem seu segredo: apaixonara-se por uma garota judia. Não que houvesse planejado aquilo, mas Ruth o impressionara desde a primeira vez em que a vira, tocando violino na loja do pai.

— Não se trata de covardia — objetou Abdul —, mas de bom senso e de justiça. Essas notícias de violência não fazem sentido. E depois, mesmo que fosse verdade, deveríamos deixar que as autoridades resolvam o assunto.

— Que autoridades? — zombou Ibrahim. — Todo mundo sabe que os judeus são os queridinhos dos britânicos. Querem nos expulsar e entregar a eles as terras que, há séculos, nos pertencem.

— Nesse ponto, Ibrahim tem razão — concordou Omar. — Não sou a favor de violência, mas a justiça há de ser feita. As terras são nossas. E se eles realmente massacraram nosso povo em Jerusalém, temos que reagir.

— Vocês são doidos — tornou Abdul. — Isso é só uma desculpa para incitar ainda mais a violência. Quem espalhou esses rumores deve ter algum motivo obscuro por detrás deles.

— Eu digo que temos que reagir — insistiu Ibrahim. — Rebelião, já!

Nesse momento, ouviram-se batidas na porta. A um sinal de Ibrahim, Munir se levantou para abri-la. Era Mustafá, um vizinho nacionalista, membro da Associação Muçulmano-Cristã[1].

— Vocês ainda não estão sabendo? — indagou em tom abafado, passando para o lado de dentro e fechando a porta.

— Sabendo o quê? — tornou Ibrahim, curioso.

— Estive hoje na estação. Ia viajar para Jerusalém com um grupo, para averiguar os fatos, mas o superintendente Cafferata nos impediu, insistindo em afirmar que tudo não passa de boatos.

— Eu não falei? — adiantou-se Abdul, com ar vitorioso. — Isso não podia mesmo ser verdade.

— E você acredita, Abdul? — irritou-se Mustafá, seguido pelo olhar de aprovação de Ibrahim. — Todo mundo sabe que Cafferata não passa de uma marionete dos judeus.

— É isso mesmo — concordou Ibrahim, com veemência. — É claro que ele quer conter a massa, porque somos em muito maior número do que os judeus e a própria polícia, que tem poucos homens, velhos e despreparados.

— Mas isso não é tudo. Estão todos indo, agora mesmo, se reunir em frente à yeshivá Hebron. Aquela corja tem que pagar.

— Vamos todos! — exaltou-se Ibrahim. — Juntemo-nos aos justos, em nome de Alá!

— Alá é um deus de paz — objetou Abdul. — Isso é coisa dos homens, não de deus.

Postado diante da porta, Abdul pretendia impedi-los de sair. Temia que o pior acontecesse não apenas a seus irmãos, mas também aos estudantes inocentes da yeshivá.

---

1 Associações surgidas a partir de 1918, após a derrota do exército Otomano, de base nacionalista e oposição aos sionistas e à Declaração de Balfour. Foram extintas no final de 1929.

— Saia da frente, Abdul! — bradou Ibrahim. — Se quer ser covarde, seja sozinho.

— Omar, você, que é mais sensato, ponha juízo na cabeça dura desse nosso irmão — apelou ele.

Confuso, Omar encarou os irmãos. Tinha dúvidas sobre a veracidade das notícias, mas não queria ser tachado de covarde, muito menos ter o seu orgulho manchado por uma horda de assassinos judeus.

— Temos que averiguar — disse ele, por fim. — Não podemos simplesmente fechar os olhos e fingir que nada está acontecendo. Se o que dizem é mentira, voltaremos para casa pacificamente. Do contrário, vamos à luta!

— Vocês são loucos — sussurrou Abdul, vencido e assustado. — Isso só pode acabar em tragédia.

— Que seja! — gritou Mustafá, totalmente dominado pelo fanatismo cego. — Morte aos judeus!

Estimulado pelos gritos do outro, Ibrahim empurrou o irmão para o lado e saiu feito uma bala, seguido por Mustafá, Omar e um tímido Munir, que não ousava sequer levantar os olhos. Chegando à yeshivá, a situação aterrorizou Munir, que nunca havia presenciado um ato de violência em toda sua vida. Em meio aos estilhaços dos vidros quebrados das janelas, jazia o corpo esfaqueado de um estudante. A seu redor, uma multidão furiosa gritava impropérios, exigindo justiça para os massacrados em Jerusalém.

Quando Cafferata chegou ao local, era tarde demais. Por sorte, a yeshivá estava praticamente vazia, mas o pobre jovem que ainda estava lá, temendo por sua vida, arriscara-se a sair, sendo agarrado pela multidão e esfaqueado até a morte. Cafferata olhou o corpo do rapaz com angústia. A situação estava fugindo ao seu controle, e ele nada podia fazer. Não tinha homens suficientes e a ajuda não vinha de Jerusalém. Se os árabes investissem contra eles, era bem provável que fossem massacrados, pois a polícia não dispunha de efetivo suficiente para conter a rebelião.

❋

Em casa de Elias, a situação era alarmante. As notícias chegavam por intermédio de conhecidos que haviam conseguido fugir das garras dos revoltosos. Abel, pai de Elias, discutia com o cunhado a respeito da situação.

— Precisamos fazer alguma coisa — afirmou Ezra, com raiva. — Isso não pode continuar assim. Quem eles pensam que são?

— Concordo que é um absurdo, mas temos que acreditar nas nossas instituições — comentou Abel. — Tenho certeza de que a multidão será contida e os culpados, punidos.

— Duvido. Ninguém vai ser preso, você vai ver. Devíamos tomar a justiça em nossas mãos.

— Eles são em maior número — contrapôs a irmã, Esther. — E depois, não temos armas.

— Estou com medo, mamãe — choramingou Ruth. — Atacaram a yeshivá onde Elias estuda. Mataram um menino de lá.

— Tenha calma, querida. A polícia vai conseguir conter essa rebelião.

— Duvido muito — retrucou Isaac, primo de Esther. — Esses árabes são uns animais. Deviam todos ser fuzilados.

— Nosso vizinho é árabe e é uma pessoa de bem — arriscou Elias.

— Não existem árabes de bem — desdenhou Ezra. — Concordo com Isaac. Eles são todos uns animais, aliás, piores do que animais. São feras que merecem a morte.

— Esses pensamentos só fazem aumentar a aura de violência que paira sobre a cidade — censurou Esther. — Devíamos era estar pensando em uma maneira de encontrar a paz.

— Paz?! — irritou-se Ezra. — Ficou louca, Esther? Desde quando se pode argumentar com essa gente?

— O problema é que eles não se conformam com o fato de que nós estávamos aqui muito antes deles. Quando essa corja imunda de árabes chegou, nós já havíamos nos estabelecido nessa terra. Eles querem o que nos pertence.

— Essa questão já se perdeu no tempo — ponderou Abel. — Esther tem razão. Não devíamos lutar por isso quando podemos viver todos em paz.

— De jeito nenhum! — objetou Ezra, com veemência, seguido pelo olhar de aprovação de Isaac. — Jamais aceitaria dividir a terra que é nossa com esses monstros.

— Cada um tem suas razões — insistiu Esther. — Todo mundo acha que a terra lhe pertence, mas nada pertence a ninguém. As terras são de Deus, e nós não temos o direito de querer tomar posse do que Ele apenas nos emprestou.

— Não cabe falar de religião agora — contrapôs o irmão. — A questão é política.

— Deixemos isso para amanhã — alertou Abel. — Já está ficando tarde, as crianças precisam dormir. Amanhã, com certeza, tudo terá retomado a normalidade.

— Tirando a dor da família do menino morto — considerou Isaac, com um certo desdém —, tudo será normal para os demais.

— Não estamos menosprezando a dor dessa família. Sou pai, sei como eles devem estar sofrendo. Mas isso não é justificativa para incitarmos ainda mais o ódio. A polícia vai conseguir resolver essa situação.

— Vá esperando...

— Vamos, Ezra — chamou Isaac. — Já é tarde, e não creio que seja seguro andar pelas ruas a essa hora.

— Quero ver se algum árabe tem coragem de me agredir! Acabo com ele apenas com a força dos meus punhos.

— Tenha calma, irmão — pediu Esther. — Vamos tentar manter a calma. Se não por você, pelos nossos pais. Imagine o desgosto que lhes dará.

Despediram-se em clima de tensão. Ezra e Isaac chegaram a suas casas em segurança, apesar de um tanto quanto atemorizados. Esther mandou os filhos para a cama e recolheu-se com o marido, rogando a Deus que os protegesse.

❋

Na casa ao lado, Hadi mantinha-se de joelhos, corpo virado na direção de Meca. Embora houvesse concluído o último Salah[2] do dia, permanecia ajoelhado, olhos cerrados, em profunda concentração. A mulher, que o aguardava para dormir, tocou de leve o seu ombro, chamando-o baixinho:

— Não vem dormir, Hadi? Já passa da meia-noite.

Ele abriu os olhos lentamente, fixando-os na esposa com ternura.

— Desculpe-me, minha querida — falou carinhosamente. — Mas é que estou tão preocupado! Essa situação toda me deixou muito transtornado e aflito. Temo pelo pior.

— Você acha que não vai parar por aí?

— Não sei. Sinto um aperto na garganta, uma sensação de desgraça que não sei definir. Orei muito para que Alá nos dê proteção, que proteja a todos indistintamente, judeus e muçulmanos, pois somos todos filhos de um mesmo deus. Não podemos permitir que essas diferenças nos transformem em seres cruéis e vingativos. Somos irmãos perante qualquer força que se queira chamar de deus.

— Só você pensa assim, meu querido. A maioria das pessoas ainda está presa às convenções religiosas criadas por elas próprias. Daí sobrevêm tantos conflitos, tantas injustiças, tantas tragédias. Deus mesmo não quer nada disso. Quer apenas que as pessoas se amem.

---

2 Salah, Salat ou Salá refere-se a cada uma das cinco orações públicas que os muçulmanos realizam diariamente, voltados para Meca.

— Alá é um deus de amor, Nabilah. Assim como o Deus dos judeus, dos cristãos, dos budistas e outros que nem conheço. Não pode existir deus se não há amor.

Nabilah ajoelhou-se ao lado do marido, envolveu as mãos dele nas suas e acompanhou-o na oração. Não queria que nada de mau acontecesse a ninguém. Bastava o assassinato do menino judeu, que fora um despropósito e uma crueldade. Quando, por fim, o cansaço os venceu, adormeceram nos braços um do outro.

❈

A família de Elias se preparava para o café da manhã quando Ruth entrou apavorada, rompendo num pranto angustiado, coberto de terror.

— Mataram dois garotos! — gritou, aterrorizada. — Eu vi, mãe, eu vi!

— Você viu? — horrorizou-se Esther, sem entender.

— Eu estava indo comprar um pouco de manteiga quando eles surgiram do nada — soluçava ela, descontrolada. — Alcançaram um dos garotos e enfiaram-lhe a faca diversas vezes. Outros correram atrás do outro menino e o mataram a pedradas. Foi horrível!

De repente, ouviram tiros, um espocar seco e repetitivo, como se várias armas disparassem ao mesmo tempo. Ruth encolheu-se nos braços da mãe, tremendo de pavor. Uma gritaria ensandecida rompeu de vez a calmaria da manhã. Ruídos de vidros se partindo e estouros desordenados subiram pelas janelas. Do lado de fora, uma horda descontrolada descia a rua, brandindo espadas, facões e porretes. Pedras eram atiradas por todos os lados, ferindo as pessoas que passavam ou se atreviam a olhar.

Do outro lado, o superintendente Cafferata comandava sua insignificante tropa, tentando, o quanto podia, conter os revoltosos com tiros de fuzil.

— O que está acontecendo? — desesperou-se Esther. — Vamos morrer!

O barulho de destruição aproximava-se cada vez mais, aterrorizando a família inteira. Abel não tinha medo de morrer, mas temia por sua mulher e seus filhos. No auge do desespero, murros na porta de trás quase a derrubaram ao chão. Ruth soltou a mãe e se agarrou ao pai, que tentava proteger a família munido de uma faca de cozinha.

— Abel! Abel! — vinham gritos lá de fora. — Abra, Abel, sou eu, Hadi!

Mais que depressa, Elias destrancou a porta. Embora Hadi fosse muçulmano, era uma pessoa boa, amiga, de total confiança.

— O que está fazendo aqui, Hadi? — espantou-se Abel. — Saia daqui, ou podem confundi-lo com um de nós e matá-lo.

— Não tenho medo — protestou Hadi. — E não posso ficar sentado vendo uma barbaridade dessas sem nada fazer. Vamos, vou escondê-los em minha casa.

— Não, não! — objetou Abel. — É perigoso. Se descobrirem, matam você e sua mulher.

— Nabilah sabe dos riscos e concorda comigo. Não podemos ser cúmplices, ainda que por omissão, dessas atrocidades. Não se demorem! Venham ou não teremos tempo de fugir.

Como a balbúrdia da súcia se aproximava cada vez mais, Abel não pensou duas vezes. Queria, a todo custo, salvar a mulher e os filhos. Correndo atrás de Hadi, entraram em sua casa, escondendo-se no porão.

— Haja o que houver, façam silêncio — ordenou ele. — Quando tudo terminar, viremos retirá-los.

A casa de Hadi parecia um santuário. Ninguém, até aquele momento, se atrevera a invadi-la, na certa porque sabiam que ele e a mulher eram muçulmanos. Os sons da destruição chegavam indistintamente até o porão, mas não deixavam dúvidas do que estava acontecendo. Gritos, pranto, tudo era sinal de que a violência e a morte imperavam do lado de fora.

— O que vamos fazer? — indagou Abel, arrasado.

— Nada, pai — arriscou Elias. — Vamos ficar aqui até tudo acabar.

— Mas estão matando a nossa gente! Nossos familiares podem estar sendo trucidados nesse momento.

Esther e Ruth apenas choravam, temendo pela vida dos parentes. Se Ezra e Isaac tivessem dormido em sua casa, estariam salvos. Interrompendo esses pensamentos, a porta do porão se abriu, deixando os quatro apavorados. Nabilah entrou com duas crianças, que Esther reconheceu como filhas de uma outra vizinha.

— O que foi que houve? — indagou Abel.

— Acho que vocês conhecem Frida e Stela — esclareceu ela. — São filhas do casal Katz. Esther, pode cuidar delas para mim?

Esther fitou Nabilah com indignação. Se as crianças estavam ali sozinhas, era porque os pais, provavelmente, haviam morrido. As pequeninas, de três e quatro anos, pareciam não compreender o que se passava. Tinham os rostos sujos de lama e sangue, mas estavam bem. Nabilah conseguira resgatá-las da casa enquanto Hadi distraía os assassinos, fazendo comentários sobre os pais mortos. Apesar de horrorizado consigo mesmo, por ser obrigado a fazer troça sobre o cadáver de conhecidos, fizera aquilo apenas para que a mulher conseguisse retirar as crianças a salvo de seus quartos.

— O que está acontecendo lá fora? — quis saber Abel. — Estão matando todo mundo?

— A situação é degradante — comentou Nabilah, tentando conter as lágrimas. — Acho que jamais conseguirei esquecer esse episódio. A polícia faz o que pode, mas não consegue conter a horda. Muitos estão mortos, há feridos por todo lado...

Ela engoliu um soluço dolorido, indicando com as mãos que não conseguia mais falar. Deixou as meninas no porão e voltou para cima.

Logo que subiu à cozinha, levou um susto. Um homem enfurecido estava parado bem no meio do aposento, fixando-a com olhar enlouquecido, tendo ao lado um rapazinho de seus dezessete anos.

— O que está fazendo aqui? — esbravejou Hadi, tomando a dianteira para proteger a mulher. — Saia da minha casa, vamos. Não somos judeus.

— Meu filho disse que viu essa senhora carregando duas judiazinhas, para cá — falou o árabe Ibrahim, apontando para Nabilah. — Onde foi que as escondeu?

— Não tem judiazinha nenhuma aqui — tornou Hadi, lutando consigo mesmo para não deixar transparecer o medo. — Nossa filha está casada e mora em Jerusalém.

— Se é assim, não se importaria se déssemos uma busca na casa, não é mesmo?

— Me importaria, sim. Não sou criminoso, e você não é da polícia.

— Perdão, senhor — intercedeu Nabilah —, mas deve estar havendo algum engano. Seu filho, na certa, confundiu as casas. Não é mesmo, meu rapaz?

Munir não sabia o que dizer. Contara ao pai sobre as meninas para agradá-lo, mas agora que as percebia na iminência de serem mortas, sentiu um calafrio, um arrependimento atroz.

— Eu... — balbuciou ele. — Não tenho certeza. Acho que posso ter me enganado, sim.

Subitamente, tudo foi posto a perder. A menina Frida, assustada por estar presa com estranhos, longe dos carinhos da mãe, pôs-se a chorar em tom alto, apesar das tentativas de Esther de abafar seus soluços.

— O que foi isso? — desconfiou Ibrahim. — Tem algum ratinho choramingando pelos cantos da casa?

Por mais que Hadi tentasse impedir, Ibrahim se desvencilhou dele e correu feito louco pela casa, logo encontrando a passagem para o porão. Escancarou a porta com estrondo, regozijando-se com o que via.

— Ora, ora, ora — disse em tom de deboche. — Vejam que descoberta!

Quando Abel pulou na sua frente, Ibrahim vislumbrou a mulher atrás dele, imediatamente reconhecendo Esther, a mesma por quem se apaixonara na juventude. Num primeiro momento, titubeou. Ela também o reconheceu, porque pensou em dizer alguma coisa, mas não encontrou palavras. Naquele instante, só podia arrepender-se pela forma como tratara Ibrahim. Talvez, se não o houvesse humilhado, ele agora a poupasse e aos seus.

Essa era uma parte do passado de Esther que Abel não conhecia. E ele nada percebeu. Só pensava em proteger a família. Postado defronte a mulher e os filhos, foi o primeiro a tombar, sem emitir um gemido, vítima de um golpe certeiro na garganta. Instaurado o pânico, Esther tentou fugir, logo contida pelos braços fortes de Ibrahim.

— Por favor — implorou ela. — Tenha piedade...

— A mesma que você teve de mim?

Piedade era uma qualidade nobre demais para que Ibrahim conhecesse. Afogado em seu ódio, viu também ali a oportunidade de vingança. Mais que depressa, atirou-a para um canto. Queria fazê-la sofrer, assistindo ao extermínio de sua família, tal qual ela, no passado, exterminara suas esperanças.

Foi nesse momento que os olhares de Munir e Ruth se cruzaram. Ela não o conhecia propriamente, mas reconhecia nele o menino que, a todo instante, passava na frente da loja do pai, fingindo que apreciava a vitrine para vê-la tocar. Ele, por sua vez, levou um choque. Jamais poderia imaginar que estaria ali o objeto de seu amor platônico.

Percebendo a movimentação na casa de Hadi, outros árabes acorreram. Omar, que até então procurara se manter neutro na situação, buscando ponderar os acontecimentos, deixara-se contagiar pela onda de violência que tomara seus conterrâneos, certo de que apenas cumpria a justiça que lhes pertencia. Apenas Abdul não se deixara contaminar, procedendo tal qual Hadi, ocultando em sua casa tantos judeus quantos pudera salvar.

Só que Hadi não teve a mesma sorte de Abdul. Descobertos seus refugiados, o pânico foi geral. Mesmo mantidos separados, Hadi sabia que Abel estava morto. Elias, encurralado a um canto, tremia dos pés à cabeça. Esther e Ruth choravam apavoradas, enquanto as duas crianças soluçavam sem parar. O próprio Hadi se via impossibilitado de agir, encontrando-se firmemente preso por um muçulmano musculoso, ao passo que outro agarrara sua mulher.

— Cambada de traidores — grunhiu Ibrahim. — Dando guarida ao inimigo.

— Por Deus, senhor, não somos inimigos — balbuciou Ruth. — Não fizemos nada.

— Gente da sua laia não precisa fazer alguma coisa para não prestar. Vocês não prestam só por existir.

No momento em que Ibrahim levantou a espada para desferir um golpe fatal em Ruth, os gritos de Esther vieram seguidos pelo impulso de Munir, que se colocou na frente da menina com um vigoroso e impensado *não!*

Imediatamente, Ibrahim compreendeu tudo. O idiota do filho se deixara encantar por uma judia imunda e arrogante, tal qual ele o fizera anos antes. E, para complicar ainda mais as coisas, filha da mulher que o humilhara diante de toda a sua gente.

— O que significa isso, Munir? — repreendeu, com fúria. — Não posso crer no que estou vendo!

Intimidado pela prepotência do pai, Munir abaixou a cabeça, pondo-se de lado sem ousar encarar ninguém. Lamentava muito por Ruth, não queria que ela morresse, mas não se atrevia a enfrentar o pai. Assim que Ibrahim aproximou-se da moça, Esther deu um salto sobre ele, tentando enfiar as unhas em seus olhos. Não foi difícil dominá-la. Bastou um empurrão para atirá-la de encontro à parede, e o ímpeto de um golpe certeiro para tirar-lhe a vida.

Afogada em seu próprio sangue, Esther mal chegou a estertorar. A morte rápida não lhe causou quase nenhum sofrimento. Não era bem o que Ibrahim pretendia. Queria que ela fosse testemunha da morte dos filhos, contudo, já estava feito.

Ruth e Elias, desesperados ante o ocorrido, atiraram-se sobre o corpo da mãe, soltando lamúrias dolorosas. Mais que depressa, Ibrahim separou os irmãos. Ia cortar-lhes a garganta quando a ideia lhe ocorreu.

— Venha cá, Munir — ordenou. — Chegou a hora de você mostrar que é homem.

Tremendo, Munir se aproximou, quase chorando ao perceber a espada do pai estendida para ele. As intenções de Ibrahim eram muito claras. Queria que Munir matasse os dois.

— Não posso fazer isso — sussurrou ele. — Simplesmente não posso...

— Pode e vai. Sou seu pai, você tem que me obedecer.

— Não, pai...

O som da bofetada no rosto de Munir encheu o ar do porão, silenciando a turba ruidosa.

— Não, pai? — repetiu Ibrahim, transtornado. — Ousa me desafiar, menino? Quem você pensa que é? Um maricas feito os seus tios?

— Não sou nenhum maricas — defendeu-se Omar. — E posso provar isso, se você quiser. Deixe que me encarrego da menina, não sem antes tomá-la à força.

O olhar de Omar estava carregado de uma lubricidade palpável. Não faria mal algum divertir-se com Ruth antes de torcer-lhe o pescoço. Um fogo, porém, se acendeu nos olhos de Ibrahim.

— Excelente ideia — concordou ele, fitando Ruth com desprezo. — Vamos, Munir, pode divertir-se com ela, para nosso entretenimento. Mostre que é homem.

A um sinal seu, um dos comparsas ergueu Ruth pelo braço, postando-a diante de Munir, que, atônito, tentava desviar o olhar. Rapidamente, numa rispidez inimaginável, Ibrahim rasgou toda sua roupa, deixando-a nua, indefesa diante de homens ávidos por tocar-lhe o corpo, principalmente Omar, que passava a língua nos lábios a todo instante.

— Se Munir não pode com o serviço, deixe comigo — ofereceu-se ele, no auge da excitação.

— Não — objetou Ibrahim, com veemência. — Essa tarefa é de Munir. Ou ele se encarrega dela, ou vou considerá-lo um traidor, por tentar defender a judia.

Munir não sabia bom o que aquilo significava. Ser considerado traidor podia ter consequências bem graves. Contudo, como ele era jovem e filho de Ibrahim, supôs que a sua punição seria um desprezo ainda maior do que o pai já sentia por ele.

— Sirva-se, vamos — insistiu Ibrahim. — Quero ver se ela é virgem.

— Não, por favor — chorava Ruth.

— Deixe-a em paz! — gritou Elias, imobilizado pelos agressores. — Ela é só uma menina!

— Pois é isso mesmo que eu quero ver — afirmou Ibrahim, impiedoso. — Vamos, Munir, obedeça! Mostre que é homem!

Temendo a fúria do pai, Munir obedeceu. Aproximou-se de Ruth, a princípio calmamente, tentando segurá-la com delicadeza. Ela quase não emitia nenhum ruído, vertendo um choro manso, agoniado. Munir segurou-lhe a mão, pensando no que deveria fazer. Jamais estivera com uma mulher antes, principalmente uma como Ruth.

— Por favor — balbuciou ela —, não me machuque.

Sentindo a hesitação do garoto, Ibrahim empurrou o filho, que quase caiu em cima de Ruth, estimulado pelos gritos dos homens:

— Ande, Munir, mostre quem manda!

— Isso mesmo, Munir, acabe com a vadia!

— Você é homem ou não é? Ela é só uma judia suja!

— Mostre que é homem, Munir!

Diante de tantas provocações, Munir não resistiu. Mesmo a contragosto, não conseguiu evitar o despertar do desejo. Aquela era sua chance, a oportunidade de ter em seus braços a mulher que tanto desejava e ainda satisfazer ao pai. Quem sabe assim o pai o desprezaria menos?

Com esse pensamento, Munir deitou-a no chão, saltando sobre ela com uma certa euforia. Não queria machucá-la, mas ela se debatia tanto que foi preciso bater nela para que se acalmasse. Ruth redobrou o pranto, deixando-o ainda mais angustiado. Os gritos dos homens não paravam, estimulando-o, alguns chamando-o de frouxo. Em meio à confusão, ele divisou o rosto escabroso do pai, contorcido de ódio e fúria. Aquilo deu-lhe um novo ânimo. Tinha que fazer exatamente o que o pai esperava dele, para salvar sua própria vida.

Os homens distraíam-se com a cena grotesca, a tal ponto que se esqueceram das duas crianças e praticamente descuidaram de Elias, que, aproveitando-se da distração, desvencilhou-se de seu captor e saltou sobre as costas de Munir.

— Solte minha irmã, desgraçado!

Foi uma confusão. Achando graça na reação do frangote, que se pendurara na corcova do outro, os homens desataram a rir, deixando Munir coberto de vergonha e de uma raiva incontida do agressor. Ibrahim queria matá-lo, mas tinha medo de ferir o filho com sua espada. Mesmo assim, Omar, o tio, conseguiu segurar Elias pela cintura, puxando-o com força para trás, para longe das costas de Munir. Caído ao chão, ofegante, Elias não conseguia nem falar.

Humilhado diante dos comparsas, Munir não sabia o que fazer. O pai, por sua vez, via repetir-se a história que se passara com ele, algo que não podia permitir. Era preciso mostrar aos demais que os homens de sua família não eram frouxos.

— Acabe com isso, Munir — ordenou, estendendo-lhe a espada. — Mate-os.

Munir segurou a espada com hesitação. Se, por um lado, queria vingar-se de Elias, por outro, tinha medo de ferir Ruth. Mas havia o pai. A ascendência dele sobre o filho era de tal ordem que era impossível a Munir resistir-lhe. Assim, segurando as lágrimas, sorrindo um sorriso de mentira, encarou Elias. Ainda sorrindo, sem se voltar para Ruth, continuava com os olhos encravados no outro. Sabia o que tinha que fazer, mas não podia olhar. Se seus olhos encontrassem os de Ruth, ele se acovardaria e acabaria espancado pelo pai e o tio. Queria que ela vivesse, mas não via saída. Era ela ou ele.

Ainda encarando Elias, que tremia de medo, achando que seria o próximo a morrer, Munir passou perto de Ruth, divisando sua silhueta pelo canto do olho. No momento em que Elias se encolheu, procurando se defender do golpe que estava por vir, Munir virou-se de um salto, cravando a espada diretamente no coração de Ruth.

Os olhos arregalados da menina exibiam surpresa e dor. Morreu antes de ver o irmão saltar sobre Munir novamente e tombar logo em seguida, morto pela mesma lâmina que a acertara.

— Muito bem! — Ibrahim regozijou-se, pela primeira vez demonstrando orgulho do filho. — Nossa família está vingada.

Todos achavam que a vingança se referia aos supostos atentados de Jerusalém. A euforia dos homens era tanta, que logo voltou-se para as duas crianças, cujas cabeças Ibrahim pretendia cortar para comemorar sua dupla vitória. Mas nesse instante, tiros ecoaram no andar de cima. Antes que Ibrahim e seus comparsas pudessem esboçar alguma reação, os soldados de Cafferata invadiram o porão, disparando em todas as direções.

Hadi e Nabilah foram soltos, mas não conseguiam ocultar a tristeza. Haviam falhado em salvar as vidas daquelas pessoas. Ao menos as duas crianças estavam vivas, mas o que dizer de seus amigos?

— Vocês fizerem todo o possível — consolou Cafferata. — São pessoas boas e corajosas, verdadeiros heróis.

Não era assim que eles se sentiam. O saldo da tragédia não fora nada positivo. Quando o reforço chegou de Jerusalém, pouco havia para se salvar. O estrago já havia sido feito, várias vidas foram perdidas. O porão da casa de Hadi se transformara num verdadeiro abatedouro. De todos os que ali estavam, apenas as duas crianças haviam sobrevivido. A família de amigos, os árabes agressores, estavam todos mortos.

Olhando o resultado da chacina, Hadi abraçou a mulher, em lágrimas.

— E agora? — indagou. — Como poderemos conviver com isso?

— Vocês vão superar — foi Cafferata quem respondeu. — Tudo passa, isso também há de passar.

Eles não estavam bem certos. Depois daquele dia, nenhum deles nunca mais seria o mesmo.

CAPÍTULO 1

Parecia que Bruno havia acabado de cerrar os olhos quando o despertador soou na mesinha ao lado. Preguiçosamente, tentou abri-los, mas as pálpebras, cansadas, teimavam em permanecer repousadas sobre as vistas. Não queria acordar. Ainda não. A mãe, muito em breve, irromperia porta adentro, chamando-o para o café com sua vozinha irritante, enquanto o pai o receberia com um aceno de cabeça, mudo como sempre. Não foi preciso esperar muito para que Ileana aparecesse.

— Vamos, meu filho — chamou calmamente. — Está na hora. Levante-se. Não tem prova hoje?

— Já estou indo — respondeu ele, lutando para ocultar a má vontade.

Assim que ela fechou a porta, Bruno levantou-se, olhos cansados, a mente inflamada com os vídeos que, clandestinamente, assistira na internet. Se a mãe soubesse o que ele andava vendo madrugada adentro, com certeza, choraria de tristeza e de horror. Ela não compreendia. Ninguém entendia o que se passava dentro da sua cabeça, seus ideais, a verdade que descobrira, por acaso, num livro sagrado que nem fazia parte de sua fé.

Reconhecia a verdade ali, naquelas escrituras sacras. Os pais, contudo, com a mania de padres e igrejas, tinham a mente estreita demais para compreender os dogmas incontestáveis do Alcorão. Apenas ele, tocado em sua fé, considerava-se eleito por Alá para disseminar suas verdades por todo o Ocidente, levando ao coração dos ímpios a mensagem salvadora da fé inabalável.

A passos lentos, Bruno se vestiu e saiu para o café. O pai, lendo o jornal, mal o cumprimentou, limitando-se a balançar a cabeça e repuxar os lábios no que ele chamaria de sorriso. Do outro lado da mesa, a irmã, Simone, tomava café calmamente. A presença do irmão sempre a intimidava, causando-lhe medo e desconfiança. O sentimento era recíproco, custando a Bruno seus maiores esforços para suportá-la.

— Vamos logo, crianças — apressou Ileana. — Não quero ninguém se atrasando para a escola.

— Eu já estou pronta — afirmou Simone, com a graça peculiar de seus dezesseis anos. — Mas Bruno ainda nem tomou café.

— Não estou com fome — disse ele. — Podemos ir.

— Nada disso — protestou a mãe. — Cabeça vazia não pensa direito. Você tem que se alimentar, ou não vai fazer uma boa prova.

— Sua mãe tem razão — concordou Valmir. — Tome, ao menos, um copo de leite.

Depois de engolir o leite, Bruno saiu com a irmã. Estudavam na mesma escola técnica, embora em séries diferentes. Ele, no último ano do curso profissionalizante de técnico em química, pensava em fazer faculdade de química, fascinado que era por explosivos e reatores nucleares. Ela, ainda no primeiro ano de informática, queria ser pediatra. Adorava crianças, mas seu desejo mesmo era estudar música, um sonho caro demais, que os pais não podiam custear.

Caminhando lado a lado, os dois mal se falavam. Seguiam juntos para a escola porque era ordem do pai, embora fosse visível que ambos preferiam andar separados. Ao contrário de Simone, que era alegre e extrovertida, Bruno tinha um temperamento arredio, calado, introvertido, estranho. Não se dava bem com os colegas de escola e tinha apenas um amigo.

— Ande logo — irritou-se ele. — Você está me atrasando.

— Se está com tanta pressa, pode ir na frente — rebateu ela.

Bruno não respondeu. Mal via a hora de desvencilhar-se da irmã. Ainda bem que o colégio não era longe, de modo que logo chegaram. Para seu desagrado, Bruno avistou Daniel encostado no muro, um jovem que ele detestava.

— O que é que esse cara está fazendo aqui? — perguntou, com raiva. — Está esperando você, não está?

— Não é da sua conta.

— Onde já se viu, envolver-se com judeus...

— O seu preconceito não me interessa. O que importa é que nós nos gostamos.

— Vocês se gostam... — desdenhou. — Ele é muito mais velho do que você, um babaca. E, pior de tudo, judeu!

— Ele é só quatro anos mais velho. E quer saber? Você não tem nada com isso. Papai e mamãe aprovam, é o que me basta.

Remoendo a raiva, Bruno se calou, observando enquanto Simone se afastava dele para ir ao encontro de Daniel. Nem o conhecia, odiava-o só pelo fato de ele ser judeu. O rapaz recebeu-a com um abraço acolhedor, pousando em seus lábios um beijo suave, apaixonado. De onde estava, Bruno sentiu vontade de quebrar seu pescoço, contudo, nada podia fazer.

— Não posso me demorar — anunciou Simone, abraçada a Daniel. — Tenho prova agora.

— Quando poderei ir à sua casa?

— Vou falar com meus pais, mas acho que, nesse sábado vai dar.

— Não vejo a hora de oficializar nosso namoro. Sei que isso é meio antiquado, mas amo tanto você, que quero fazer tudo à moda antiga.

— Bobinho — gracejou ela, beijando-o novamente.

— Já pensou naquele assunto? — prosseguiu ele, abraçando-a bem apertado.

Pelo tempo que estavam namorando, Daniel desejava dormir com ela, contudo, Simone ainda não se sentia preparada. Podia ser pelo medo de que os pais descobrissem ou pela insegurança de entregar-se a um homem, mas a verdade é que nem ela sabia ao certo por que hesitava. Tinha medo e pronto. Meio sem jeito, ela retrucou:

— Ainda não...

Nesse instante, Bruno passou por eles, lançando a Daniel um olhar carregado de desprezo e ódio. Pelo outro lado, vinha chegando Átila, seu único amigo, que franziu o cenho ao ver Simone nos braços do namorado.

— Seu irmão não gosta de mim — observou Daniel, que também sentia inexplicável repugnância por Bruno.

— Bobagem. É ciúme — tentou disfarçar.

Daniel não disse nada. Em seu íntimo, sentia um certo horror de Bruno, embora não soubesse explicar por quê. Não chegava a ser uma inimizade, mas um temor inexplicável. Amava Simone de todo coração, uma menina doce, pura, meiga, tão diferente do irmão. Por mais que tentasse vencer a antipatia que sentia por Bruno, era um sentimento mais forte do que ele.

A aversão era recíproca, experimentada não apenas por Bruno, mas também por seu amigo Átila. Sem personalidade própria, Átila se deixava envolver pelo preconceito de Bruno, para quem nenhum judeu prestava ou era digno de confiança.

Assim que se encontraram, Átila comentou com desdém:

— Não me conformo com isso. Sua irmã não pode namorar aquele judeu.

— Penso como você, mas de que adianta? Parece que eles estão apaixonados.

— E você vai permitir?

— O que você quer que eu faça? Simone é uma idiota, arranjou outro idiota para namorar. É melhor deixá-los para lá. Eles bem que se merecem.

Átila não respondeu, remoendo o despeito com toda fúria de que era capaz. Se pudesse, daria uma lição naquele judeuzinho. Além disso, fazia já algum tempo que a irmã de Bruno lhe chamara a atenção. Até que ela era bem bonitinha. Ele não se importaria de tê-la em seus braços, nem que fosse por uma noite. Átila sentia por ela um enorme desejo. Simone era uma garota linda, muito próximo de seu ideal de mulher.

Havia uma certa desconfiança no olhar de Bruno ao encarar Átila. Ele não era nenhum tonto. Já havia percebido os olhares que o amigo lançava para a irmã, sempre cobiçando-a, acompanhando-a por todos os cantos.

— Você gosta dela — afirmou Bruno, sem esconder o menosprezo.

— O quê?

— Você está interessado em Simone, não está?

— Estou — assumiu, olhando bem fundo nos olhos dele. — E o que me deixa louco é saber que ela não me dá a mínima porque prefere o judeuzinho.

— Você devia partir para outra. Simone é uma idiota. Não gosto dela e acho que vocês não têm nada a ver um com o outro.

— Tudo bem que você não goste dela. Mas não seria melhor ela sair comigo, ao invés de com aquele judeu metido a besta?

— Isso lá é verdade.

— Então, por que não me ajuda? Você não gosta do cara, eu gosto da sua irmã... Se eles se separarem, será bom para nós dois.

Bruno não respondeu, pensando no que o amigo havia dito. Muitas coisas lhe passavam pela cabeça ao mesmo tempo, coisas que ele não tinha coragem de dividir com ninguém. Mas Átila estava certo no que dizia. O que ele precisava era de um plano para fazer valer sua verdade. Tinha que pensar profundamente naquilo, precisava esforçar-se para vencer em nome de Alá.

CAPÍTULO 2

Não era fácil para Daniel viver num mundo em que havia tantos preconceitos. Em casa, a família não aceitaria bem seu namoro com Simone. Católica, de família pobre, muito diferente da esnobe Joyce, com quem o irmão iria se casar. Por mais que os pais almejassem para ele alguém do tipo de Joyce, ele não estava interessado.

Ismael, o irmão mais velho, assim como o restante da família, era muito apegado às tradições judaicas. Ele também era adepto dos cultos e rituais, frequentava a sinagoga, seguia à risca os ensinamentos do Torá. Os pais não eram preconceituosos, relacionavam-se com todo mundo, mas tinham restrições quanto ao casamento, das quais ele não partilhava. Para ele, as pessoas deviam se casar com quem amavam, independentemente de credo ou religião.

O relacionamento entre os irmãos não era dos melhores, visto que sentiam, um pelo outro, uma aversão que faziam tudo para ocultar. Havia algo em Daniel que desagradava a Ismael profundamente, uma certa irreverência espontânea, um descaso pelas tradições. Além de tudo, desconfiava dele, considerava-o perigoso, dissimulado, pouco confiável.

Daniel, por sua vez, sentia coisas semelhantes, embora um forte sentimento de culpa o perseguisse desde que eram crianças. Ele atribuía o fato a um pequeno incidente de infância, em que, acidentalmente, disparara a arma do pai e alvejara o irmão, que, por pouco, não perdera a vida. Por esse motivo, procurava atender às solicitações de Ismael que, não raro, se aproveitava para obter o que desejava.

Naquela noite, depois do jantar, Daniel se recolheu ao quarto, para ver um filme que acabara de ser lançado em *blu-ray*. Mal ligou o aparelho, Ismael bateu na porta, pedindo licença para entrar.

— Oi, Daniel — cumprimentou ele, sentando-se ao lado do irmão. — Tem um minutinho?

— É claro — respondeu Daniel, dando pausa no filme. — O que foi que houve?

— Tem um assunto que gostaria de falar com você. É sobre Tamara, prima da Joyce. Lembra-se dela?

— Lembro-me. Ela perdeu os pais há pouco tempo, num acidente de carro, não foi?

— Isso mesmo. O pai de Joyce, que era irmão do pai dela, tem dado uma força, mas ela ficou muito sozinha e anda muito triste, coitada. Por isso, fiquei pensando se você não gostaria de sair conosco, para fazer-lhe companhia.

Daniel fitou-o com desgosto. Queria dizer-lhe que não, que estava apaixonado por outra garota, mas não via como. Isso significava revelar que Simone, além de católica, era pobre e bem mais nova do que ele.

— Não sei se vai dar, Ismael — tentou desculpar-se, de uma maneira que não o magoasse, já que o irmão se ressentia de tudo. — Tenho que estudar.

— Um dia que você deixe de estudar não vai fazer diferença.

— As provas estão chegando...

— É sempre assim! Toda vez que lhe peço alguma coisa, você nunca pode.

Já sabendo que não conseguiria resistir, Daniel acabou concordando, muito embora não desejasse sair com ninguém mais além de Simone.

— Está certo. Quando vai ser isso?

— No sábado. Vamos jantar e depois iremos a uma boate.

— No sábado?

— É, por quê? Tem algum compromisso?

Sábado era o dia em que Simone pretendia apresentá-lo a seus pais. Mas o que podia fazer? Se não fizesse a vontade do irmão, ele reclamaria por toda vida, além de acusá-lo de ingratidão. Não tinha jeito. Precisava sair com eles. Simone iria entender.

— Tudo bem, Ismael. Não tenho nenhum compromisso, não.

— Ótimo. Joyce ficará feliz em saber que você irá nos acompanhar. E Tamara, mais ainda. Ela não para de falar em você.

— É? — surpreendeu-se. — Não sabia nem que Tamara se lembrava de mim.

— Se lembra, é claro.

Não era bem essa a verdade. Tamara lembrava-se de Daniel, embora não tivesse nenhum interesse nele. Amava outro, mas os pais jamais permitiram que se aproximassem, porque Eliezer renegara o judaísmo para casar-se com uma prostituta, de quem se divorciara dois anos depois. Aos vinte e seis anos, divorciado e sem patrimônio, tornara-se um pária de seu povo. Essa sempre fora uma preocupação do pai de Tamara, e agora que ele havia morrido, tornara-se a preocupação do irmão mais velho, Ari, que jurara, sobre o túmulo, jamais permitir que a sobrinha se envolvesse com Eliezer. Daí o interesse em Daniel, que daria um excelente marido para Tamara.

✱

Quando o sábado chegou, Daniel se aprontou logo cedo, para almoçar em casa de Simone. Fora o jeito que encontrara de conciliar os dois compromissos. Marcado o almoço, teria tempo de conhecer a família da namorada e ainda voltar a tempo de sair com o irmão. Chegando lá, foi apresentado a Valmir e Ileana, que o receberam muito bem. Serviram-lhe suco de manga com salgadinhos feitos pela própria Ileana, que Daniel apreciou muito. Apenas Bruno não estava presente. Irritado com os pais por receberem em sua casa o crápula que quase atropelara sua filha, dera a desculpa de que não se sentia bem, optando por trancar-se no quarto.

— Quer dizer então que você já está na faculdade — observou Valmir, interessado em conhecer bem o rapaz.

— Sim, senhor. Estudo engenharia e estou no terceiro período.

— Muito bem. E sua família é judia?

— Papai! — censurou Simone, envergonhada.

— Deixe, Simone — tranquilizou o rapaz. — Seu pai só quer saber com quem você está saindo. Acho que ele faz muito bem.

— Não temos nenhum preconceito contra qualquer pessoa — esclareceu Valmir. — Perguntei só para conhecê-lo melhor.

— Sei disso e não me importo.

— Aqui em casa, somos todos católicos — acrescentou Ileana. — Mas não ligamos para isso, desde que vocês se respeitem.

— Também penso assim — respondeu Daniel, sinceramente. — E quero que saibam que amo muito sua filha.

Simone corou violentamente, mas os pais não se incomodaram. Ao contrário, admiraram a honestidade de Daniel, que parecia sincero em seus sentimentos. Continuaram a conversar por longo tempo, logo estabelecendo-se uma simpatia entre eles, para alegria de Simone e desespero de Bruno, que ouvia tudo pela porta do quarto.

Pouco depois, como que adivinhando que ele não estava dormindo, a mãe bateu à sua porta, forçando-o a atirar-se na cama.

— Tudo bem, Bruno? — indagou ela, e ele assentiu. — O almoço já vai ser servido.

— Não estou com fome — respondeu com má criação.

— Deixe disso. Sei muito bem que você não está sentindo nada. Só não entendo por que se trancou aqui no quarto e não quis conhecer o namorado da sua irmã. Que falta de educação!

— E daí? Quem foi que disse que faço questão de ser educado com aquele judeu?

— Não fale assim, Bruno. Não sei onde você aprendeu a ter esse preconceito. Conosco é que não foi.

— Não é preconceito.

— Não? E o que é, então?

Bruno não soube definir. O que sentia por Daniel e por todos os judeus ia muito além do preconceito. Era uma aversão natural, um ódio pelo inimigo ancestral.

— Judeu não presta. Por culpa deles é que a situação no Oriente está do jeito que está. Se eles não houvessem usurpado as terras de Israel, nada disso estaria acontecendo. A faixa de Gaza não seria objeto de disputa e o mundo estaria em paz.

Ileana tomou um susto. Nunca ouvira o filho falar daquele jeito. Até então, desconhecia aquela rivalidade infundada.

— Você não devia falar essas coisas — censurou. — As pessoas são todas iguais, independentemente de cor, raça ou religião. E depois, você não tem nada a ver com o que está acontecendo em Israel e na faixa de Gaza. Isso é lá entre os judeus e os muçulmanos. Vivemos no Brasil, muito longe desses conflitos. E se quer saber, acho que ninguém devia brigar por causa disso. Se as pessoas se respeitassem mais, aí sim, o mundo estaria em paz.

— Mas é um absurdo, mãe! Os judeus entraram lá e tomaram tudo, julgando-se donos das terras. Eles são usurpadores!

— Chega, Bruno! O que você está falando é um disparate, não faz sentido algum. Ao invés de fomentar o ódio, você devia era orar para que aquelas pessoas cheguem a um entendimento. Não é nada bonito estimular a cizânia.

— Você não compreende — queixou-se ele, balançando a cabeça de um lado a outro. — Ninguém compreende.

— Não compreendo e não aprovo. Essa guerra é triste, mas não é sua. Não se meta nisso nem se deixe influenciar por questões de outros povos. Você não é muçulmano nem judeu. Siga o exemplo dos comerciantes lá da SAARA, onde pessoas dos mais variados credos trabalham lado a lado, não há brigas, todo mundo se entende.

— Aquilo lá é uma promiscuidade, isso sim. Onde já se viu muçulmanos confraternizando com judeus?

— Eu já disse que chega, Bruno! Não quero mais ouvir nenhum comentário pejorativo sobre esse assunto. Basta dessa bobagem! Venha almoçar, que seu pai está chamando.

Muito a contragosto, Bruno seguiu-a até a sala, onde lauto almoço havia sido servido.

— Não cumprimenta o Daniel, Bruno? — falou o pai, em tom de repreensão.

— Oi — disse ele, de forma lacônica e irritada.

— Como vai, Bruno? — retrucou Daniel.

— Bem — continuou brevemente, sem encarar o outro.

Percebendo que Bruno não queria conversa, Daniel não insistiu. Apreciou a comida e a companhia, embevecido com a presença de Simone. Foi com muito custo que se despediu, horas mais tarde.

— Não me conformo — queixou-se ela. — Agora que meus pais já sabem que estamos namorando, podíamos ir a algum lugar.

— Você ainda é muito novinha para sair à noite — gracejou ele.

— E por causa disso, você sai sem mim? Aonde você vai?

— Sair com meu irmão, já disse. Ele insistiu tanto, que não tive como recusar.

— Não acredito que vão somente vocês dois. Aposto como há outras garotas no meio.

— Meu irmão tem namorada, e eu só me interesso por você. Confie em mim, por favor. Não vou fazer nada de errado.

— Não sei. Nós nunca transamos. E se houver alguma garota oferecendo para você o que eu nunca pude lhe dar?

— Não diga besteiras. Você é pouco mais do que uma criança.

— Você não me deseja?

— É claro que sim. Mais do que tudo no mundo, mas meu amor por você é maior do que o meu desejo.

— E se você dormir com outra?

— Não me interessa dormir com outra. Amo você, posso esperar até que esteja pronta.

— Estou pronta.

— Não é verdade. Deixe as coisas acontecerem normalmente.

Ela suspirou dolorosamente. Não queria separar-se dele, mas não tinha como duvidar de suas palavras, muito menos de seus sentimentos.

— Está bem — disse amuada. — Se não tem jeito...

— Amanhã virei buscá-la para irmos ao cinema. Depois, podemos lanchar. Então, o que me diz?

— Vou adorar!

— Muito bem. Até amanhã, então.

Depois de um beijo longo, Daniel partiu apressado para sua casa. Tinha que tomar banho e trocar de roupa. Não queria que Ismael o acusasse de negligenciar seus compromissos. Entrou sem ser percebido, indo direto para seu quarto. Quando o irmão bateu à porta, ele estava pronto, dando o último retoque no penteado.

— Então? — indagou Ismael. — Vamos?

— Vamos.

Em sua última olhada no espelho, a imagem que viu refletida não foi a sua própria, mas a de Simone, que ocupava todos os recantos de seus pensamentos.

CAPÍTULO 3

O restaurante em que Ismael fez reservas era muito requintado. Conduzidos a uma mesa sossegada, os quatro sentaram-se para jantar. Pelo canto do olho, Daniel observava Tamara, surpreendido com a moça bonita em que se transformara. Ela era dois anos mais velha do que ele, mas parecia mais jovem. Tinha a fala macia, própria das pessoas bem-educadas, gestos aristocráticos, porte elegante. Uma verdadeira dama.

— O que gostariam de beber? — perguntou Ismael.

— Que tal uma garrafa de vinho? — sugeriu Daniel.

— Para mim, não, obrigada — falou Tamara. — Prefiro um refrigerante.

— Ótimo! — acrescentou Joyce. — Se ficarmos bêbados, Tamara pode dirigir.

— A boate é aqui perto — esclareceu Ismael. — Podemos ir a pé e, depois, o motorista de papai poderá vir nos buscar, se for o caso.

Durante todo o jantar, Daniel demonstrou-se impressionado com Tamara. Sentia que algo diferente nascia dentro dele. Não uma paixão ou desejo, mas uma forte admiração, algo que ele poderia cultivar para sempre, pois sentia nela uma pessoa confiável, amiga, leal.

Na boate, dançaram a noite inteira, para alívio de Joyce, que julgava estar se desincumbindo bem da tarefa que o pai lhe confiara.

— Acho que seu irmão e Tamara estão se dando muito bem — comentou Joyce, ao ouvido de Ismael.

— É verdade. Sua prima é muito bonita. Não esperava uma atitude diferente de Daniel.

Na outra ponta da pista de dança, Daniel enlaçava Tamara, com quem dançava a uma distância respeitosa. Sentindo o seu perfume suave, veio a vontade de beijá-la, mas conseguiu se conter. Sabia que aquela era uma reação proveniente do instinto, não do coração, e se desse vazão a ele, mais tarde, muito provavelmente, iria se arrepender.

Ela percebeu, porque se afastou um pouco, afagou seu rosto e, com ar maduro e tranquilo, afirmou:

— Você é um homem muito interessante, Daniel, mas meu coração pertence a outro.

— O quê?! — reagiu ele, coberto de vergonha. — Não, Tamara, você não entendeu. Perdoe-me se a confundi. Foi apenas uma reação de momento, nada com que você deva se preocupar. Não quis ofendê-la...

— Não precisa se desculpar, não estou zangada. Mas sei que Joyce me trouxe aqui para que eu me envolvesse com você. Não conhece a minha história?

— Conheço e sinto muito. Deve ser terrível perder os pais tão cedo.

— Não é a essa história que me refiro, mas à outra, do meu quase casamento.

— Você quase se casou? — surpreendeu-se ainda mais. — Eu não sabia. Ismael não me disse nada.

— Foi há algum tempo. Eu namorava um rapaz chamado Eliezer Rosen, filho único de uma família judia tradicional e rica. Só que ele se apaixonou por uma garota de programa e largou tudo para se casar com ela. Em pouco tempo, ele não tinha mais nada. Quando ficou na pior, ela o abandonou. Agora, Eliezer está divorciado, sem ter onde cair morto, já que a família não quer saber dele. A maior preocupação de meu pai era que eu voltasse para ele. Por isso, meu tio assumiu o encargo de me casar com um bom partido que, pelo visto, deve ser você.

— E você o quer de volta?

— Não posso dizer que não o amo. Sempre o amei. Mas não sei se poderia perdoá-lo, depois de tudo o que ele me fez sofrer.

— Não acha que deveria arriscar? Talvez você se arrependa se deixar escapar o grande amor da sua vida.

— Imagine se seu irmão e minha prima ouvem você falar assim. Vão querer matar você.

— Então, é melhor não deixar que eles nos ouçam.

Ela riu gostosamente, experimentando a mesma simpatia que ele sentia por ela.

— Estranho isso, não? — tornou ela. — Vim aqui preparada para dizer não a qualquer eventual cantada e me pego gostando de conversar com você. Não sei definir, mas sinto que posso confiar em você. É como se tivéssemos algo em comum.

— Pelo visto, temos. E vou lhe confessar uma coisa.

— O que é?

— Também estou apaixonado. Por uma garota católica, pobre e quatro anos mais nova do que eu.

Tamara soltou uma gargalhada, acrescentando com bom-humor:

— Agora sim é que estamos perdidos. Eu, apaixonada por um transviado, e você, por uma pobretona. Que bela dupla nós formamos.

— É verdade.

— Sabe de uma coisa?

— O quê?

— Acho que você tem razão. Vou seguir o seu conselho e procurar Eliezer, ao menos para ouvir o que ele tem a dizer.

— Faz muito bem. E mais tarde, podemos sair juntos, eu, Simone, você e Eliezer.

— Calma. Como disse, acho que não conseguiria perdoá-lo. Não sei se voltarei a sair com ele.

— É claro que voltará. Você está apaixonada, não deixe que o orgulho estrague a sua chance de ser feliz.

— Daniel, você é maravilhoso!

Empolgada com a amizade nascente, Tamara atirou-se no pescoço de Daniel, beijando-o de leve no rosto. Pela primeira vez, alguém a compreendia de verdade, alguém que vivia situação semelhante e que, por isso mesmo, não iria julgá-la.

Do outro lado, Joyce e Ismael felicitavam-se. Certos de que o plano dera certo, não viam a hora de desvencilhar-se do novo casal para viverem suas vidas. Não podiam, porém. Joyce prometera ao pai que levaria Tamara de volta e era o que pretendia fazer. Mas dali em diante, não precisariam mais servir-lhe de babá. Pelo visto, ela e Daniel estavam se entendendo, liberando-os daquela incumbência desagradável.

Na verdade, Ismael não estava tão feliz assim. A inexplicável rivalidade que sentia pelo irmão trouxe-lhe uma pontada de ciúmes ao perceber que uma moça tão bonita quanto Tamara se interessara por ele tão rapidamente, nem sequer lhe lançando um olhar mais significativo. Ismael desculpava-se, argumentando que ela não o olhara em respeito à prima, mas a dúvida persistia. E se Tamara achasse Daniel mais interessante do que ele?

Era algo que ele não podia permitir. Apesar de simpatizar com Tamara, não tinha interesse nela. Ou será que tinha? Talvez sim, talvez não. Ou, o que era mais provável, seu interesse provinha do simples fato de que ela gostara do irmão, não dele. Sim, era isso. Ismael sentia ciúmes e inveja de Daniel, embora não admitisse nem para si mesmo. Tudo o que o irmão possuía tinha que lhe pertencer. Ele lhe devia isso.

Na infância, Daniel por pouco não lhe roubara a vida. Agora, devia a ele tudo o que a vida tinha a lhe oferecer e ele pudesse tomar. Mas não podia simplesmente destruir o namoro dos dois, se é que havia um. Não queria perder Joyce, que era influente e rica, a mulher perfeita para a posição que ele ocuparia em alguns anos dentro da empresa do pai.

— Em que você está pensando? — Joyce interrompeu sua linha de raciocínio.

— Hein? O quê?

— Estou falando com você, e nada. Está no mundo da lua, é?

— Desculpe-me, querida, eu me distraí. O que você estava dizendo?

— Que Daniel e Tamara estão se entendendo. Missão cumprida.

— Ah...! é verdade. Podemos ir, então?

— Não posso. Prometi a papai que a levaria para casa.

— Então, vamos logo. Não vejo a hora de ficar a sós com você.

Tamara foi sem questionar. Quando os quatro saíram da boate, o motorista do pai já os esperava do lado de fora. Estavam tão distraídos, que não perceberem o olhar curioso de alguém, que os observava do outro lado da rua, sentado à mesa de um barzinho.

— Não acredito no que estou vendo — comentou Bruno, boquiaberto.

— O que foi, cara? — quis saber Átila.

— Você não vai adivinhar quem eu acabei de ver entrando naquele carro ali.

— Quem?

— O Daniel.

— Daniel? Quer dizer, *aquele* Daniel?

— Quem mais poderia ser, idiota?

— E daí? Isso não tem nada demais.

— Não teria se ele não estivesse acompanhado da maior gata.

— Está brincando.

— Não, não estou.

Bruno não disse mais nada. Em seu íntimo, uma satisfação indescritível quase o atormentou. Não sabia bem o que faria com aquela informação, mas seria útil no futuro, quando precisasse dela para afastar Daniel de sua irmã. Era um trunfo que ele guardaria para um momento especial. Daniel iria ver. Não perdia por esperar.

Ao chegar à casa, foi ver a irmã, que dormia inocentemente em sua cama. Ela parecia serena, sem de nada desconfiar. Teve vontade de acordá-la para lhe contar tudo, porém, se conteve. Não desperdiçaria aquele trunfo.

CAPÍTULO 4

A surpresa maior de Bruno não fora propriamente encontrar Daniel ao lado de outra mulher, mas sim a comoção que sentira ao ver Tamara. Embora não a conhecesse, algo dentro dele disparara um alerta de sensações, um desejo diferente, perverso, incontrolável. Pelo visto, ela era mais velha, uma moça fina, elegante, bem-educada, muito diferente da menina ingênua e simplória que era sua irmã.

Estranhamente, viu-se preso a um interesse que ia muito além da curiosidade. Tinha em mãos o poder de destruir o romance daquele judeuzinho. Bastava que contasse o que vira à tonta da irmã. Por outro lado, isso poderia fazer com que Daniel desaparecesse de vez, levando com ele aquela preciosidade de mulher. Bruno não entendia, mas sentia uma necessidade incontrolável de conhecer aquela moça, de falar com ela, de tê-la em seus braços.

Não foi por outro motivo que colocou de lado sua aversão por judeus para tentar uma aproximação com Daniel. Por aquela mulher maravilhosa valeria o sacrifício. Precisava, urgentemente, descobrir quem ela era.

— Em que está pensando? — questionou Átila, cochichando para não ser ouvido pelo professor. — Você está distante.

— Não é nada — foi a resposta seca. — Fui dormir tarde ontem, estou com sono.

— Você já contou à sua irmã que viu o namoradinho dela com uma gostosona?

— Não. E você também não vai contar.

— Por quê? — surpreendeu-se. — Pensei que você queria me ajudar a destruir o namoro dos dois.

— E quero. Mas não assim. Essa não é a melhor estratégia.

— Não entendo. Essa é uma excelente estratégia! Que mulher gosta de ser traída?

— É exatamente isso. Simone vai ficar chateada, e não quero magoar minha irmã.

— Desde quando você se preocupa com a sua irmã? Conte logo a ela, para acabar com esse namorico infame.

— Não é assim que as coisas funcionam! Deixe essa história comigo e não se meta.

— Eu, hein, Bruno! O que foi que deu em você? Mudou de ideia de repente. Por quê?

— Não mudei de ideia. Só não quero fazer as coisas de qualquer jeito. Pensei melhor e resolvi que não quero magoar minha irmã. Ela não merece.

Antes de Átila responder, ouviram a voz do professor, chamando-lhes a atenção e pedindo silêncio. Os dois se calaram, mas, internamente, um acúmulo de vozes dissonantes confundia o coração de ambos. Átila não se conformava com a surpreendente mudança de atitude de Bruno, que, por sua vez, via na situação uma chance de aproximar-se de Tamara.

Era uma reação estranha, porque Bruno não se dava bem com o sexo oposto. Lembrava-se da primeira vez em que transara com uma menina, uma piriguete das mais reles, disposta a tudo para satisfazer seus prazeres. Na festa de um amigo, ela demonstrara interesse por ele. A garota morava com a mãe, que trabalhava à noite num hospital, deixando o apartamento livre para seus encontros. Bruno ainda se lembrava do prazer que sentira ao penetrá-la e, mais ainda, ao espancá-la sem motivo. Por pouco ela não o denunciara, mas então, teria que contar à mãe o que fazia sozinha em casa. Daí em diante, por mais que tentasse se controlar, suas relações sempre terminavam em algum tipo de violência, ainda que não deixassem marcas nem traumas aparentes.

Ao final das aulas, Bruno saiu com Átila, embora desejando que ele o deixasse sozinho. Queria evitar explicações sobre a mudança de seus planos. Átila, contudo, não se conformava. Se Bruno desistisse de destruir o namoro da irmã, suas chances de conquistá-la seriam destruídas também.

— Bom, já estou indo — despediu-se Bruno, afastando-se de Átila rapidamente. — Até amanhã.

— Não vai esperar sua irmã?

— Não.

Átila não respondeu. Sentia que o amigo se esquivava dele, evitando falar de Simone. Queria saber o que havia provocado aquela mudança repentina, mas nem de longe lhe passava pela cabeça que o motivo fosse justo a mulher de que Bruno se utilizaria para estragar o romance de Simone e Daniel.

A caminho de casa, Bruno prestava atenção, a fim de verificar se Átila não o seguia. Sentindo-se livre, retardou o passo, para esperar pela irmã. Na esquina, viu quando ela se aproximou e juntou-se a ela.

— Tudo bem, Simone? — indagou ele, para puxar conversa.

— Por que a pergunta? — retrucou ela, desconfiada.

— Por nada... Queria apenas saber como anda seu namoro com Daniel.

— Desde quando você se interessa por mim e por Daniel?

— Desde que você é minha irmã e quero o melhor para você.

Havia uma surpresa genuína no olhar de Simone. Aquela mudança súbita de atitude e interesse não a convencia.

— Corta essa, Bruno. Não acredito. Você está querendo alguma coisa.

— Deixe de ser desconfiada, maninha. Quero apenas o seu bem.

Apesar da desconfiança, Simone não revidou. Conhecia muito bem o irmão para saber que ele estava fingindo. Só não entendia por quê. Mesmo assim, achou melhor não discutir. Se aquilo servisse para que ele parasse de perturbá-la, fingiria acreditar nele. E fosse o que fosse que estivesse tramando, não alcançaria nenhum resultado. Ela estava atenta, não permitiria que ele a enganasse.

Bruno mal podia esperar a hora de encontrar-se com Daniel. Precisava pensar em como agir, controlar seu gênio para que não pusesse tudo a perder. Foi com agonia que esperou até o dia terminar. Por volta das sete da noite, o toque da campainha o colocou em alerta. Ouvido colado à porta, reconheceu a voz de Daniel. Num primeiro momento, precisou engolir a náusea que a presença do judeu em sua casa lhe causava. Esperou vários minutos até acalmar a aversão, para só então aparecer na sala.

Pela primeira vez, Bruno sentou-se, amistosamente, ao lado de Daniel. Desconfiado, o outro chegou para o lado, evitando aproximar-se muito. Até então, desconhecia as intenções de Bruno, as reais e as dissimuladas. Após pigarrear por alguns segundos, Bruno começou a falar:

— Que bom que está aqui, Daniel. Não sei como começar o que tenho a lhe dizer, mas gostaria que me ouvisse.

Cada vez mais espantado, Daniel não disse nada. Nem saberia o que dizer. Limitou-se a encará-lo com uma desconfiança cada vez maior e aguardar.

— Não vou mentir para você — prosseguiu Bruno. — No começo, não ia com a sua cara. Achei que, por ser mais velho, você só queria se aproveitar da minha irmã.

— Não é nada disso... — protestou o outro.

— Sei que não — intercedeu Bruno. — Mas era o que eu achava.

— E agora não acha mais?

— Não. Mamãe me fez ver que você gosta mesmo de Simone. Por isso, refleti muito e resolvi pedir-lhe perdão.

— Não precisa — objetou Daniel, sem graça. — Entendo perfeitamente sua preocupação de irmão. Se eu tivesse uma irmã, também agiria assim.

Bruno balançou a cabeça. Ao menos agora sabia que a moça não era irmã dele. Conversando com Daniel, sentiu que poderia até gostar dele, não fosse o fato de que era judeu. Bruno detestava judeus quase tanto quanto desprezava as mulheres. Contudo, reconhecia, Daniel era simpático, bem-falante, sincero. Daria um bom amigo, não fosse aquela pequena e intransponível peculiaridade.

— Quero que saiba que não tenho nada contra você — prosseguiu Bruno. — Gostaria mesmo que fôssemos amigos.

— Nada me daria mais prazer — tornou Daniel, com sinceridade. — Se vamos ser cunhados um dia, temos que nos dar bem.

Simone teve um sobressalto ao ouvir aquela revelação, ao passo que Bruno quase pôs tudo a perder. Jamais permitiria que a irmã se casasse com um judeu. Preferia, antes, vê-la morta. Por sorte os pais não se encontravam na sala, sendo poupados de ouvir aquela barbaridade.

— É isso mesmo — concordou Bruno, lutando para esconder a ojeriza. — Temos que ser amigos. E gostaria de conhecer seus amigos também. Não acha boa ideia que formemos um grupo só de amigos?

Embora sem entender aonde Bruno queria chegar, Daniel concordou. Faria de tudo para agradar o futuro cunhado.

— Vocês já conversaram demais — cortou Simone, entre a irritação e a desconfiança. — Agora, quero ficar um pouco a sós com meu namorado.

— Ah! Claro, desculpem — disse Bruno. — Vou voltar para o meu quarto.

Depois que ele saiu, Daniel encarou Simone com gravidade.

— O que foi que deu nele? — indagou espantado.

— Não sei. Ele está assim desde hoje cedo.

— Estranho, não acha?

— Muito. Bruno sempre foi antipático, implicante. Nunca foi meu amigo e sei que não gosta de mim. Ele me tolera apenas porque sou sua irmã, mas não perde a oportunidade de me espezinhar.

— Será que ele está mudando?

— Não sei se acredito nessa mudança repentina. Para mim, ele está tramando alguma coisa.

— O que pode ser?

— Não faço ideia, mas é melhor ficar de olho nele. Não confio em Bruno.

— Vamos dar uma chance a ele. Talvez esteja amadurecendo.

— Você não o conhece como eu. Bruno só amadurece na maldade.

— Será que ele é tão ruim assim? O que ele pode fazer que seja assim tão terrível?

— Bruno é encrenqueiro, gosta de bater nos mais fracos, humilha as meninas e maltrata os animais. Sempre foi um problema para papai e mamãe. E nunca escondeu que não gosta de mim.

— Será que você não está exagerando?

— Quem exagera é ele. Confie em mim, Daniel, Bruno está armando alguma. Ele não gosta de mim, muito menos de você. E não aceita o fato de você ser judeu. Mamãe falou que, outro dia, ele estava defendendo os muçulmanos e acusando os judeus.

— Sério? — surpreendeu-se ele.

— Sério. É como eu disse: Bruno não é confiável. É estranho, não sei explicar. Sempre detestou judeus, embora nunca visse esse exemplo aqui em casa. Por isso, vou repetir: não confie nele. Ele deve estar aprontando alguma para cima de você.

Daniel silenciou. Não imaginava que a antipatia de Bruno fosse algo tão grave, que ia muito além do ciúme entre irmãos.

Aquela conversa acabou desviando sua atenção dos fatos que realmente importavam. Tencionava contar a Simone sobre seu encontro com Tamara, porém, a preocupação com Bruno fez com que ele se esquecesse dela por uns momentos. E depois, quando o episódio tornou-se velho, achou melhor não o reviver mais. Deixaria para uma outra oportunidade, caso precisasse encontrar Tamara novamente.

CAPÍTULO 5

Sozinho em seu quarto, Bruno antegozava os momentos de prazer que passaria ao lado de Tamara. Não a conhecia, nada sabia dela, nem o seu nome, mas tinha certeza de que seria ela a mulher que o faria sentir-se um homem de verdade.

Com a porta trancada, ligou o computador, navegando por sites simpatizantes das causas islâmicas. Era uma coisa inusitada, aquele interesse de Bruno por tudo o que se relacionasse ao mundo árabe. Fascinado pela história daquele povo, imaginava como seria feliz se nascesse num país de maioria muçulmana, onde poderia extravasar seu ódio aos judeus e colocar as mulheres no lugar de subserviência a que foram destinadas.

Ao computador, não se cansava de ler e reler as matérias relativas a dois de seus grandes ídolos: Eric Harris e Dylan

Klebold, os dois estudantes americanos, responsáveis pelo massacre no instituto Colombine, além do famoso atentado ao World Trade Center, o que colocava Osama bin Laden no topo de suas preferências. Nem o próprio Bruno conseguia explicar aquela fixação. A admiração que sentia pelos estudantes americanos tinha origem em sua imensa coragem de adentrar uma escola e sacrificar suas vidas em nome de um ideal, ainda que desconhecesse que ideal seria esse.

Já bin Laden representava a mais alta aspiração de sua vida. Por mais que soubesse que o terrorista agia contra a lei, admirava-o profundamente, lamentando não ter nascido na Arábia Saudita para tornar-se seu seguidor, por quem teria dado a vida em nome da causa islâmica. No dia de sua morte, Bruno trancou-se no quarto para chorar, revoltado com as manifestações de contentamento transmitidas pela televisão.

Tinha, ainda, especial *carinho*, se é que se podia chamar assim, por Josef Fritz, o austríaco que prendeu a filha por vinte e quatro anos no porão e com quem teve sete filhos. Para Bruno, era direito do homem aprisionar qualquer mulher que desejasse e dela fazer o que bem entendesse.

E, embora considerasse o plano de Hitler para dominar a Europa muito ousado, não podia deixar de admirá-lo por sua tentativa de *limpeza étnica*, ao enviar milhões de judeus para os campos de concentração e as câmaras de gás.

Muito embora toda a admiração de Bruno estivesse voltada para personagens tão estranhos e odiados da História, o rapaz tomava todo o cuidado para não se deixar surpreender assistindo a qualquer vídeo a eles relativo. Morria de medo de que, se os pais descobrissem, tomassem alguma atitude mais drástica contra ele, como enviá-lo a um psiquiatra ou, pior, tomar-lhe o computador.

Surpreendido com batidas na porta, Bruno trocou rapidamente a página do computador, abrindo uma que exibia um jogo do Facebook. Seguindo-se às batidas, a cara de Átila surgiu na porta entreaberta, fitando-o com olhar interrogador.

— E aí, Bruno? — foi o cumprimento. — Posso entrar?

— Já não está dentro?

— O que você está fazendo?

— Jogando.

— Hum...

— O que você quer?

— Falar com você. Tenho tido a impressão de que você está me evitando.

— Como você mesmo disse, foi impressão.

— Será, Bruno? Você quase não tem falado comigo.

— Por que não me deixa em paz, Átila? Tenho mais o que fazer.

— Não estou entendendo. Até ontem, você estava doido para atrapalhar o namoro da sua irmã com o judeuzinho, mas agora mudou de ideia. Por quê?

— Não vamos começar com isso de novo.

— Sua irmã está lá na sala com o idiota, e você não faz nada?

— O que você quer que eu faça? Que entre na sala e dê um murro no cara ou enfie uma faca na sua barriga?

— Não seria má ideia...

— Se acha que é boa ideia, vá fazer isso você mesmo.

— Pelo amor de Deus, Bruno, estou brincando! Não gosto do cara, mas não sou assassino. Contudo, se você não contar a Simone sobre a garota com quem ele saiu no outro dia, eu mesmo farei isso.

— De jeito nenhum! — enfureceu-se. — Você está proibido de tocar no assunto. A irmã é minha, e dela, cuido eu.

— Você sabe o quanto estou interessado em Simone, mas se Daniel não sair do caminho, não terei a menor chance.

— Vai mesmo insistir nisso? — ironizou. — Acho que seria melhor desistir. Você não tem chance. Simone está apaixonada pelo cara, não sabe nem que você existe.

— Tudo bem. Se ela não sabe que eu existo, acho que está na hora de me apresentar. Vou esperar o judeuzinho sair para ter uma conversinha com ela. Simone vai me amar por abrir-lhe os olhos.

— Não faça isso, já disse! Você não tem esse direito.

— Então, por que você não faz? Com um trunfo desses nas mãos, por que esperar passar a oportunidade?

Bruno estava transtornado. Andando de um lado a outro no quarto, não sabia o que fazer para conter o amigo.

— Escute aqui, Átila — disse, após muita relutância. — Vou lhe contar o que está acontecendo, mas você tem que me prometer que não fará nem dirá nada. Você promete?

— Não sei. Não sei do que se trata.

— Se não quer prometer, pode ir embora. Não direi nada.

Morto de curiosidade, Átila não viu saída.

— Está bem, prometo. Conte logo, do que se trata?

— É sobre aquela garota...

— A que vimos com Daniel?

— E quem mais poderia ser?

— O que tem ela?

— Estou louco por ela. Louco para conhecê-la e dormir com ela.

— Está brincando. Não acredito! Caia na real, Bruno. Ela é rica, mais velha do que você e, provavelmente, judia também. Já pensou nisso?

Bruno não havia pensado, mas não estava disposto a desistir por causa daquilo. Se ela fosse judia, melhor, mais um motivo para possuí-la e depois humilhá-la.

— Não quero me casar com ela, apenas transar. Para isso, pouco importa se ela é judia, católica, budista ou qualquer outra coisa.

— Acho que você é doido, mas tudo bem. O que isso tem a ver com Simone e Daniel?

— Tem a ver que, se eu brigar com Daniel, perderei todas as chances de conhecer a garota. Entendeu agora por que ainda não quero contar nada para Simone? Depois que eu conseguir o que quero, minha irmã ficará sabendo da verdade. Por enquanto, não.

— Não concordo com isso. Quanto mais o tempo passa, mais ela se apaixona e mais confia nele. Quando você contar, corre o risco de ela não acreditar ou de ele dar uma desculpa convincente. Se contar agora, vai ser um golpe na ilusão dela.

— Bobagem. A verdade é a verdade, seja em que tempo for.

— A verdade pode ser a verdade, mas as reações mudam com o tempo.

— Deixe dessa ladainha, Átila. Se quer mesmo que Simone seja sua, vai ter que esperar.

— E se eu não esperar? O que você vai fazer comigo?

— Se você atrapalhar os meus planos, mato você.

A fúria no olhar e na voz de Bruno foi tão grande, que Átila titubeou. Não podia acreditar que ele dizia a verdade, mas teve medo. Bruno era uma pessoa violenta, capaz de tudo para conseguir o que queria.

— Não precisa falar desse jeito — protestou Átila, assustado. — Não vou fazer nada.

— Acho bom.

— Não vou fazer porque sou seu amigo, não porque estou com medo. Você não teria coragem de me matar.

— É claro que não! — exclamou Bruno, ocultando a verdade. — É só maneira de falar.

Mesmo sem acreditar, Átila silenciou. Em seu íntimo, tinha certeza de que, se pudesse, Bruno não hesitaria em eliminar qualquer um que atravessasse o seu caminho, impedindo-o de alcançar seus objetivos. Ainda se lembrava das surras que ele dera nos garotos da escola, nos gatos que espetara em varas e nos cães que pisoteara até a morte. Bruno era uma pessoa cruel, muito mais do que ele, que limitava sua crueldade ao campo da mera aparência. Não era alguém com quem desejasse se indispor.

CAPÍTULO 6

Em reunião no astral superior, Nabilah conversava com um grupo de jovens encarnados, que se preparavam para enfrentar, em alguns meses, momentos de extrema importância para suas vidas espirituais. Eram, ao todo, treze, sendo dez meninas e três meninos, com idades entre doze e dezessete anos.

— Têm certeza de que desejam prosseguir com esse intento? — indagou ela, olhando-os, um a um. — Sabem que podem desistir.

— Não podemos — afirmou Ricardo. — Ou ele não nos perdoará nunca.

— É um erro supor que o perdão deriva da vingança.

— Isso não seria justiça? — questionou Sarita.

— Justiça é deixar à vida a tarefa de entregar nas mãos do semeador os frutos de sua própria colheita.

— Então? — prosseguiu Ricardo. — Estamos colhendo o que plantamos.

— Pode até ser, mas a colheita de vocês demanda um ceifador, e é quanto a este que pesará o resultado de sua vingança.

— O que podemos fazer? — perguntou Ana.

— Tentar mudar a situação — falou Nabilah. — Podemos chamá-lo aqui para entrarmos em um acordo.

— Já fizemos isso — lembrou João. — E não deu resultado. Ele se mostra irredutível, diz que lhe devemos isso.

— Ele nos traiu — comentou Marina. — Não foi isso que disse antes de reencarnar. Prometeu que nos perdoaria.

— Nenhum de vocês se perdoou — observou Nabilah. — Como esperar que ele o fizesse?

— Eu me perdoei — tornou Janaína, sem muita convicção.

— Não, querida, você não se perdoou. Se houvesse mesmo se perdoado, não estaria aqui.

— Acho isso tudo muito engraçado — ironizou Lúcia. — Vocês falam como se nós fôssemos algozes, e ele, a vítima. Já se esqueceram do que ele nos fez? O que nos levou a tomar a atitude drástica que tomamos? Se alguém deve algo a alguém, é ele que nos deve.

— Vamos esclarecer uma coisa — retrucou Nabilah. — Ninguém deve nada a ninguém. Vocês todos estão envolvidos no mesmo drama porque estão ligados por elos poderosos de afinidade espiritual. Alguns de vocês optaram por sofrer nas mãos dele em sua última encarnação, enquanto os demais, temerosos, escolheram não reencarnar junto a ele. Só que agora, não tendo mais como fugir, escolheram passar por isso.

— Você fala que não deveria haver vingança, contudo, é exatamente nessa direção que estamos caminhando — comentou Ricardo.

— Vocês estão colocando, nas mãos dele, o poder de se vingar.

— Ah! Quer dizer que agora a culpa é nossa? — retrucou Lúcia.

— A culpa não é de ninguém. O que vai acontecer é apenas o resultado da lei de ação e reação, que pode funcionar de uma outra maneira. Quem toma algo da vida deve a ela devolver o que tomou, mas não, necessariamente, na mesma moeda. Quem tira a vida não precisa dar a sua vida em troca, mas salvar vidas ou trazê-las ao mundo. É uma questão de opção, que deriva da maturidade e da capacidade de compreensão. Se vocês se perdoarem, poderemos desfazer esse elo, e nenhum de vocês estará presente no momento fatídico. Ou então, podemos contê-lo de alguma forma.

Os jovens se olharam em dúvida, alguns com vontade de desistir, outros firmes no propósito de tentar se redimir pela via da dor.

— Eu não quero mais passar por isso — afirmou, chorosa, a pequena Joana, a mais nova do grupo. — Estou com muito medo.

— Tem certeza? — questionou Nabilah.

— Tenho. Não me considero preparada. Acho que assumi um compromisso que vai muito além das minhas forças. Não tenho condições de passar por isso. Prefiro deixar esse acerto de contas para outro momento.

— Não fale em acerto de contas, porque isso reafirma a ideia de vingança. Diga que prefere deixar para outra oportunidade sua reconciliação com ele.

— Quero me preparar para me reconciliar com amor.

— Muito bem, Joana. Sinto, em seu coração, que essa é a verdadeira vontade da sua alma, que deve ser respeitada, assim como a dos demais. Saiba, porém, que ele, instintivamente, tentará alcançar você. Pode ser que não consigamos evitar que ele a atinja, mas conseguiremos impedir um mal maior. E então? Alguém mais?

Após breve silêncio, os gêmeos Laís e Lauro levantaram as mãos, enquanto este falava:

— Estamos na mesma situação de Joana. E depois de saber que ele vai mesmo efetivar sua vingança, após muito refletir, decidimos desistir. Não nos consideramos tão devedores quanto os demais.

— Vocês só devem porque alimentam a ilusão da dívida e do cobrador. Isso não é um resgate, mas uma reconciliação que, como bem disse Joana, pode ser feita com amor. Fico feliz que alguns já tenham conseguido compreender isso.

— Mas pode demorar mais — contrapôs Helena. — Tenho pressa. Quero resolver logo isso.

— Eu também — concordou João. — Se permitirmos que ele faça o que quer, talvez ele nos deixe em paz.

— Nada disso é certo — esclareceu Nabilah. — Lembrem-se de que esse ato de vingança pode inverter o jogo, e vocês é que podem passar a persegui-lo.

— Se isso acontecer, a vingança nunca terá fim — disse Laís. — Por isso é que resolvi pensar em um outro meio, numa outra vida. Nessa, não vai dar.

— Concordo com minha irmã — disse Lauro. — Temos, em nosso íntimo, a certeza de que poderemos resolver isso de uma outra maneira, menos sofrida para nós e menos comprometedora para ele.

— Ótimo pensamento — elogiou Nabilah. — Alguém mais?

Timidamente, Emília se apresentou:

— Acho que também vou desistir. Estou com muito medo.

— Tem certeza? — duvidou Nabilah. — Não sinto essa vontade em seu coração. Parece mais que é um desejo inseguro, causado somente pelo medo. A energia que parte de você não é forte o suficiente para demonstrar que essa é a sua vontade verdadeira.

— Estou com medo — repetiu ela, em lágrimas.

— O medo só vai atrair a vingança. Vai criar um magnetismo poderoso com ele, que cairá sobre você como uma fera pronta para abater a vítima. Se for assim, dificilmente conseguiremos ajudá-la, porque o seu medo criará uma barreira energética entre nós, levando suas vibrações mais para o campo do agressor do que para o nosso, atraindo-o para você feito uma abelha em busca de pólen.

— Todos temos medo — ponderou Vera. — E isso o atrairá para nós?

— É claro que, diante de uma situação como a que está para ocorrer, todos ficarão com medo, que é uma reação natural diante do perigo. Mas o medo, aliado ao forte sentimento de culpa, cria uma forma-pensamento poderosa, que dispara em direção ao agressor com uma fúria quase assassina, descarregando-se nele e potencializando seu desejo de vingança. Será isso que permitirá a ele identificar, mesmo que de forma inconsciente, aqueles a quem deve atingir, direcionando suas ações diretamente para essas pessoas.

Emília chorava livremente, sentindo a fatalidade do que estava por vir.

— Não quero morrer — soluçou ela. — Sou muito jovem, tem muitas coisas que quero fazer.

— Pensasse nisso antes de se juntar a nós para fazer o que fez — censurou Ricardo.

— Não é bem assim — considerou Nabilah. — Emília pode desistir, mas precisa estar convicta de que é isso que realmente quer. Se pensa nisso só por medo, mas sem se perdoar e sem superar, ao menos ao ponto de pensar em uma outra forma de reconciliação, vai magnetizá-lo da mesma forma que os demais, e, por mais que tentemos, não conseguiremos impedi-lo. Nesse ponto, não sinto que Emília tenha superado a culpa.

— Não superei mesmo — chorou ela. — Não consigo me perdoar.

— Vamos tentar protegê-la, embora eu não esteja certa de conseguirmos. Tudo vai depender de você.

— O que preciso fazer?

— Perdoar-se.

— Mas isso é tão difícil!

— Eu sei. Se fosse fácil, nenhum de vocês estaria hoje nessa situação. Nem ele.

— Por falar nele — comentou Janaína —, ninguém está tentando fazê-lo mudar de ideia não? Somos só nós os responsáveis pelo que vai acontecer?

— O acesso a ele é muito difícil, mas, mesmo assim, estamos tentando. Não eu, porque ele não gosta de mim, mas alguém que teve contato com ele em sua última encarnação e que era uma pessoa bem equilibrada. Estamos rezando para que ele consiga sensibilizá-lo.

— O que vai acontecer se não conseguirem e se ele levar adiante essa loucura? — Sarita quis saber. — Quero dizer, como fica a situação, do ponto de vista espiritual?

— Para vocês, se não seguirem alimentando o ódio e conseguirem se perdoar, estarão livres desse elo de vingança. Para os que guardarem ressentimentos, o liame persistirá, gerando possíveis revides no futuro e prolongando a cadeia de vinganças. Para ele, muito provavelmente, a situação será pior, porque serão mais culpas na sua já extensa lista de violências.

— E isso significa que... — especulou João.

— Que ele vai continuar preso na roda das encarnações dolorosas, experienciando incidentes de angústia e aflição até que consiga, finalmente, aprender que o amor é o único caminho possível para a iluminação.

— E quem foi que disse que ele quer ser iluminado? — ironizou Ana. — Pessoas feito ele, só se comprazem na escuridão.

— Isso não é inteiramente verdade. A escuridão é apenas um refúgio, um estado em que é possível ocultar pensamentos sombrios. Mas não é a meta final de nenhum espírito. Mais cedo ou mais tarde, todos atravessam para um universo de luz, porque o rio do sofrimento deságua, inexoravelmente, no oceano cristalino do amor.

Encerrada a reunião, Nabilah fez uma prece fervorosa, pedindo a Deus que mantivesse a fé das pessoas envolvidas naquele drama. Em seguida, cada um dos jovens retornou a seus lares, retomando seus corpos físicos adormecidos, sem guardar impressões da noite anterior.

*

Ao mesmo tempo, Abdul esforçava-se para alcançar a mente de seu protegido, sem obter nenhum sucesso. O coração do rapaz, cercado por energias obscuras, não se abria às sugestões do invisível. Apenas os espíritos do submundo astral tinham acesso a seus pensamentos, neles insuflando o ódio e o desejo de vingança.

Alguns eram antigos companheiros, desencarnados na mesma época que ele, mas que não haviam logrado autorização para reencarnar. Assim, afastados da convivência na matéria, seguiam realizando seus intentos por intermédio dele, sem que ele soubesse que dava guarida aos planos infames de seus comparsas, em tudo sintonizados com os dele.

Alheio ao que se passava no astral ao seu redor, Bruno continuava ligado a suas loucuras. Os espíritos das sombras que gravitavam ao seu redor nem se davam conta da presença de Abdul, que se encontrava em vibração muito mais sutil do que a deles. Isso dificultava ainda mais a percepção de seu protegido, absorto pelas ideias insanas alimentadas pela súcia igualmente ensandecida.

Sem meios de agir, Abdul fez uma poderosa oração, deixando os espíritos das sombras desconfiados. Podiam não o ver, mas sabiam, por experiência própria, que aquela sensação provinha da presença de algum ser de luz. Mesmo assim, não se intimidaram. Eles eram muitos e já haviam dominado os pensamentos e o coração de sua presa.

Após deixar o ambiente um pouco mais leve, Abdul virou as costas e sumiu. Os espíritos trevosos, percebendo que estavam sozinhos, investiram novamente contra o rapaz, acompanhando, com euforia, as imagens do computador que se desenrolavam diante de seus olhos.

Passadas algumas horas, o cansaço fez tombar as pálpebras de Bruno, levando-o a desligar o aparelho. Os espíritos, satisfeitos com o que viam, retiraram-se, deixando-o sozinho. Na mesma hora, o sono se abateu sobre ele, levando Bruno a deitar-se na cama e, imediatamente, dormir, mergulhando-o em sonhos agitados, polvilhados de ódio e sangue.

CAPÍTULO 7

Enquanto caminhava, Ismael não parava de pensar nos últimos dias. Desde a outra noite, em que fora à boate com o irmão, a imagem de Tamara não lhe saía dos pensamentos. Até então, julgava perfeito seu namoro com Joyce, era com ela que pretendia se casar. Agora, porém, questionava seus sentimentos. Não estava mais bem certo do que sentia e queria.

Desde a infância, ele e Daniel não se entendiam muito bem. Na verdade, havia, no íntimo de Ismael, um sentimento inexplicável de que o irmão lhe devia alguma coisa. Sempre atribuíra essa sensação ao incidente da infância, em que ele quase perdera a vida por causa da brincadeira insensata com a arma do pai. Só que agora, passados tantos anos, não tinha mais certeza. O episódio remoto não lhe parecia mais tão importante. Sabia agora que tudo não passara de uma inconsequência infantil, uma brincadeira de criança que não compreende a seriedade de seus atos.

Mesmo sem encontrar explicação, e até mesmo lutando contra o que sentia, Ismael não conseguia afastar aquele sentimento. Era algo que o incomodava, levando-o a esforçar-se para não rivalizar com o irmão. Muitas vezes, conseguia, mas então, algo acontecia que o levava de volta à antiga antipatia. No momento, o motivo era Tamara. Fora ele quem os apresentara, quem insistira para que saíssem e se entendessem. Por que agora sentia algo tão parecido com ciúmes ao perceber que os dois, efetivamente, se deram bem? Ou seria, simplesmente, inveja do irmão?

Defronte à portaria do edifício, parou e olhou para os lados. Os carros na avenida começavam a se amontoar, presos no tráfego matutino. Consultando o relógio, viu que faltavam ainda quinze minutos para as sete. Tinha tempo suficiente para tomar um banho e se aprontar para a faculdade.

Ao entrar em casa, a mãe e o irmão tomavam café da manhã. Ele deu um bom-dia lacônico e sentou-se ao lado deles.

— Bom dia, meu filho — respondeu Dália, a mãe. — Foi boa a caminhada?

— Foi, apesar do calor.

— Não deu um mergulho? — indagou Daniel, para puxar assunto.

— O mar estava agitado, com bandeira vermelha.

A conversa permaneceu superficial, até que, terminado desjejum, cada um seguiu para seus afazeres. No chuveiro, Ismael deixou que a água fria caísse sobre sua cabeça, desanuviando-a dos pensamentos confusos.

Quando, à noite, Joyce tocou a campainha de sua casa, foi com uma certa contrariedade que a atendeu.

— Nós marcamos alguma coisa hoje? — perguntou, com uma irritação que ela logo notou.

— Desde quando preciso agendar uma visita ao meu namorado, principalmente, numa sexta-feira à noite?

— Não é isso — desconcertou-se. — É que ando cansado. Vou aproveitar para dormir cedo.

— Por que, se amanhã é sábado? Vamos sair.

— Não estou com vontade. Prefiro ficar em casa hoje.

— Tudo bem, podemos assistir a um filme na TV. Faço pipoca...

— Não complique as coisas, Joyce. Já disse que não estou a fim.

— Não está a fim de ficar comigo? — magoou-se. — É isso, Ismael? Eu lhe fiz alguma coisa?

— Não é nada disso, meu bem — arrependeu-se. — É que tive um dia cansativo no estágio hoje, só isso. Desculpe se a tratei mal.

Ele a puxou e beijou-a brevemente. Gostava de Joyce, mas começava a cansar-se de sua companhia. Mais ainda, de seus beijos e suas cobranças.

— Amanhã a gente sai — desculpou-se. — Podemos convidar Daniel e Tamara para irem com a gente.

— Daniel e Tamara de novo? Quero ficar sozinha com você. Pensei que poderíamos terminar a noite em um motel...

— Será possível que você só pensa em sexo? — irritou-se, notando que já não sentia mais tanto desejo pela namorada.

— O que deu em você, Ismael? — tornou, sem esconder a mágoa e a frustração. — Está enjoado de mim? — Ele não respondeu. — Não me ama mais?

— Pare com essas besteiras, Joyce, por favor. Vá embora, estou lhe pedindo. Amanhã, tudo estará melhor.

— Você está me magoando, me tratando como se eu fosse uma qualquer. E, para sua informação, não penso só em sexo. Penso só em você. Eu o amo, é por isso que quero que fiquemos sozinhos.

Mais uma vez arrependido, Ismael tentou contemporizar. Abraçou-a gentilmente, puxando-a para junto dele.

— Você tem razão. Espere um instante, que vou me aprontar.

Assim que saiu do quarto, encontrou Joyce em conversa com o irmão, também pronto para sair. A ideia de que poderia encontrar Tamara novamente deixou-o animado, pronto para inventar uma desculpa para acompanhar Daniel em seu programa noturno.

— Vai aonde, irmão? — indagou ele, passando a mão pela cintura de Joyce.

— Ao cinema — respondeu Daniel, laconicamente.

— Com Tamara?

Ele não respondeu. Ia, na verdade, sair com Simone, mas essa não era a resposta que Ismael esperava.

— Hoje, não — retrucou, sem dar maiores detalhes.

— Se não vai sair com ela, vai sair com quem, então?

— Por que tantas perguntas, Ismael?

— Por nada. É que Tamara está precisando de companhia.

— Ela não está interessada em mim, se quer saber. E eu também gostei muito dela, mas como amiga.

Uma luz se acendeu nos olhos de Ismael. Aquela era a melhor notícia que poderia esperar. Tentando disfarçar a euforia, ele simplesmente balançou a cabeça, puxando Joyce pela mão.

— Bom, tchau então — despediu-se Ismael. — Divirta-se.

— Vocês também.

Durante toda a noite, Ismael mal conseguiu se concentrar em Joyce. Recusara o motel, mas teve que levá-la para jantar.

— Você anda muito estranho — observou Joyce. — Está com a cabeça longe.

— Minha cabeça está doendo — pretextou ele. — Acho melhor voltarmos para casa.

— Você está gostando de outra mulher?

— O quê? De onde tirou essa ideia?

— Da sua atitude, talvez.

— Eu disse que não queria sair hoje, mas você insistiu. Estou com uma terrível dor de cabeça. É melhor voltarmos para casa.

— Quer que eu dirija? — sugeriu ela, ao se aproximarem do carro.

Ismael estendeu a ela as chaves do carro. Seria até bom descansar enquanto ela tomava a direção. Sentado do lado do motorista, ele fechou os olhos e apertou as têmporas, imprimindo veracidade à queixa de antes. Fingia dormir quando, subitamente, o corpo tombou para o lado, quase caindo sobre a namorada, que fazia uma curva fechada em alta velocidade.

— Ficou louca, Joyce? — reclamou ele, agora de olhos bem abertos, fitando as curvas à sua frente. — Vá mais devagar, por favor.

Ao invés de diminuir, ela acelerou, entrando na curva seguinte a uma velocidade ainda maior, cantando pneu, como se o veículo estivesse desgovernado.

— Pare com isso, Joyce! Que loucura é essa? Está bêbada ou o quê?

Joyce não obedecia. Ao contrário, quanto mais ele falava, mais ela acelerava, dando guinadas com o volante que faziam a traseira do carro derrapar. Ismael silenciou, apavorado. Via aproximarem-se carros na outra mão, quando ela não conseguia conter o automóvel e deixava que ele resvalasse para a outra pista. A seu lado, passavam muros, postes, árvores, cada vez mais rápidos e mais próximos.

Aproximaram-se de um sinal de pedestres, que, à distância, mudava para o amarelo. Mesmo sabendo que estava longe da faixa, Joyce acelerou. Não havia ninguém para atravessar, portanto, não precisava parar. Ao menos, era o que ela pensava. Surgida sabe-se lá de onde, uma senhora idosa, confiante na luz verde que dava passagem aos transeuntes, deu o primeiro passo na avenida quase deserta.

Ismael foi o primeiro a vê-la atravessar, gritando cheio de terror:

— Cuidado!

Tomada de surpresa, só então Joyce viu a velhinha, pisando no freio com violência. O carro tentou parar, os pneus cantaram, quase estourando, soltando forte odor de borracha queimada. Por uma fração de segundos, Joyce viu o carro atropelando a mulher, não fosse o reflexo rápido de Ismael, que empurrou a direção para o outro lado. O veículo deslizou para a esquerda, despertando os sentidos da senhora, que, por sorte, estacou, lívida, enquanto o carro derrapava à sua frente, para parar mais adiante, na contramão.

— Seu louco — gritou ela, entre furiosa e trêmula. — Eu devia chamar a polícia! Marginal!

— Saia daí — ordenou ele. — Quem vai dirigir agora sou eu.

Joyce trocou de lugar, sob os gritos de desaforo da mulher. Queria pedir-lhe desculpas, contudo, não se atreveu. Por sorte, nada lhe acontecera. Melhor mesmo era ir embora dali. Sentou-se ao lado de Ismael e aguardou. Durante os primeiros metros, ele guiou sem dizer nada, até que, diante do mutismo da namorada, questionou:

— Posso saber o que foi que deu em você?

Ela olhou para ele magoada. Havia muitas coisas que gostaria de lhe dizer naquele momento, no entanto, a voz se afogou nas lágrimas.

— Eu lhe fiz uma pergunta — insistiu ele. — O que deu em você, afinal?

— Você não entende — balbuciou ela, por fim. — E não me conhece. Não vou admitir que você me troque por mulher alguma.

— Que bobagem é essa agora?

— Não é bobagem. Você está estranho e sei que é por causa de alguma mulher.

— Você está ficando louca. Só porque hoje não estou me sentindo bem, você deduz que é por causa de outra mulher?

— E não é?

— Não. E mesmo que fosse, isso não lhe dá o direito de quase nos matar nem de atropelar ninguém.

— Não aconteceu nada. A mulher está bem.

— Mas podia ter sido morta. Você perdeu o juízo?

— Perdi! — descompensou-se. — Enlouqueço, só de imaginar você com outra.

— Pare com isso, Joyce. Não seja imatura.

— Pode pensar o que quiser de mim, mas não vou permitir. Mato a nós dois antes que você me troque por outra. Estou falando sério.

Pelo tom de voz de Joyce, Ismael sabia que ela não estava brincando. Aquela peculiaridade do caráter da namorada era novidade para ele. Nunca, nos dois anos em que estavam juntos, vira-a tomar qualquer atitude semelhante. Só agora, que ele realmente se interessava por outra, é que ela revelava seu verdadeiro temperamento.

— Deixe de bobagens — aconselhou ele, com voz mais branda. — Eu estou apenas cansado e com dor de cabeça. Não existe nenhuma outra mulher na minha vida.

— Jura?

— Juro.

Não havia mesmo. Tamara era apenas um sonho, um desejo, uma fantasia. Nada de concreto havia entre eles, até porque, a moça nem sabia do interesse dele por ela. E, pelo visto, seria melhor nunca saber.

CAPÍTULO 8

Ismael estava disposto a esquecer o interesse por Tamara, antes que o desejo se transformasse em paixão. A reação de Joyce fora preocupante, era algo com que ele teria que lidar dali para a frente. Gostava dela, mas sentia que não podia mais levar adiante aquele romance. Não desejava casar-se com uma mulher desequilibrada, que permitia que o ciúme a levasse a consequências desastrosas.

Passava das dez da manhã quando ouviu batidas na porta do quarto. Abriu os olhos lentamente, tentando afugentar aquele ruído desagradável, mas não foi possível. Em um segundo, Joyce estava parada a seu lado, sorrindo para ele. A seu lado, a imagem mais surpreendente. Tamara estava com ela.

— Acorde, preguiçoso — chamou. — Está um lindo dia de sol e resolvemos ir à praia.

Seus olhos se fixavam em Joyce, mas o pensamento acompanhava os movimentos de Tamara. Vê-la ali em seu quarto quase o fez desmaiar de susto. Ele queria não olhar nem pensar nela, porém, era pedir a si mesmo o impossível. Toda a decisão de esquecê-la se esvanecera com a presença dela. Naquele momento, sentindo-a tão próxima, Ismael percebeu que o inevitável já acontecera. Estava, realmente, apaixonado por Tamara.

— Vou levantar — falou ele, espreguiçando-se. — Será que podem esperar lá fora enquanto me arrumo?

— É claro.

Assim que as duas saíram, ele entrou no banheiro. Olhando-se no espelho, teve vontade de gritar consigo mesmo. Como se permitira apaixonar-se pela prima de sua namorada e como não percebera que Joyce era aquele tipo de mulher grudenta e desequilibrada?

Por sorte, quando saiu, não havia mais ninguém com elas. O irmão saíra cedo, e a mãe estava ocupada com seus afazeres. Ele sentou-se à mesa da cozinha para tomar café, tendo as moças a seu lado. Por mais que tentasse centrar sua atenção em Joyce, todos os seus sentidos permaneciam presos a Tamara.

Sem de nada desconfiar, Joyce desceu no elevador abraçada a ele, mas, em dado momento, Tamara percebeu o olhar discreto que ele lhe dirigira. Fora apenas por uma fração de segundo, mas o suficiente para que ela lesse neles o que lhe ia na alma. Assustada, ela abaixou a cabeça, fingindo que não notara.

Um calor, porém, percorreu todo seu corpo. Nem ela saberia explicar o que sentia. Quando, dias antes, estivera com ele na boate, não sentira nada por ele nem por Daniel. Mesmo o amor que pensava sentir por Eliezer parecia arrefecer ante a paixão contida naquele olhar.

Seria mesmo verdade ou estaria ela se deixando enganar pelo desejo de ser, novamente, desejada por um homem, após o fracasso de sua relação com Eliezer? Junto a eles, Joyce tagarelava sem parar, comentando sobre a nova peça de teatro que desejava assistir. Ismael fingia ouvir, mas todos os seus sentidos se conectavam a Tamara.

— Espero que você, hoje, esteja mais disposto a sair — comentou ela, sem perceber o ar de tédio do namorado. — Pensei em convidarmos Daniel e Tamara, para ver se você se anima.

Ele se animou. Tudo o que mais desejava era estar próximo à Tamara novamente.

— Acho uma excelente ideia.

Tamara também achou. Desejando não pensar no namorado da prima, pensou que sair com Daniel seria uma boa ideia para desvirtuar sua atenção. Durante toda a manhã, Ismael fingia não se sentir incomodado com a presença de Tamara, contudo, vê-la de biquíni aumentou ainda mais a confusão em sua mente. Ela era linda, maravilhosa, perfeita. Não havia como não olhar para ela, e, por sorte, Joyce nada notava.

— Estou com fome — anunciou ela. — Não quer ir lá no quiosque comprar um cachorro-quente para mim?

A pergunta era para Ismael, que respondeu mecanicamente:

— Vou, é claro.

Quando ele se levantou, surpreendeu-se com a presença de Tamara a seu lado.

— Vou com você — disse ela. — Também estou morrendo de fome e posso ajudá-lo a descer com tudo.

Ele olhou de soslaio para Joyce, esperando alguma reação, mas ela não se moveu. Deitada de bruços na canga, parecia não querer ser incomodada em seu bronzeamento.

— Está bem — concordou ele, tentando não parecer ansioso. — Vamos, então.

Caminhando lado a lado, não conversaram até chegar ao quiosque. Como estava cheio, tiveram que aguardar a chegada de sua vez. Fizeram os pedidos e sentaram-se a uma mesa, bebendo uma água de coco enquanto aguardavam.

— Está fazendo muito calor — observou ela, para puxar assunto. — Não sei como Joyce não tem medo de ficar torrada.

— Ela adora se queimar.

— Também gosto, mas passo protetor solar. Tenho medo de ter uma queimadura séria.

— É verdade...

Fez-se um breve silêncio, que Ismael quebrou com aparente displicência:

— Quer dizer que vamos sair nós quatro hoje, de novo.

— Não precisa aceitar a sugestão de Joyce, se não quiser. Não fico chateada e compreendo perfeitamente que você queira ficar sozinho com ela.

— Não! — a exclamação foi tão apressada, que ele daria toda a razão a ela se desconfiasse de algo. — Quero dizer, já namoramos há bastante tempo e gostamos de quebrar a monotonia.

— Mas, e Daniel? Será que vai querer ir?

— Ele vai, nem que seja obrigado.

— Por quê?

— Porque não posso perder a oportunidade de estar com você novamente.

A resposta sincera saiu sem querer. Não era intenção de Ismael deixar transparecer seu interesse, porém, não conseguira evitar. Tamara corou violentamente, abaixando os olhos para ocultar seus sentimentos. Com voz meio abafada, falou:

— Não entendo o que quer dizer. Você tem namorada, e é a minha prima.

— Desculpe-me, Tamara — balbuciou, sem graça. — Não sei o que me deu. Quero dizer, na verdade, sei... mas... Deixe para lá...

Ele também abaixou os olhos, o rubor subindo pela sua face. Ela estava tão próxima que ele sentiu vontade de beijá-la. Por sorte, o rapaz do quiosque chegou com os cachorros-quentes, desfazendo o clima de paixão que se iniciara. Ela pegou os sanduíches, ele, os refrigerantes, e correram pela areia escaldante.

— Puxa, por que demoraram tanto? — reclamou Joyce, em pé, procurando por eles. — Foram comprar isso onde?

— É que estava cheio — desculpou-se Ismael. — Tivemos que esperar um tempão.

Fingindo de nada desconfiar, Joyce pegou um dos sanduíches e sentou-se para saboreá-lo, sem nem se dar conta de que o objeto de seu ciúme era justamente a prima. Reparou que seu namorado continuava esquisito, distante, frio, mas nem de longe desconfiava de Tamara. Depois de comerem, demoraram-se apenas um pouco mais até irem embora.

— Tudo combinado para hoje à noite? — perguntou Joyce.

— Creio que sim — respondeu ele. — Tenho que falar com Daniel, mas acho que não vai ter problema.

— Ótimo. A gente se vê mais tarde.

Despediram-se com um enorme beijo aplicado por Joyce, que fez Tamara desviar o olhar. Mesmo pensando em protestar, Ismael correspondeu. Não queria despertar ainda mais as suspeitas de Joyce, ainda mais contra Tamara.

Foi com alegria que ele abriu a porta e encontrou Daniel na cozinha, bebericando um suco de laranja. Ainda de sunga, dava sinal de que também fora à praia.

— Olá, irmão — cumprimentou ele, estudando o ar enigmático de Ismael. — Aconteceu alguma coisa?

— Nada, mas foi ótimo encontrá-lo aqui. Que tal um outro programinha hoje à noite?

— Hoje não vai dar. Vou sair com uma garota.

— Você está namorando? — Ele assentiu. — Alguém que eu conheça?

— Duvido muito. Não queria contar ainda, mas não vejo por que esconder. Ela não é do nosso meio.

— Quer dizer que não é judia.

— Isso mesmo. É católica, mas estou realmente apaixonado.

— Acho que você não devia, contudo, o problema é seu. Mamãe já sabe?

— Ainda não, mas desconfia.

— Duvido que ela vá aprovar.

— Mesmo que ela não aprove, não vai dizer. Sabe que mamãe não costuma se meter na nossa vida.

Por mais que Ismael desaprovasse o envolvimento do irmão com uma garota católica, no fundo, sentiu um grande alívio ao saber que ele não estava interessado em Tamara. O problema agora seria convencê-lo a sair com ela.

— Acho que você é grandinho e sabe o que faz — afirmou Ismael. — Mas isso não irá impedi-lo de sair conosco.

— É claro que não, desde que possa levar Simone.

— Simone? Pensei em chamarmos Tamara de novo. Sabe como é, ela anda deprimida...

— Não concordo. Quando saímos da outra vez, ela me pareceu muito bem.

— Por favor, irmão, só mais essa vez. É um favor a mim e a Joyce.

— Não vai dar para dispensar Simone outra vez. Só se...

— O quê?

— Pensei se não poderia chamar o irmão dela. Ele é meio esquisito, mas parece que está tentando se aproximar de mim. Talvez seja uma boa oportunidade.

— Será?

— Eles são mais novos, é claro, mas isso não tem importância, tem?

— São menores de idade?

— Bruno já tem dezoito anos, mas Simone tem apenas dezesseis.

— Nada de boate, então.

— Por que não vamos jogar boliche?

— Boa ideia. Vou ligar para Joyce e combinar tudo.

— Está certo.

A ideia saiu melhor do que ele esperava. Daniel tinha uma namorada, o que significava que não se interessava por Tamara. E o irmão da namorada dele, por ser mais jovem, também não representaria nenhum problema. Tudo estava saindo conforme seus planos. Ou, ao menos, era o que ele pensava.

CAPÍTULO 9

Sair em companhia de Bruno não agradou muito a Simone, contudo, os pais acharam ótimo. Ter o irmão por perto para cuidar dela parecia uma excelente ideia. Bruno, por sua vez, não sabia o que pensar. Recebera o convite com desconfiança, sentindo até mesmo uma certa repugnância por ter que se misturar com judeus. Mas, quando Simone lhe disse que era para fazer companhia a uma amiga de Daniel, a curiosidade falou mais alto. Seria quem ele estava pensando?

Às oito em ponto, estavam todos prontos. Daniel chegou de carro para buscá-los, cumprimentando-os com animação. Beijou Simone nos lábios e estendeu a mão para Bruno, que a apertou a contragosto. Só de tocá-la, sentiu um nojo irreversível, mas fez esforço para não demonstrar.

— Onde estão os outros? — indagou ela, entrando no carro ao lado dele.

— Já foram para lá. Vamos nos encontrar no boliche.

— Será que seu irmão vai gostar de mim?

— É impossível não gostar de você. Você é linda. Não acha, Bruno?

— Acho — concordou ele, entre dentes, fitando Daniel pelo espelho retrovisor.

— Gostaria de agradecer a você por ter aceitado meu convite — prosseguiu Daniel. — Quero que sejamos amigos.

— Eu também...

Quanto mais ouvia a voz do outro, mais Bruno se irritava. Não sabia se conseguiria resistir até o fim daquela noite sem ter um ataque de fúria. Contudo, precisava esforçar-se, ao menos até descobrir quem seria sua acompanhante.

Ao chegarem ao boliche, Daniel logo avistou o irmão em companhia das moças. Ele já havia alugado a pista, de forma que foram logo para lá. Ao ver Tamara, o coração de Bruno acelerou mil batidas. Não podia acreditar em sua sorte.

Feitas as apresentações, todos sentaram-se à mesa. Ismael achou Simone muito bonita e fez de tudo para deixar de lado o preconceito contra pessoas não judias. Tamara, que não se importava com essa questão, recebeu-a bem, ao passo que Joyce, embora também não ligasse, intimamente lamentou o fato de que a prima não poderia namorar Ismael.

Foi estranha a sensação de Tamara ao ser apresentada a Bruno. Ela sentiu como se uma névoa negra a envolvesse e um vento gelado congelasse seu coração. Um mal-estar súbito quase a fez tombar, como se estivesse diante de um ser maligno que aparecera para devorar sua alma.

— O que foi? — indagou Ismael, notando sua repentina lividez. — Sente-se mal?

— Não, nada... Foi só uma sensação esquisita. Já passou.

Ao contrário dela, Bruno sentiu uma excitação sem precedentes. Encarava-a a todo instante, arranjando desculpas para ficar perto dela. Mesmo nunca tendo jogado boliche em sua vida, arriscou-se na pista, só para ter um motivo para acompanhá-la. Tamara não recusou, embora tentasse, de forma disfarçada, afastar-se dele o máximo possível.

Terminado o horário, saíram para lanchar. Ninguém queria comer comida de verdade, de forma que foram a uma lanchonete de fast food. O salão estava cheio e, à medida que os pedidos iam sendo servidos, cada casal seguia para uma mesa. Como não havia lugar para todos sentarem-se juntos, Bruno acabou sobrando com Tamara. Com sua bandeja na mão, ela quase desistiu de comer ao ver que ele a chamava de uma mesa mais ao canto, separada dos demais. Sem jeito de recusar, ela seguiu para lá, sentindo repentino enjoo revolver suas entranhas.

— Consegui esse lugar para a gente — falou ele, animado. — O resto está lotado.

— Que pena que não conseguimos ficar com os outros — lamentou-se ela, para desagrado de Bruno.

— Não faz mal — tornou ele, de má vontade. — Não vou comer você.

— Sei que não.

Sentada defronte a ele, Tamara mordeu o sanduíche, tentando fugir ao seu olhar. Ele, porém, fitava-a fixamente, achando-a a mulher mais linda que já vira em toda a sua vida. Mas não era só isso. Ela era também a única que lhe despertara tamanho desejo. Resolveu dizer isso a ela:

— Você é muito linda, sabia?

— Obrigada — respondeu, sem graça.

— Adorei ter sido convidado só porque pude conhecê-la! — Ela deu um sorriso amarelo e não disse nada. — E você? Gostou de me conhecer?

— Gostei...

— Que bom. Podemos sair juntos outra vez, só nós dois.

Foi com horror que ela ouviu essas palavras. A última coisa que queria era sair sozinha com Bruno.

— Não sei — retrucou ela, cada vez mais constrangida. — Vamos ver.

— Por quê? Não disse que gostou de mim?

— Bem, mas é que... não sei... Você me parece muito jovem.

— Tenho dezoito anos.

— Pois é, tenho vinte e um.

— E daí? Você não é daquelas que pensam que o homem tem que ser mais velho, é?

— Não se trata disso. É só uma questão de experiência.

— Por quê? Acha que sou inexperiente? Você ficaria surpresa com as coisas que posso lhe ensinar.

Ela enrubesceu e rebateu zangada:

— Está sendo grosseiro.

— Estou? Perdoe-me, não foi minha intenção. É que não gostaria que você me evitasse só porque sou mais novo. Sou jovem, mas muito maduro. Por que não se dá uma chance de descobrir?

— Olhe, Bruno, sinto muito, mas a verdade é que não estou a fim. Gosto de outro.

— Não acredito! — irritou-se. — Você está me dispensando só porque sou pobre e católico. É isso, não é?

— É claro que não! — surpreendeu-se ela, notando o ar de fúria que, de repente, se estampara no olhar dele. — Não sei nada sobre você e, para falar a verdade, nem quero saber. Você está se tornando um rapaz extremamente desagradável e inconveniente. Por que não me deixa em paz?

Bruno sentiu o calor do ódio até em seus ossos. Parecia a repetição de uma cena que se perdera na distância da memória. Ela engoliu o lanche e levantou-se apressada, dirigindo-se para a mesa em que a prima se encontrava sentada com Ismael.

— Vamos? — chamou ela. — Está ficando tarde.

— Ainda não terminei o meu sundae — protestou Joyce.

Ismael notou alguma coisa estranha. Atrás dela, Bruno fitava o chão, apertando as mandíbulas em nítido sinal de ódio. Tamara, por sua vez, parecia nervosa, ansiosa para sair.

— Sente-se aqui com sua prima — falou ele, levantando-se para oferecer seu lugar a ela.

Tamara agradeceu com os olhos, evitando olhar para Bruno. Sentou-se ao lado de Joyce, ainda sem olhar para o rapaz.

— Aconteceu alguma coisa? — indagou Joyce, agora percebendo o mal-estar da prima.

— Nada. Só quero ir embora.

Rapidamente, Joyce terminou o seu sundae e se levantou. Parado mais atrás, um pouco desconcertado, Bruno fitava Tamara fixamente. Ladeado pelas moças, Ismael deu as costas a ele, que sentiu, ainda mais, o ódio a consumir-lhe o peito. O outro estava, deliberadamente, interpondo-se entre ele e Tamara. Os quatro chegaram até a mesa em que Daniel e Simone terminavam seu lanche, tão envolvidos em sua paixão que não notavam nada ao redor.

— Podemos ir? — chamou Ismael. — Já está ficando tarde.

— É lógico que não — objetou Daniel. — Não é nem meia-noite ainda. Pensei em irmos a outro lugar.

— Sua namorada é menor de idade — lembrou Ismael. — Acho melhor levá-la para casa.

— Minha irmã é menor, mas eu não sou — contrapôs Bruno. — Podemos fazer um programa, nós quatro.

— Não, obrigada — recusou Tamara, prontamente. — Quero ir para casa também.

— Está certo — concordou Daniel. — Vamos todos, então.

Muito a contragosto, Bruno entrou no carro de Daniel. Pensava em Tamara, na humilhação que sentira ao ser rejeitado e destacado do grupo por Ismael. Aquilo não ia ficar assim. Não permitiria que um bando de judeus o afastasse de seus objetivos. Tamara podia ser judia, mas ele a desejava de qualquer jeito. Havia nela algo de fascinante que o atraía de forma irremediável. Não sabia o que era nem queria saber. Só o que lhe interessava era o que sentia por ela.

Seguiu até em casa em silêncio, enjoado de ouvir as palavras de amor idiotas que a irmã trocava com o namorado. Tentou prestar atenção ao rádio, mas as músicas que tocavam eram todas românticas, aumentando o clima *melado* que havia entre os dois. Não aguentava aquela tolice, não suportava paixonites de adolescentes como as da irmã.

Chegando à casa, esforçou-se para despedir-se cordialmente de Daniel. Conseguiu ocultar bem a sua raiva. No quarto, deitou-se na cama, pensando nos episódios das últimas horas. O coração acelerou, arrítmico, conduzindo o ódio para além da confusão de sentimentos que ele não sabia definir nem organizar. Nem sequer podia definir se o que mais o incomodava era a raiva de Ismael ou de Tamara. Ficara tão indignado com a conduta de Ismael que achava que sentia agora mais ódio dele do que do irmão.

Sem conseguir dormir, levantou-se e foi para o computador. Ligou a câmera, alisou o cabelo e inspirou profundamente. Sentia-se tão cheio de ódio que extravasou o peito com palavras de fúria:

— Não sei mais o que fazer neste mundo onde impera a injustiça. Está tudo errado. Os judeus ricos pensam que podem tudo só porque têm dinheiro. Querem conquistar o mundo, estendendo seus tentáculos imundos em todas as direções. Não é justo. Eles são a escória da Terra, deviam ser mortos, deixando suas mulheres para se tornarem nossas escravas. As mulheres não merecem qualquer tipo de carinho. Eu as odeio. São todas mentirosas, fúteis, traiçoeiras. Gostam de enganar, mentir, trapacear. Se pudesse, mataria todas elas...

Durante mais de uma hora, prosseguiu derramando seu ódio diante da câmera do computador. Quando, enfim, o sono o venceu, adormeceu por cima do teclado e sonhou.

Em seu sonho, viu a si mesmo como Governador de Província na Pérsia[1], cargo de grande poder e influência, rico proprietário de terras, joias, ouro, escravos e um harém composto de setenta e quatro mulheres, dentre esposas, concubinas, odaliscas e escravas. A maioria delas, pouco ele via. Eram moças por quem se interessava e perdia o interesse tão logo as desvirginava. Cansado delas, colocava-as de lado, somente as requisitando em raríssimas ocasiões, quando se sentia entediado com a mesmice de suas preferidas.

Dentre estas, possuía especial predileção por sua terceira esposa, logo erigida à posição de favorita. Tal condição dentro da hierarquia do harém devia assegurar-lhe certos privilégios que a nenhuma das outras eram concedidos, porém, o nobre persa não era muito dado a mimos. A eleita ocupava cômodos separados no palácio e detinha poder de mando sobre as demais. Além disso, nada mais lhe foi concedido.

O Governador, além de ditador impiedoso, cruel, sanguinário e implacável, era também um perverso maníaco sexual. Não apenas mandava prender, torturar e matar qualquer um que a ele se opusesse, como dispensava às mulheres as formas de tratamento mais humilhantes, sádicas e degradantes. Elas o odiavam, e ele sabia disso, mas não se importava. Era-lhe totalmente indiferente o tipo de sentimento que nutriam por ele. Desde que o respeitassem, estava tudo bem.

Não apenas o harém, como também toda a Província, vivia mergulhada em terror. O Governador não admitia erros, não tolerava ser contrariado nem era condescendente com qualquer tipo de insubordinação. Particularmente aos traidores, reservava a execução mais cruel praticada na época: o escafismo, ou suplício dos botes.

Certa feita, atravessava uma estrada deserta, em companhia de seu séquito, quando caiu numa emboscada. Tarde demais, percebeu que fora traído. Os soldados, que haviam jurado dar a vida para protegê-lo, voltavam-se agora contra

1 A partir de 1935, a Pérsia tornou-se Irã.

sua tirania. Naquele momento, achou que ia morrer nas mãos dos traidores, contudo, foi inexplicavelmente poupado. Preso à sela de seu próprio cavalo, seguiu acorrentado de volta ao palácio.

Lá chegando, foi recepcionado por sua favorita, seguida pelas outras mulheres do harém. Ao fitar os olhos em cada uma delas, o que viu foi não apenas ódio, mas um desejo de vingança tão ávido que beirava a selvageria. O terror que a fúria das mulheres provocou nele foi muito além do medo de ser assassinado. Ali, naquele instante, soube que iria sofrer.

Preso pelas correntes, o Governador, inutilmente, tentou fugir. Pelas mãos da favorita, foi puxado para o rio que corria abaixo do palácio, num trecho muito seu conhecido, onde as águas represadas formavam um pequeno lago. Ao avistar dois botes gêmeos ali parados, seu corpo todo estremeceu, num misto indiscernível de ódio, revolta e pavor. Tentou argumentar com as mulheres e os soldados enraivecidos, mas nenhuma piedade partiu deles. Apenas um silêncio apavorante, permeado pelas faíscas da vingança.

Ele resistiu. Fincou o pé no chão, para não ser arrastado. De nada adiantou sua luta solitária. A corrente passou às mãos de um dos soldados, que facilmente o conduziu até os barcos. Ali, foi despido e firmemente amarrado dentro do primeiro, que já se encontrava na água. Por alguns orifícios cuidadosamente abertos no casco, pés, mãos e cabeça permaneceram de fora. O outro bote foi então encaixado sobre o primeiro, encerrando o corpo imóvel do nobre em macabro esquife.

Nesse ponto, ele cerrou os lábios. Recusava-se a receber a mistura de mel e leite que pretendiam obrigá-lo a tomar. Toda sua resistência foi inútil. Os homens o forçaram a abrir a boca, nela despejando o líquido adocicado e mortífero, parando apenas para evitar que ele sufocasse. Obrigaram-no a ingerir a bebida até ele regurgitar. Contido o fluxo, despejaram mais e mais líquido, de tal sorte que, não demorou muito para que ele fosse acometido por forte disenteria.

Vieram, então, as mulheres. Comandadas pela favorita, despejaram mel sobre os membros e a cabeça expostos. O Governador se agitava freneticamente, na vã tentativa de desgrudar o mel de sua pele e cabelos. Quanto mais esperneava, mais elas entornavam o líquido dourado, até que quase não foi mais possível reconhecê-lo.

Satisfeitas, deram as costas e voltaram ao palácio, deixando os barcos sobrepostos flutuando placidamente sobre as águas estagnadas do lago. Dois soldados foram postos de guarda, a fim de evitarem qualquer tentativa de fuga. Após algum tempo, iniciou-se o verdadeiro suplício. Atraídas pelo mel, moscas, abelhas e formigas atiraram-se sobre as partes descobertas do Governador, devorando, bem vagarosamente, a carne exposta ao sol. Ao mesmo tempo, vermes irromperam dentro do bote, alimentando-se de seus excrementos, depois passando à pele e à carne, até alcançar suas entranhas.

Por todo o palácio, ecoavam seus gritos de desespero e tormento. Algumas mulheres, mais sensíveis, tentaram intervir, invocando uma piedade que ele jamais sentira. Até mesmo uns poucos soldados chegaram a considerar libertá-lo, mas foram impedidos pelos outros, que lhes acenavam com a rica promessa de recompensa que lhes fizera a favorita.

Nos dias que se seguiram, as mulheres desceram do palácio carregando potes contendo leite e mel, que entornavam em sua boca, já agora sem encontrar resistência. Queriam prolongar a tortura ao máximo possível, evitando que a desidratação e a fome levassem o Governador, prematuramente, à morte.

Ele resistiu por nove dias. No final, não lhe restava nada além de um fraco sopro de vida. A consciência há muito se fora, diluída nos delírios da agonia. Sem forças para esboçar qualquer tipo de reação, ele silenciou. Praticamente nos ossos, o corpo respondia aos estímulos com espasmos esporádicos, cada vez mais débeis. Sem carne, sem sangue, sem mente, o Governador, após um martírio de nove dias, finalmente, expirou.

Bruno despertou assustado, ainda impressionado com as sensações que experimentara no sonho. Apalpou os braços, a cabeça, as nádegas, satisfeito por constatar que estava inteiro.

— Foi apenas um sonho — disse para si mesmo. — Pareceu tão real!

Mais real do que ele, nem de longe, seria capaz de supor. O sonho não era produto da mente fantasiosa, porém, a evocação de lembranças represadas que ressurgiam com toda força para alimentar um ódio que nem a morte foi capaz de apagar.

CAPÍTULO 10

Durante os dias que se seguiram, o ódio de Bruno só fez aumentar. Não havia justificativa para aquilo, mas ele dizia a si mesmo que era porque Tamara o recusara e Ismael o humilhara. Precisava fazer alguma coisa para se vingar e ter aquela mulher, ao menos uma vez, em sua cama.

Com a proximidade do término do ano letivo, ele tentava se concentrar nos estudos. Queria trabalhar e, quem sabe, juntar dinheiro para viajar pelo mundo. Sonhava conhecer o Oriente Médio mais do que qualquer outra coisa na vida. Os pais, todavia, o desencorajavam. Não tinham dinheiro e, além do mais, era perigoso. Melhor mesmo seria fazer uma boa faculdade, se formar, ter uma profissão honesta. Mesmo não estando interessado, Bruno fingia que sim.

Precisava sair daquela casa, viver sua própria vida, ser livre para fazer o que bem entendesse. Assim que terminasse o ensino médio pensaria nisso. Arranjaria um emprego qualquer, moraria sozinho, nem que fosse no morro. Queria liberdade para elaborar seus planos sem ninguém que o atormentasse ou recriminasse.

Na saída do colégio, notou um grupinho de adolescentes conversando animadamente. Olhou para as meninas com ódio, imaginando o prazer que sentiria em estrangular cada uma delas. Alguns garotos também passavam por ali, despertando ainda mais a raiva de Bruno. Nem ele sabia por que se sentia assim, mas não se questionava. O que interessava era que sentia e precisava fazer algo a respeito.

— O que está fazendo aí parado? — perguntou Simone, que vinha chegando.

— Não é da sua conta, intrometida — respondeu de má vontade. — Vá cuidar da sua vida.

Ela se afastou magoada. Não entendia por que o irmão a tratava tão mal. Bruno esperou que ela se afastasse para poder ir embora. No caminho, ia pensando. Precisava descobrir o endereço de Tamara, mas não era apenas isso que o incomodava. Subitamente, a visão daqueles adolescentes despertara algo ruim em seu coração. Era como se o riso deles o incomodasse, como se eles não tivessem o direito de ser felizes.

Ao dobrar uma esquina, estacou abismado. Por uma fração de segundos, jurou ter visto um homem barbudo olhando para ele. Translúcido, parecia um fantasma. Os pelos de seus braços se eriçaram imediatamente e um arrepio percorreu-lhe a espinha. O que seria aquilo?

O espírito caminhava a seu lado. Tinha o ar entristecido de quem demonstra o cansaço da batalha. Sem que Bruno o ouvisse, ia dizendo:

— Desista desse ódio, Ibrahim. Isso é passado. As coisas agora são diferentes. Não devia continuar alimentando esse sentimento daninho, que só vai destruir você mesmo.

Mesmo sem ouvi-lo, Bruno percebia a intenção de suas palavras. Como se conversasse consigo mesmo, ia respondendo mentalmente:

— Não sei por que odeio tanto essa gente. É um ódio tão profundo que não consigo evitar. Gostaria de matar a todos, principalmente os judeus.

— Deixe de lado essa ilusão. Não existem judeus, muçulmanos, cristãos, budistas ou seja lá o que for. Para Deus, todos são apenas pessoas.

— Deus não pode gostar dessa gente. Deve tê-las posto no mundo para serem exterminadas.

— Não diga uma insanidade dessas! Todas as pessoas são iguais, não existem criaturas melhores nem piores. Se você prosseguir com essa loucura, vai pagar um preço muito alto pelas consequências de seus atos.

— O que poderia me acontecer se fizesse algo contra essa gente? Provavelmente, nada...

— Está enganado. Além de perder a vida, você perderá a dignidade e o respeito por si mesmo.

— Dignidade... É algo que essa gente não tem. Respeito? Nunca nem ouviram falar disso. Se respeitassem o próximo, deixariam a faixa de Gaza.

— Que loucura você está dizendo! Você agora mora no Brasil. Não entende? Veio para cá para se distanciar de tudo isso. Foi a chance que você conseguiu para compreender, de uma vez por todas, que todos somos iguais. Este é um país onde as diferenças costumam ser respeitadas ou, ao menos, toleradas. Não perca a oportunidade de aprender, com os que aqui vivem, os verdadeiros valores que unem as pessoas. Esta é uma terra pacífica, abençoada pela espiritualidade. Para uma pessoa como você, foi a maior conquista que pôde obter. Abandone esses pensamentos daninhos, concentre-se na aura de paz que envolve o seu lar. É disso que você precisa, de paz, de amor, de amizade.

— Maldita hora em que nasci no Brasil! Até parece que aqui é o melhor lugar do mundo.

— Muitos lugares no mundo são bons, de acordo com o que cada um precisa viver. No seu caso, o melhor lugar agora é este, pois é aqui que você poderá aprender a conviver pacificamente com as diferenças. Por que não aproveita isso?

A sintonia foi rompida com a chegada de Átila. Fazia alguns dias que não se falavam, pois Bruno vinha evitando-o na escola.

— Oi, cara, tudo bem? — indagou o amigo.

— Tudo.

— O que há com você? Está fugindo de mim?

— Eu? Claro que não. Que ideia...

— Parece. Toda vez que me aproximo, você se afasta.

— Impressão sua, Átila. Mas diga lá. O que você quer?

— Sua irmã — foi a resposta direta. — Você prometeu me ajudar a conquistá-la, mas só o que vejo é ela grudada cada vez mais naquele idiota.

— Deixe isso para lá, Átila. Já disse que ela está apaixonada. Por que não desiste de uma vez?

— Você me prometeu que ela seria minha. Não pode mudar de ideia agora.

— Não é isso. Só não sei o que fazer.

Com medo de perder o único contato que ainda possuía com Tamara, Bruno não podia afastar a irmã de Daniel. Átila, contudo, insistia:

— Ela já sabe daquela garota?

— Na verdade, já se conhecem. Descobri que não era nada daquilo que estávamos pensando. A garota é prima da namorada do irmão de Daniel.

— E daí?

— E daí que não há nada entre eles.

— Como pode ter certeza?

— Eu tenho. E chega disso, Átila. Não vou ajudar você e pronto.

— O quê? Está me abandonando?

— É, acho que é isso. É cada um por si. Não tenho mais interesse em destruir o namoro de Daniel e Simone. Acho que já falei isso para você.

— Mas você prometeu...

— Não prometi nada. E agora, deixe-me em paz. Você está me atrapalhando.

— Se você não contar a ela, conto eu.

— Pode contar. Não vai adiantar nada. Já disse que ele e a garota não têm nada. Simone a conhece e sabe disso. Vai perder o seu tempo.

Chegaram ao portão de casa, onde Bruno entrou sem nem se despedir de Átila. A raiva que este sentiu foi tão grande que o outro logo percebeu. Olhando para ele, Bruno sorriu. A ideia brotou, espontânea. Átila seria o começo de sua carreira. Se desse certo com ele, daria com todo o resto.

Foi com surpresa que Átila percebeu a mudança súbita de Bruno. De irritadiço e escorregadio, passou a atencioso e amigo. Logo no dia seguinte, Bruno foi procurá-lo na escola.

— Olá, Átila — começou. — Queria me desculpar com você.

— Queria, é?

— É, fui injusto com você. Sei que prometi ajudá-lo e é o que vou fazer.

— Posso saber por que a mudança repentina?

— Não foi mudança. Eu já havia prometido isso, lembra?

— É, mas mudou de ideia. E agora, mudou novamente. Por quê?

— Porque você é meu amigo.

— O que pretende fazer? Já tem um plano?

— Na verdade, tenho. E acho que você vai gostar.

— Do que se trata? Posso saber?

— Estou pensando em dar uma lição no cara.

— Como assim? Bater nele?

— Sim. O que você acha?

— Não sei, Bruno. Isso pode dar cana e aproximar Simone ainda mais do coitadinho.

— Não se a gente fizer bem feito.

— Não estou entendendo.

— É o seguinte. O cara vai levar uma surra do namorado ciumento de outra garota. O que me diz?

— Que garota? Que namorado ciumento? Isso é mentira, não vai funcionar.

— Vai, sim, porque vou arranjar uma garota para seduzir o idiota.

— Ah! Qual é, Bruno? Isso já é ultrapassado.

— Idiota! Simone ainda é virgem, e o Daniel deve estar louco para transar com alguém. Se uma gostosona der em cima dele, duvido que vá resistir.

— Como é que você sabe de tudo isso?

— Ouvi uma conversa entre eles outro dia. Ele estava dizendo a ela que não aguentava mais esperar, que era homem e tinha necessidades, sabe? Simone ficou em dúvida, mas está resistindo, e ele ameaçou dormir com outra, caso ela se demorasse muito a decidir.

— Jura? Ele falou isso?

— Falou. O cara está a seco, doidinho para ter uma transa. E eu já tenho a garota certa para isso. É alguém que me deve uns favores, não vai cobrar nada.

— Tá, mas como é que a Simone vai ficar sabendo? Vamos fotografá-los?

— Isso mesmo. Você finge que é o namorado da garota, surpreende os dois, tira uma foto com o seu celular e dá uma surra nele.

— Eu?! Qual é, Bruno? Nunca bati em ninguém.

— Pois está na hora de começar.

— Não vai dar certo. E se ele reagir e me der uma surra? Vai que ele sabe lutar judô ou caratê. Como é que eu fico?

— Deixe de ser idiota. Ele não sabe lutar nada, já me informei.

— Mas ele vai reagir. Não vai ficar deitado lá esperando eu dar uma surra nele.

— Daniel nem vai ter tempo. Nossa vantagem é a surpresa. Lembre-se de que ele vai estar sem roupas, desprotegido. É nessa hora que você vai entrar e flagrar os dois.

— Hum... não sei, não. Essa história não está me agradando nada. Por que não vai você bater nele?

— Porque é você quem quer transar com a minha irmã, não eu. E depois, Daniel me conhece. E então, o que me diz? É o único jeito. Está dentro ou não?

— Não podemos apenas bater uma foto?

— Não seja burro. Ele vai desconfiar. Que homem surpreende a namorada na cama com outro e só o que faz é tirar um retrato? Qualquer um defenderia sua hombridade. Você não?

Apesar de não ter muita certeza, Átila concordou. O plano era arriscado, mas tinha uma boa chance de dar certo. Contava com o elemento surpresa. Nu, na cama com outra mulher, Daniel nem teria tempo de reagir.

— Está bem — concordou finalmente. — Já me convenceu. Quando vai ser isso?

— Assim que eu terminar os últimos preparativos. Não se preocupe. Vai dar tudo certo, e Simone será toda sua.

CAPÍTULO 11

Embora cada vez mais apaixonado por Simone, a resistência dela em dormir com Daniel deixava-o um pouco ansioso. Se o irmão soubesse, teria dito que é no que dá namorar uma criança. Ele, contudo, podia esperar. Muitas garotas na idade de Simone já haviam tido sua primeira vez, mas ela estava com medo.

Ele e o irmão haviam combinado de ir ao shopping comprar um presente para a mãe, que faria aniversário dali a quase um mês. Sentado em um banco, Daniel esperava, até que Ismael surgiu pelo outro lado.

— Oi — cumprimentou ele, beijando-o nas faces. — Está esperando há muito tempo?

— Não. Cheguei há pouco.

— Ótimo. Vamos resolver logo isso. Não tenho a menor paciência para fazer compras.

— Se é assim, por que a pressa? Ainda tem tempo até o aniversário de mamãe.

— É que ando meio ocupado e fiquei com medo de não ter tempo depois. Quis aproveitar a oportunidade que surgiu agora.

— Por que não trouxe a Joyce com você? Ela é mulher, poderia nos ajudar a escolher uma joia.

— Não preciso de Joyce para comprar uma joia — rebateu mal-humorado.

— Está tudo bem entre vocês? — perguntou, com desconfiança.

— Bem, está. Mas a verdade é que já estou ficando meio cheio de Joyce.

— Sério? Vocês pareciam tão apaixonados.

— Acontece que descobri um lado de Joyce que não conhecia.

— Que lado?

— Ela é muito ciumenta.

— Ora, Ismael — gracejou ele. — Isso é coisa de mulher apaixonada. Não é nada demais.

— Aí é que você se engana. Outro dia, ela quase nos matou e, por pouco, não atropelou uma velhinha.

Em breves palavras, Ismael contou ao irmão o episódio do outro dia, em que a namorada cismara que ele estava diferente por causa de outra mulher.

— Eu jamais poderia imaginar que Joyce é assim — observou Daniel. — Isso é complicado mesmo.

— Pois é. E o pior é que estou, realmente, interessado em outra.

— O quê? Quem é, posso saber?

— Ainda não. Mas, e você? Como vai o namoro com a garotinha?

— Você não gostou dela, pelo visto.

— Tirando o fato de que ela é muito jovem e católica, até que gostei, sim. Ela é bonitinha e educada.

— Mas você não aprova o nosso namoro.

— Não tenho que aprovar nem desaprovar. Eu apenas acho que você deveria seguir nossas tradições.

— Você sabe que não ligo para isso.

— Pois devia. Se papai estivesse vivo, ia exigir isso de você.

— Papai não está vivo, infelizmente, e mamãe não liga para essas coisas. Você é o único fanático.

— Não sou fanático! — objetou com veemência. — Sou apenas religioso e sigo nossas tradições. Mas fanatismo é um pouco demais, você não acha não?

— Estou brincando, Ismael. Sei que você é religioso, mas não é fanático. Desculpe.

— Está certo. Deixe isso para lá. Vamos procurar logo esse presente.

As intenções de Ismael não eram, propriamente, comprar um presente para a mãe. Joyce lhe dissera que Tamara a havia convidado para ir ao shopping naquele dia, mas a namorada estava ocupada e não poderia ir. Por isso, Ismael marcara com o irmão, na esperança de encontrar Tamara sem levantar suspeitas.

— A ideia da joia até que é boa, você não acha? — propôs Daniel.

— É, pode ser.

Ismael olhava para todos os lados, fingindo admirar as vitrines, mas procurando avidamente por Tamara.

— É a primeira vez que você me chama para vir com você comprar um presente para mamãe. A que se deve essa mudança?

— O quê? Ah...! A nada.

— Eu, hein! Está no mundo da lua?

— Estou apenas olhando...

— Vamos procurar uma joalheria.

— Vamos.

Caminhavam pelo shopping como se buscassem alguma coisa. Daniel, realmente, procurava uma joalheria, mas Ismael mantinha os olhos atentos a todas as mulheres, tentando reconhecer a figura de Tamara, perscrutando todas as lojas de artigos femininos por que passavam. Em frente a uma sapataria, Ismael estacou, deixando Daniel prosseguir sozinho, conversando com ninguém. Ao notar que o irmão não o acompanhava, ele parou e retrocedeu.

— O que foi? — indagou ele. — Viu alguma coisa interessante?

A coisa interessante estava sentada em um banquinho, experimentando um sapato de salto dourado. Na mesma hora, Daniel compreendeu tudo. O olhar de Ismael para Tamara não deixava dúvidas. Ela era a outra mulher por quem ele se apaixonara.

— Tamara! — exclamou Daniel, mais pela surpresa do que para chamá-la.

Ouvindo chamar o seu nome, Tamara se virou, dando de cara com os dois rapazes a mirá-la, cada qual com sua cara de espanto.

— Daniel! — falou ela, levantando-se com os sapatos novos nos pés. — Que surpresa ver vocês dois aqui.

— Realmente — afirmou Daniel, olhando de soslaio para Ismael, que parecia meio embaraçado. — Não vai cumprimentar Tamara, Ismael?

— É claro — balbuciou ele. — Como vai, Tamara?

Seguiram-se beijinhos no rosto, para embevecimento de Ismael, que não conseguia disfarçar a emoção diante da moça. Ela os olhou meio sem graça e voltou a atenção para os sapatos. Caminhou até a frente do espelho, virou as pernas de um lado a outro e acabou perguntando:

— O que vocês acham? Ficou bem?

— Está lindo em você — elogiou Ismael, entusiasmado. — Qualquer coisa fica linda em você.

Ela enrubesceu levemente. Fixou Daniel pelo canto do olho, como se desculpando por ter provocado aquela reação entusiástica em Ismael.

— Está bem — disse ela para a vendedora. — Também gostei. Vou levar este.

Ela descalçou os sapatos, entregando-os para a moça embrulhá-los.

— Mais alguma coisa? — perguntou a atendente.

— Não, só isso. Meninos, vocês já estão indo? Vou pagar o sapato.

— Podemos esperar você — falou Ismael. — Ainda tem muitas compras para fazer?

— Na verdade, não. Vim apenas comprar um sapato.

— Ótimo. Poderia nos ajudar a escolher um presente para nossa mãe? O aniversário dela está próximo e pensamos em lhe comprar uma joia.

— Será um prazer. Esperem que já volto.

Depois que ela se afastou, Daniel puxou Ismael pelo braço e considerou, sério:

— Ficou louco, irmão? É em Tamara que você está interessado?

— E se for? — rebateu de má vontade. — O que é que você tem com isso?

— Foi você quem acabou de dizer que o ciúme de Joyce é doentio. Está tentando provocar um homicídio?

— Não exagere, Daniel. E depois, eu não disse que estou interessado em Tamara.

— E nem precisa dizer. Está nos seus olhos.

— Não se meta na minha vida. Isso é problema meu.

— Você sabia que ela estaria aqui e me usou para encontrá-la. Eu bem que desconfiei, você me convidando para comprar um presente para mamãe, e com tanta antecedência.

— Pode ir embora, se quiser. Você não é obrigado a ficar.

— Vou ficar, sim, principalmente por Tamara, de quem gosto muito.

— Você gosta dela? — enraiveceu-se.

— Não do jeito que você está pensando. Tamara é minha amiga. Não quero que ela sofra.

— Não vou fazê-la sofrer.

— Mas Joyce vai.

— Deixe de ser besta, Daniel. Não vai acontecer nada. E depois, eu não disse que estou interessado nela.

— Tarde demais tentar disfarçar. Já percebi tudo.

Calaram-se, porque Tamara vinha chegando com uma sacola na mão.

— Vamos?

Os dois se olharam em silêncio. Num gesto cavalheiresco, Ismael adiantou-se e apanhou a bolsa, saindo ao lado de Tamara. Daniel, por outro lado, não conseguia ocultar o descontentamento. Não achava certo o que o irmão estava fazendo. Se Ismael namorava Joyce, não devia dar em cima da prima dela.

Chegaram à joalheria. Olhando a vitrine, Ismael ia apontando uma peça ou outra, só para ouvir a voz de Tamara. Ao lado deles, Daniel não emitia nenhuma opinião, atento aos movimentos do irmão. Por fim, decidiram-se por uma correntinha de ouro com um pingente de coração cravejado de diamantes.

— Por que você está tão carrancudo, Daniel? — estranhou ela. — Fiz alguma coisa que você não gostou?

— Você? É claro que não.

— O que foi, então?

— Daniel está pensando na namorada — comentou Ismael. — Não é?

— É...

— Não gostou da joia que escolhemos para sua mãe?

— Gostei. Muito bonita.

— Então, vamos pagar e ir embora — disse Ismael.

Os dois sacaram os cartões de crédito, dividindo a conta. Era óbvio que Ismael não se importava com o presente. Só o que lhe interessava era estar perto de Tamara. O mais estranho, porém, era que Tamara parecia corresponder ao interesse dele. Por mais que tentasse disfarçar, a forma como o olhava deixava transparecer seus sentimentos.

Terminadas as compras, não tinham mais motivos para continuar no shopping, para alívio de Daniel e desgosto de Ismael. Enquanto um queria ir embora, o outro buscava, desesperadamente, uma desculpa para ficar.

— Por que não tomamos um suco? — sugeriu Ismael. — Estou morrendo de sede.

— Boa ideia — concordou Tamara, que também parecia querer ficar.

— Se você estiver com pressa, Daniel, pode ir. Encontro-me com você em casa.

— Não estou com pressa — contestou ele apressadamente. — Posso ficar.

O desapontamento de Ismael foi visível, o de Tamara, disfarçado. Mesmo assim, Daniel ficou. Sentaram-se a uma mesa na praça de alimentação, enquanto Ismael ia à lanchonete pedir os sucos. Sozinho com Tamara, Daniel pensou em chamá-la à razão, mas não teve coragem. Não sabia o que dizer, não tinha esse direito. Ismael voltou correndo, sentando-se bem pertinho dela. Os dois mantinham a atenção centrada um no outro, fazendo Daniel sentir que estava sobrando.

Uma garçonete trouxe os sucos, que eles iam bebendo bem devagar. Daniel se demorava para acompanhá-los, pois não queria deixá-los sozinhos. Conversavam coisas casuais, sem comprometimentos, mas que começavam a deixar Daniel irritado. Jogavam conversa fora, procurando um pretexto para falarem de si.

Cansado daquela ladainha, Daniel deu um gole no suco e virou para o lado, a fim de apreciar o movimento. Foi quando viu, sentada a uma mesa mais adiante, uma morena exuberante, olhos amendoados, corpo voluptuoso, encarando-o com insistência. Usava um vestido vermelho curtíssimo, com um decote ousado, meio transparente. Foi impossível não a notar.

A moça olhou para ele com interesse, cruzando as pernas com sensualidade. Mesmo apaixonado por Simone, não havia como não olhar para aquela beldade. Muitos ao redor olhavam para ela. Era, realmente, uma mulher que chamava a atenção. Apenas Ismael, envolvido na aura de Tamara, nada percebia.

Daniel tentou desviar o olhar, mas a moça era deslumbrante, muito diferente da garotinha ingênua que era Simone. Sentiu remorso por esse pensamento, tentando fixar a mente na namorada. Ela não merecia ser traída, mesmo que se recusasse a dormir com ele. Mais cedo ou mais tarde, aquilo acabaria acontecendo, era só uma questão de esperar.

A mulher, contudo, não parava de olhar para ele. Dentre todos os homens que havia por ali, ela escolhera justo ele para paquerar. De cabeça baixa, Daniel levantou disfarçadamente os olhos, para se certificar de que ela realmente o encarava. Era verdade. A moça o fixava insistentemente. Bebericava um refrigerante, levando o canudinho aos lábios de forma ousada e provocante.

Certo de que a morena flertava com ele, Daniel ergueu a cabeça. Não precisava se esconder. Afinal, não estava fazendo nada demais. Olhar não tirava pedaço. Pensando nisso, virou o rosto e olhou para ela. A mulher colocou o copo na mesa, encarou-o com significância e sorriu.

CAPÍTULO 12

— Tudo pronto — anunciou Bruno, batendo no ombro de Átila. — Vai ser hoje.

— Hoje? Por que não me avisou antes?

— Vai começar a reclamar?

— Não é isso. É que estou inseguro. Não sei se vou conseguir.

— É claro que vai! — afirmou Bruno, sorrindo e abraçando o outro amistosamente. — Você é corajoso.

— Tudo bem. Onde e a que horas?

— Vamos nos encontrar à meia-noite, perto do campinho de futebol. De lá, seguiremos juntos.

— Para onde?

— Minha amiga mora do outro lado do campinho. Ela vai levar Daniel para a casa dela.

— Temos que atravessar aquele matagal? Mas Bruno, é perigoso!

— Deixe de ser frouxo, cara! Nunca vi homem mais covarde.

— Há pouco você disse que eu era corajoso.

— É no que quero acreditar. Então, vamos ou mando minha amiga desfazer tudo?

— Não, vamos. É por uma boa causa.

— Não se esqueça de levar o celular.

— E na hora da surra? Como vai ser?

— Para facilitar para você, mandei minha amiga dar um *Boa noite, Cinderela* nele. Aí, é só fotografar e bater.

— Ufa! — Átila suspirou aliviado. — Assim, fico mais tranquilo.

— Vai dar tudo certo. Você só tem que tomar o cuidado para sair sem ser visto.

— Pode deixar. A essa hora, todo mundo lá em casa já está dormindo.

— Na minha também. Vou sair pela janela do meu quarto e ninguém vai me ver. Aconselho-o a fazer o mesmo.

— Está certo. Não vejo a hora de colocar esse plano em prática. Agora que sei que o cara vai estar desmaiado, estou mais animado.

— Assim é que se fala, Átila! Depois disso, arranjo para você sair com a minha irmã.

— Valeu, cara.

Pelo resto da manhã, Bruno continuou ao lado de Átila, como melhores amigos. A todo instante, dava ao outro palavras de incentivo, que Átila recebia com entusiasmo, antegozando o momento em que teria Simone sob seu corpo. Não pensava em outra coisa, apenas em possuí-la.

Quando a viu na hora da saída, Átila sentiu um impulso irresistível de falar com ela. Só não o fez porque Bruno não permitiu.

— Quer estragar tudo? — censurou. — Se pegam você falando com ela, vão desconfiar.

— Quem vai saber?

— Sei lá. A polícia pode vir aqui na escola, já que Simone é namorada dele. Não faça nada que possa nos comprometer.

— Mas estou louco por ela.

— Contenha sua loucura, ou poderá pôr tudo a perder. Você vai ter muito tempo para ficar com ela.

— Promete?

— Não é por isso que estamos armando essa armadilha? Agora chega. Vá para casa e aguarde. À meia-noite em ponto, nos encontraremos no campinho. E cuidado. Não deixe que ninguém o veja. Aprenda a andar oculto pelas sombras.

— Pode deixar. Até à noite.

— Até.

Seguiram, cada qual para sua casa. No caminho, Bruno viu Simone caminhando na sua frente e retardou o passo. A última coisa que desejava era encontrar-se com ela.

Com o celular na mão, Simone discava para Daniel, mas só dava fora de área. Como não conseguia, desligou o aparelho, atirando-o de volta na mochila, com irritação. De repente, ele começou a tocar. Ela parou, sacou-o da mochila e atendeu, ansiosa:

— Alô? Puxa, Daniel, por onde você andou? Estou tentando falar com você há horas!

— Desculpe-me, querida, mas eu estava na aula e não pude atender. Qual é o problema?

— Estou com saudades. Você vem aqui hoje?

— Ah! Hoje não vai dar — hesitou. — Tenho que estudar.

— Que pena. Não está com saudades de mim?

— É claro que estou. Mas as provas finais estão aí e não posso bobear. Pretendo passar direto.

— Está bem. Quando é que você vem, então?

— Na sexta. Espere por mim, está bem? Um beijo.

— Outro.

Quando desligaram, Daniel apertou o celular com remorso. Não devia ter marcado um encontro com Kátia, a morena do shopping. Gostava mesmo era de Simone, mas não aguentava mais esperar. Dava a si mesmo a desculpa de que não cometeria nenhuma traição, pois só o que queria com a mulher era sexo. Deixaria isso bem claro quando a encontrasse mais tarde.

Às onze e quarenta e cinco, Átila pulou a janela de seu quarto para a marquise que guarnecia o segundo andar do prédio de apartamentos onde morava. Dali, saltou para o muro e escorregou para a calçada, seguindo o conselho de Bruno de permanecer na sombra. A rua se encontrava totalmente deserta, aumentando sua confiança de que poderia caminhar sem ser visto.

Andando sorrateiramente, seguiu em direção ao campinho, atento às pouquíssimas janelas que ainda mantinham luzes acesas. Não queria correr o risco de ser visto por alguém com insônia. Chegou ao lugar marcado cinco minutos antes da hora. Procurou por todos os lados, mas Bruno ainda não estava ali. Não demorou muito, e ele surgiu do meio do mato, onde estivera escondido, aguardando.

— Puxa vida! — queixou-se Átila. — Pensei que não viesse mais.

— Deixe de besteira. Ainda é cedo. Vamos nessa?

— Vamos.

Assim que Bruno pôs um pé dentro do matagal que ladeava os fundos do campinho, Átila estacou, sentindo uma espécie de pânico indomado cutucando seu peito.

— O que foi? — perguntou Bruno.

— Um mau pressentimento. Estou com medo. E se formos assaltados nesse mato?

— Não vamos ser assaltados, porque não tem ninguém aí.

— Como é que você sabe? Pode ter bandidos escondidos aí dentro.

— Se tiver, a essa hora, estão todos dormindo. Vamos embora ou quem vai desistir sou eu. Já estou ficando cansado da sua covardia.

Em silêncio, Átila seguiu Bruno para dentro do mato. Caminharam por alguns poucos minutos, até que ele indagou novamente:

— Onde é que a sua amiga mora?

— Do outro lado, já disse.

— Mas onde? Não tem casas do outro lado. Que eu me lembre, só tem um depósito velho e algumas lojas.

— É claro que ela não mora exatamente no fim do matagal, né, inteligência! Vamos atravessar a rua.

— Está certo.

Mesmo hesitante, Átila seguiu atrás de Bruno. Morria de medo de encontrar algum ladrão ou até mesmo uma alma de outro mundo. A escuridão era total, não era possível enxergar praticamente nada.

— Por que não trouxe uma lanterna? — foi a nova pergunta.

— Para correr o risco de alguém ver o feixe de luz? — rebateu Bruno, já irritado. — Quer nos denunciar, saia correndo gritando nossos nomes por aí.

— Eu só estou perguntando. Não precisa ficar aborrecido.

— Tudo bem.

— Falta muito?

— Não. É logo ali.

Enquanto Bruno e Átila seguiam seu caminho na escuridão da mata, Daniel perguntava a si mesmo se fazia a coisa certa. Por mais que sentisse o desejo consumindo seu corpo, a imagem que preenchia sua mente e dominava seu coração não era a da morena deslumbrante do shopping, mas de sua inocente Simone. No fundo, sentia que não devia fazer aquilo. Seria uma traição. Dormir com a namorada era só uma questão de tempo. Eles se amavam, ela acabaria por compreender. E ele podia esperar. Tinha que esperar.

Ao dobrar uma esquina, assustou-se com o local onde estava. Era uma rua escura, deserta, distante. Sabia que a moça morava bem longe de sua casa, mas não imaginou um lugar como aquele. E o adiantado da hora também não ajudava. Kátia dissera que trabalhava à noite e chegava em casa por volta da meia-noite, insistindo para que ele a encontrasse lá. Agora, reparando o lugar em que se encontrava, sozinho, àquela hora, pensou se não teria sido melhor deixar o encontro para outro dia.

A rua era pobre, contudo, não foi isso o que o preocupou. Havia uma aura estranha no ar, que lhe dava a sensação de que algo estava errado. Será que uma noite de sexo sem compromisso valia aquele risco? Tentou afugentar esses pensamentos, recriminando-se por seu preconceito. Procurou o número que ela lhe deu, até encontrar a casa. Não era tão ruim. Era pequena, simples, mal iluminada, mas não parecia nenhum antro.

Daniel parou o carro em frente ao portão e olhou para dentro da casa, que parecia deserta. A impressão, porém, logo se dissipou. A porta da frente se abriu, deixando passar uma luz fraca para o pequenino alpendre. Em meio à luminosidade opaca, ela surgiu, ainda mais estonteante do que quando a vira no shopping. Hesitando entre o medo, o remorso e o desejo, Daniel fixou nela seu olhar. A moça sorriu sedutoramente, impressionando-o de várias maneiras diferentes. Durante algum tempo, ele permaneceu olhando para ela, parada no portão com olhar convidativo. Aos poucos, o medo foi se dissipando, o desejo tomou seu devido lugar e ele se decidiu. Desligou o carro, saltou, acionou o alarme e seguiu até ela.

❋

A caminhada pela escuridão do matagal prosseguia, apavorante. Átila queria desistir e voltar, mas não podia assumir sua covardia diante do amigo. Já se comprometera com ele, não ia dar para trás agora. Bruno ficaria furioso, não o perdoaria jamais. E, o que era pior, nunca mais o ajudaria a conquistar Simone. Por ela valiam aqueles momentos de tensão, que logo se dissipariam ao chegarem ao fim daquele mato.

Agora sem olhar para trás, Bruno ia caminhando, decidido. Por vezes, parecia titubear, olhando de um lado a outro, como tentando se lembrar de que caminho seguir. A dúvida durava poucos segundos, porque ele logo retomava a caminhada, passando por trilhas estreitas, que faziam seus braços roçar no mato alto, cortando-lhes, de leve, a pele. Foi assim durante um bom tempo, até que, cansado, Átila achou que já era hora de questionar se estariam perdidos. Ia se preparando para abrir a boca quando, subitamente, Bruno parou. Ao redor deles, não havia nada além de trevas e mato.

— O que foi que houve? — Átila assustou-se. — Por que paramos?

— Chegamos. É aqui.

— Onde? Não tem nada aqui além de mato.

— Isso mesmo.

— Se isso é uma brincadeira, não estou achando a menor graça. Está querendo curtir com a minha cara, é?

— Não.

— Então, por que me trouxe aqui? Vamos logo para a casa da sua amiga.

— Não tem amiga nenhuma.

— Como assim?

— Não tem amiga nenhuma — repetiu. — Eu inventei tudo.

— Você o quê? Inventou tudo? Mas por quê?

De costas para ele, Bruno foi caminhando em direção a um grupo de árvores, fazendo com que Átila apressasse o passo para alcançá-lo.

— Nem pense em me deixar aqui sozinho — resmungou Átila. — Não estou achando nada divertida essa sua brincadeira. Você vai ver só. Vai me pagar por esse trote.

— Não, meu amigo — rebateu Bruno, parando na penumbra projetada pela sombra de uma enorme árvore. — Isso não é nenhuma brincadeira. Você está apenas me fazendo um favor.

Foi tudo muito rápido. Sem que Átila esperasse ou supusesse, Bruno passou a mão numa pá que deixara, propositalmente, encostada ao tronco da árvore, virando-se para o outro com rapidez. Levantando a pá acima da cabeça, desferiu um golpe certeiro no crânio de Átila, que ainda teve tempo de lançar ao outro um último olhar de espanto, misturado com raiva. Sem dizer uma palavra, Átila tombou sem vida, produzindo um baque abafado ao bater no chão.

Os olhos de Bruno reluziam toda sua insanidade. Durante um tempo, permaneceu parado no mesmo lugar, a pá apoiada na terra, presa por mãos que nem tremiam. O prazer que sentiu ao ouvir o osso da cabeça de Átila se fragmentando era algo que não podia descrever. E depois, a visão do sangue borbulhando pela fenda que ali se produziu causou-lhe um prazer tão imenso que ele chegou a atingir o orgasmo. Fora uma experiência inenarrável, inesquecível, uma prova de seu poder, sua coragem, sua força.

Bruno agora sabia. Era capaz de matar. Não tinha medo, não hesitava, não sentia remorso. Átila fora sua primeira e muito bem-sucedida experiência. Um prelúdio, um ensaio para o que estava por vir, ao mesmo tempo em que se livrara de um estorvo que ameaçava destruir todos os seus planos de conquista.

Só faltava agora livrar-se do corpo. Fora para isso que comprara duas pás: uma para matar, outra para cavar. Tivera que comprá-las em uma loja distante, do outro lado da cidade, onde ninguém o reconheceria. Não fora fácil chegar ali com elas sem ser visto, mas era esperto. Comprara as pás depois do anoitecer, pouco antes de a loja fechar, tomara um ônibus e saltara vários pontos antes, andando por ruas pouco movimentadas, esquivando-se de transeuntes, até chegar ao matagal, já tarde da noite. Dera-se, inclusive, ao trabalho de escondê-las em cima de uma árvore, imprensadas entre os galhos, posicionando-as para aguardá-lo.

Retirando a pá do chão, pôs-se a cavar. Fazia isso com tanto prazer que logo abriu uma cova imensa. Dos bolsos da calça de Átila, retirou o celular e a carteira, examinando-a. Tirou dela o cartão do banco, deixando apenas o documento de identidade. Com o pé, empurrou o corpo de Átila para dentro da sepultura improvisada, não sem antes jogar a carteira sobre o cadáver; varreu a terra suja de sangue, limpou suas digitais da pá e atirou-a por cima dele. Em seguida, com a outra pá, fechou o buraco, cobrindo-o com folhas, galhos e arbustos. Sorriu, satisfeito com seu trabalho.

Saiu arrastando a pá até o outro lado do campinho, para o velho depósito, vazio àquela hora, à exceção de dois canzarrões de guarda. Cuidadosamente, limpou o cabo da pá, apagando suas digitais, e atirou-a por cima da cerca. Assim que ela bateu no cimento com estrondo, os cães surgiram latindo, mas Bruno não esperou por eles. Rodando nos calcanhares, correu de volta ao matagal, ocultando-se novamente nas sombras. Mais uma vez, um sorriso de satisfação cobriu o seu rosto. Ao que parecia, dera tudo certo.

Não havia sangue em suas roupas nem em suas mãos, apenas um punhado de terra grudado em seus pés e pernas. Até nisso pensara, escolhendo uma bermuda ao invés de calças, um chinelo em lugar de tênis. Tudo muito mais fácil de limpar.

Voltou para casa correndo, lavou-se na mangueira do quintal e entrou pela janela entreaberta, conforme planejara. A adrenalina ainda avivava seu coração, fazendo-o sentir-se mais excitado do que nunca. Com a consciência fria da vitória, passou a tesoura no cartão, reduzindo-o em pedaços, apanhou o celular de Átila e deitou-se na cama, revirando o aparelho e revivendo os momentos de júbilo que experienciara havia pouco. Atiçado pela excitação, custou a dormir, relembrando a cara de espanto de Átila, o sangue derramado, o som dos ossos se partindo.

Aos poucos foi se acalmando, pleno de um deleite intenso. A respiração retornou ao ritmo, secundada pelo prazer. Com a certeza da impunidade, finalmente conseguiu pegar no sono. Um sono tranquilo, leve, de quem não carrega na alma o peso do crime. Para Bruno, o crime que acabara de cometer não lhe dizia nada, não lhe causava remorso nem culpa. Fizera o que tinha que ser feito para sua preparação. Aquele fora o início, o preâmbulo da tarefa que, agora sabia, Deus lhe confiara para, sozinho, executar.

Já nem se importava mais com Daniel ou com o que pudesse ter lhe acontecido. Na verdade, nunca fora sua intenção chantagear o namorado da irmã. Contratara aquela garota de programa e seu cafetão cangaceiro apenas para dar um merecido susto nele, contudo, não pretendia estar presente no momento. A ideia era colocar Daniel para dormir, roubá-lo, dar-lhe uma surra e depois abandoná-lo, dentro do carro, em um lugar deserto. Tudo isso executado pela garota e o namorado, sem qualquer interferência dele ou de Átila, porque, naquele exato momento, Átila estaria vivendo sua própria tragédia.

O que ele fizera, de fato, fora aproveitar duas situações diferentes para alcançar o único resultado que ele queria: matar Átila. Usara Kátia e Daniel apenas como pretexto para atraí-lo a uma armadilha fatal. Se, por um motivo qualquer, ele não tivesse conseguido matar Átila, daria continuidade ao plano B e, como se nada houvesse pretendido além disso, levaria o amigo para fotografar e espancar Daniel. Nesse caso, devidamente instruído, o amante de Kátia simplesmente não apareceria.

Deus, porém, parecia estar do seu lado. Átila estava morto e Daniel, seriamente espancado, com um pouco de sorte, talvez morresse também.

CAPÍTULO 13

Logo que alcançou o portão onde Kátia o aguardava, Daniel estacou. Ela o recebeu com um cumprimento sedutor, passando a língua nos lábios e falando um boa-noite cheio de encanto. Era, realmente, irresistível.

— Você demorou — disse ela, cheia de malícia. — Pensei que tivesse desistido de mim.

— Quase — tentou gracejar.

— Por quê? O que houve? Não gosta de mim?

— Não é isso, Kátia. Você é linda, maravilhosa. Mas é que... bem, na verdade... — Ele olhou para ela, tentando encontrar as palavras certas, até que resolveu falar diretamente: — A verdade é que eu tenho namorada. É isso. Tenho namorada e não estou me sentindo nada bem fazendo isso com ela.

Kátia olhou-o com ar divertido, meio debochado. Sem se importar com o que ele dissera, estendeu a mão para tocá-lo no peito. Todo o corpo de Daniel se arrepiou. Por uns instantes, ele pensou que não conseguiria mesmo resistir. Notando o efeito que seu toque produzira nele, Kátia chegou mais perto, colando o corpo ao dele, procurando sua boca. Ao perceber a proximidade dos lábios dela, Daniel aproximou os dele. Podia já sentir o seu hálito quando alguma coisa dentro dele disparou. Seu amor não pertencia àquela mulher, mas a Simone. Naquele momento, não foi propriamente o remorso que o deteve, mas a certeza de que a única mulher com quem gostaria de estar era com a namorada. Delicadamente, ele a afastou, virando o rosto para evitar o beijo.

— Sinto muito, Kátia. Lamento ter feito você me esperar, mas não vai dar. Amo a Simone, não dá para me envolver com outra.

— Se pensa mesmo assim, por que veio até aqui então? — retrucou, agora demonstrando uma pontada de raiva.

— Porque você é maravilhosa. Sério. Queria muito passar a noite com você, mas não vai dar. Não conseguiria...

— Frouxo — desdenhou ela, tentando fazer despertar nele o orgulho ferido e, consequentemente, o desejo de provar a ela que não era nada disso.

— Você tem todo o direito de ficar aborrecida — concordou ele. — Eu não devia ter envolvido você. Fui um tolo e peço, sinceramente, que você me perdoe.

— Não acredito que você vai dispensar uma noite de puro prazer só por causa de uma namoradinha, provavelmente, sem sal algum.

— Por que diz isso? — zangou-se.

— Porque, se ela fosse realmente boa, você não teria marcado de se encontrar comigo. Aliás, não teria nem se interessado por mim.

— Não se trata disso. Simone ainda é uma menina... — calou-se, não querendo revelar mais nada.

— Uma menina? — ironizou. — Você está namorando uma virgem? Nos dias de hoje? Está explicado.

— Ela só tem dezesseis anos, mas isso não vem ao caso. O fato é que a amo e não poderia mesmo dormir com outra. Sinto muito.

— Ora, deixe disso — ela retrucou com voz mais amena, novamente tentando acariciá-lo. — Ela não vai saber.

— Não se trata de saber ou não. Trata-se da minha consciência e do meu amor.

— Será que isso não é uma desculpa porque você não é homem suficiente para mim? Está com medo de não dar conta?

— Pense como quiser.

Notando que não conseguira atingir o orgulho dele, ela mudou de tática:

— Já sei o que houve. Você desistiu de mim porque sou pobre. É isso, não é? Pensou que eu morasse num apartamentão na zona sul. Como moro numa casinha simples no subúrbio, não sirvo mais para você.

— Não é nada disso. Não vou mentir que não me assustei um pouco com o lugar, mas é só porque não estou acostumado. Mas eu não sou uma pessoa preconceituosa. Se fosse, não teria vindo aqui. Sabia, quando você me deu o endereço, que era no subúrbio. Isso não tem nada a ver com a minha decisão. É só por causa de Simone mesmo. Me perdoe, novamente.

— Tem certeza de que não é preconceito?

— Absoluta.

— Então prove. Entre, ao menos, para tomar uma cerveja.

— Não posso beber. Estou dirigindo.

— Um refrigerante, então. Ou um café. Por favor, você me deve isso. Quando você disse que vinha, preparei um lanche para nós. Comprei até alguns petiscos especiais, coisas que, normalmente, não posso comprar. Mas como a ocasião era especial, achei que valia a pena. — Notando a hesitação dele, ela insistiu: — Por favor, vamos. Prometo que não vou tentar seduzi-lo. Mas seria um desperdício jogar aquela comida toda no lixo. É muita só para mim.

Daniel sentiu-se constrangido. Kátia era uma moça pobre, não devia ter gastado seu dinheiro para agradá-lo. Agora, sentia-se na obrigação de aceitar seu convite, para não fazer desfeita.

— Está certo — concordou ele por educação, embora a contragosto. — Só um cafezinho, então.

— Ótimo.

Ela chegou para o lado, para ele passar. Assim que deu o primeiro passo para dentro da casa dela, algo lhe chamou a atenção. Na única janela que dava para a rua, provavelmente da sala, uma cortina se mexeu. O instinto o fez voltar os olhos naquela direção. Algo parecido com um vulto humano afastou-se rapidamente, deixando a cortina ainda a balançar levemente. O movimento foi muito breve, mas o deixou desconfiado. Ele parou, ainda olhando para a janela.

— O que foi? — indagou ela. — Algum problema?

— Você disse que morava sozinha.

— E moro.

— Tem alguém mais com você?

— Meu gato — falou ela, notando que ele vira alguma coisa. — De vez em quando, sai para dar umas voltinhas.

Não fora um gato que ele vira, tinha certeza. O vulto era, decididamente, de uma pessoa. De repente, todos os seus sentidos se aguçaram, martelando em sua cabeça aquela sensação de perigo. Não sabia o que estava acontecendo, contudo, sentia o risco iminente. Ainda parado, sem se mexer, Daniel fixou os olhos nela, que agora o puxava pelo braço, parecendo muito ansiosa para fazê-lo entrar.

— Decididamente, tem alguma coisa errada. Acabei de ver uma pessoa na sua janela.

— Uma pessoa? — Ela fingiu surpresa. — Meu Deus, será que entrou um ladrão em minha casa? Pelo amor de Deus, Daniel, entre comigo para ver!

O medo dela não foi convincente. Ao contrário, parecia forçado, ansioso, desesperado. Subitamente, Daniel compreendeu tudo. Ela o atraíra para uma emboscada. Sozinho num bairro estranho, era presa fácil na mão de bandidos. Sim, Kátia era uma bandida, pronta para dar o golpe no riquinho otário que caíra na sua lábia, seduzido pelos seus encantos.

Sem dar resposta, ele rodou nos calcanhares, ainda sentindo as mãos dela segurando seu braço. Com um gesto mais brusco, desvencilhou-se, acionando prontamente o botão do alarme do carro. No mesmo instante em que o característico apito soou, o vulto que ele vira na janela ganhou corpo ao surgir na porta da frente. Um homem alto, robusto, pinta de marginal, deu um salto do alpendre, alcançando o chão sem nem tocar os degraus.

Daniel correu, o homem correu também. Por sorte, o carro estava estacionado com o lado do motorista encostado no meio-fio. Ele entrou desajeitadamente, travando a porta assim que se jogou lá dentro. O homem experimentou, repetidamente, a maçaneta do carro, mas estava travada. Daniel não tinha nem tempo de pensar. Com as mãos trêmulas, enfiou a chave na ignição, deu partida no motor e engatou a marcha, seguindo em desabalada carreira pela rua, sem nem saber aonde ia. Pelo retrovisor, viu o homem dar um bofetão em Kátia, que caiu no chão. Depois, não viu mais nada. Virou na primeira esquina e acelerou.

Foi preciso ligar o GPS para voltar para casa. Estava perdido, louco da vida com sua burrice. Dera sorte de o homem não estar armado. O mínimo que podia ter acontecido era ele ser assaltado. Podia ter sido sequestrado ou morto. Pensando nisso, sentiu ainda mais amor por Simone. Não fosse esse amor, teria entrado naquela casa, direto para uma cilada. Mentalmente, agradeceu a Simone por amá-lo tanto, prometendo a si mesmo que nunca mais olharia para outra mulher enquanto estivesse com ela.

Dirigindo agora com mais cautela, pegou o celular e ligou para Tamara, que se tornara sua amiga e confidente. Naquele momento, nem tinha coragem de lhe contar o que acontecera. Queria apenas ouvir uma voz amistosa, compreensiva, alguém que não lhe faria cobranças nem o recriminaria por seus atos. Alguém que lhe transmitisse a coragem de perdoar a si mesmo.

CAPÍTULO 14

A manhã seguinte chegou cheia de segredos. Daniel e Bruno tinham agora algo em comum, embora nenhum dos dois ousasse fazer qualquer comentário a respeito.

Na escola, a primeira coisa que Bruno fez foi ocupar seu lugar ao lado da carteira vazia de Átila. Ninguém perguntou por ele, pois não era nenhuma novidade os alunos faltarem a aula. Bruno tentou parecer o mais natural possível, chegando mesmo a comentar com alguns colegas que passaria na casa de Átila mais tarde, para saber o que havia acontecido.

Pensando melhor, achou que não devia. Seria melhor não demonstrar ansiedade para saber o que estava acontecendo na casa do outro. A notícia do seu desaparecimento logo se espalharia. Bastava aguardar.

Não foi preciso esperar muito. Assim que entrou em casa, a mãe veio logo com a novidade:

— Soube do Átila? — indagou.

— Ele não foi à aula hoje — respondeu com naturalidade. — Por quê?

— A mãe dele esteve aqui. Parece que não dormiu em casa.

— Ah! Vai ver está com alguma garota.

— Ele nunca fez isso. Os pais estão preocupados.

— Aposto como não aconteceu nada. Átila é meio biruta mesmo.

— Vocês são amigos. Ele não comentou nada com você?

— Tipo o quê?

— Não sei. Se estava pensando em fugir ou ir para a casa de alguém.

— Comigo, ele não falou nada. Até ontem, estava tudo normal.

— Vocês não se encontraram à noite?

— Não. Você não viu que fui dormir cedo?

— É, foi o que falei para a mãe dele. Ela está desesperada.

— Imagino. Você ficaria assim, se eu sumisse também?

— Que ideia, Bruno, é claro que ficaria. Não posso nem imaginar uma coisa dessas.

— É. Bom, vou mudar de roupa. Depois, vou dar uma passada lá para ver se ele apareceu.

— Faça isso. Talvez você possa ajudar a polícia.

— Polícia?

— É claro. Quando perceberam que ele sumiu, a primeira coisa que os pais fizeram foi chamar a polícia.

— Ah...! Bom, acho que isso é um exagero, mas enfim... Aposto como Átila está aprontando alguma.

— Tomara. Antes uma travessura do que uma desgraça.

Sozinho em seu quarto, Bruno sentiu um leve tremor. Parecia óbvio que a polícia seria acionada, contudo, saber disso o deixara um pouco inseguro. A polícia tinha métodos para localizar cadáveres desaparecidos. E se encontrassem o corpo de Átila enterrado debaixo da árvore, coberto de folhas e galhos? Será que conseguiriam ligá-lo a ele?

À exceção do golpe que lhe dera na cabeça e do empurrão com o pé, Bruno não tocara nele. Tivera o cuidado de não deixar nenhum sinal, nada que o identificasse, fosse através de digitais ou de DNA. Vira na televisão que havia vários métodos de identificação de assassinos e, embora achasse que o Brasil não possuía tecnologias tão avançadas, preferiu não facilitar. Mesmo que alguém encontrasse a pá que ele atirara no velho depósito, seria difícil supor que ela fora usada para ocultar o cadáver. Além de terra, não haveria nela nenhum outro resíduo. E só o que encontrariam na outra pá, que fora enterrada com Átila, seriam vestígios de seu próprio sangue.

Não, ele não tinha com o que se preocupar. Não havia por que desconfiarem dele. Ele e Átila eram amigos, que motivos teria ele para matar um amigo? Não haviam brigado nem discutido. Ao contrário, a lembrança que os colegas e professores tinham dos dois era de que estavam sempre juntos, dividindo, fraternalmente, a juventude.

Mesmo assim, achou melhor ir à casa dele, demonstrar preocupação. Os pais agradeceram muito sua visita, certos de que Bruno, realmente, se preocupava com o amigo. Perguntaram-lhe se ele sabia de alguma coisa. Ele não sabia de nada.

No dia seguinte, como Átila não apareceu, a polícia deu início às investigações. Chamado para prestar depoimento, Bruno compareceu espontaneamente, demonstrando-se preocupado, embora não excessivamente, para não despertar suspeitas. Bruno era um garoto de família, não integrava a lista de suspeitos. A hipótese levantada pela polícia era de que Átila havia sido vítima de sequestro por parte de algum tarado.

Satisfeito com o rumo das investigações, que nem de longe levavam em conta a sua participação, Bruno começou a se sentir mais seguro, certo de que jamais seria descoberto. Com a satisfação insuflando seu sangue, achou que estava pronto para cumprir sua real missão. Para isso, precisava se preparar.

À saída do colégio, via os grupinhos de jovens que conversavam animadamente, fato que o enchia de ódio. Nem mesmo ele compreendia por que a alegria daqueles adolescentes o irritava tanto, sobretudo das meninas. Bruno não se interessava por garotas, não do jeito comum aos jovens da sua idade. Não queria namoradas. Queria uma mulher para possuir e maltratar. Considerava todas as mulheres perigosas, indignas de confiança. A única que verdadeiramente lhe interessava parecia muito longe de seu alcance, mas tinha que dar um jeito de conquistá-la.

Pensando em tudo isso, surgiu-lhe uma ideia. Em casa, iniciou os preparativos de sua *vingança pessoal contra os ímpios*, como intitulara seu movimento solitário. Certificando-se de que os pais e a irmã não o interromperiam, trancou a porta do quarto, ligou a câmera do computador e começou a dizer:

— Inicia-se aqui, hoje, minha sagrada missão de combate aos ímpios. É uma vingança pessoal, mas direcionada por Deus. Só Ele sabe o quanto sofro por não poder me juntar aos bravos da nação que abracei em meu coração para reviver as glórias de nossos antepassados. A era cristã chega ao fim. Nasce um novo tempo, onde o Islã poderá, finalmente, ocupar o lugar que lhe cabe nesse mundo de iniquidades...

Com essas palavras, começou a formar seu diário virtual. Para assegurar que não seria descoberto, protegeu a pasta com uma senha indecifrável. Bruno não raciocinava. Preso aos distorcidos sentimentos de encarnações passadas, deixava-se levar pelo ódio acumulado através dos séculos, não levando em consideração a oportunidade de aproveitar a nova terra para libertar-se da ira que o consumia há tanto tempo.

Estava cego. Atravessara para o outro lado do planeta, mas deixara seu coração atado à ilusão da superioridade racial a que pensava pertencer. Adepto do islamismo fundamentalista, compactuava com todo ato terrorista que tivesse por finalidade a preservação da fé islâmica. Não o impressionava a ideologia do islamismo moderado, que prega a paz e a harmonia, mas tão somente o extremismo que subjuga as mulheres, persegue cristãos e judeus, e extermina seus opositores.

Encerrado o diário, desligou o computador e deitou-se na cama, para reviver os momentos que antecediam sua glória. Até ali, tudo vinha dando certo. Com as pálpebras pesadas, acabou adormecendo, ainda com o sorriso da vitória nos lábios.

Como num sonho, Átila apareceu. Trazia as vestes sujas de sangue, exibindo um talho profundo no crânio parcialmente esmagado. Ao vê-lo, Bruno se assustou, revirando-se na cama, tentando afugentar aquela visão de terror.

— Por que fez isso comigo? — questionou, incisivamente, o espírito de Átila. — Confiei em você, éramos amigos. Jamais poderia esperar uma traição como essa.

— Desapareça! — gritou Bruno, no sonho. — Você está morto, não é de verdade!

— Sou de verdade, sim. Não estou morto. Estou bem vivo, sentindo tudo o que sentia antes, até com mais intensidade. E estou livre. Tão livre que posso ir aonde quiser, fazer o que bem entender, sem ninguém para me impedir. Posso seguir você aonde quer que você vá.

— Por que você faria uma coisa dessas? Já está morto, e eu, vivo.

— Não vou perdoar você nunca pelo que me fez.

— Pouco me importa o seu perdão. Você está se enganando. Nada pode contra mim. Os mortos não têm meios de atingir os vivos.

— Isso é o que você pensa. Conheço os seus planos, posso atrapalhá-los.

— Não pode, não.

— Você não vai viver para sempre, sabe? E quando isso acontecer, vou estar juntinho de você, pronto para levá-lo comigo.

Pela primeira vez, Bruno sentiu medo, como se a ameaça de Átila fosse possível. Ia revidar, mas foi tomado de surpresa pela chegada de três homens que ele não conhecia. Os espíritos se aproximaram com cara de poucos amigos, direcionando, para Átila, vibrações repletas de malignidade. O outro sentiu a hostilidade dos recém-chegados, que avançaram para ele com os punhos cerrados. Foi com surpresa que Átila recebeu o murro de um deles, pois pensava que, sendo espírito, aquilo não poderia acontecer.

— Vá embora daqui — rugiu o espírito irado. — Antes que acabemos com você.

Átila sentiu a veracidade daquelas palavras. Mais ainda, percebeu a intenção maldosa dos espíritos. Temendo represálias maiores, com consequências ainda para ele desconhecidas, desapareceu no ar.

— Quem são vocês? — perguntou Bruno, entre temeroso e agradecido.

— Não nos reconhece?

— Até que vocês parecem familiares. De onde os conheço?

— Não se lembra? — Ele balançou a cabeça. — Éramos parentes em Hebron.

— Hebron? — fez ele, as lembranças retornando lentamente. — Onde fica isso? Espere... Já sei. Fica na Palestina, não é?

— Isso mesmo! Você se lembra.

— Tivemos enorme trabalho para encontrá-lo. Imaginamos que você podia ter reencarnado em outro lugar, mas não sabíamos onde.

— Como foi que me acharam?

— Você não anda pensando muito em nosso povo ultimamente? — Ele assentiu. — Então? Temos uma conexão de outras vidas. Quando você se voltou para o nosso lado, essa conexão foi restabelecida e fomos atraídos até você. Agora, não nos separaremos mais.

— Quem são vocês? Lembro-me vagamente...

— Sou seu irmão Omar, e esse é Mustafá, que foi nosso amigo, lembra-se? O outro ali é Sayid, que se aliou a nós depois que desencarnamos.

— Muito prazer.

— Rapaz, agora que o encontramos, vamos fazer muitas coisas juntos — afirmou Sayid. — Vamos ajudá-lo, você vai ver.

— Vocês vão me ajudar?

— É lógico. Sabemos dos seus anseios e tudo faremos para que você consiga concretizar seus planos. Nada nos daria mais prazer do que ver derrotados os inimigos do Islã.

Bruno exultava. Agora que se lembrava dos antigos companheiros, sabia que podia contar com o sucesso de seus planos. Não precisaria se preocupar com Átila, pois os companheiros não permitiriam que ele se aproximasse. Tudo daria certo, ele sabia.

Com essa impressão ainda no cérebro, Bruno despertou. Tivera um sonho esquisito, mas muito significativo. Fora visitado por três anjos enviados por Deus para conduzi-lo à vitória. Agora, protegido por esses anjos, bastaria seguir suas orientações e aguardar a revelação do que deveria, exatamente, fazer.

CAPÍTULO 15

Os pensamentos de Ismael estavam agora ocupados com a imagem de Tamara. Por mais que tentasse, não conseguia deixar de imaginá-la em seus braços. A paixão o consumia, não tinha mais dúvidas de que ela passara a ocupar todos os recantos de seu coração. Queria ser honesto consigo mesmo e com Joyce, terminar o namoro com ela e declarar-se a Tamara. O medo, porém, o paralisava, pois Joyce era uma mulher extremamente ciumenta que poderia se tornar perigosa.

Joyce estava sentada em sua cama, observando-o terminar um trabalho para a faculdade. Ismael fingia concentrar-se na pesquisa, mas pensava numa maneira de aproveitar o momento e romper com ela. Antes, porém, que ele conseguisse elaborar qualquer desculpa, ela começou a falar:

— Vai demorar muito?

— Um pouco. Por quê?

— Posso lhe falar um minuto, então?

— O que é? — tornou ele, virando-se para ela.

— Sábado agora é aniversário da minha avó. Vai fazer noventa anos.

— Legal...

— Você sabe que ela mora em Petrópolis, não sabe? — Ele assentiu. — Pois é. Meus tios fizeram uma festa para ela e nos convidaram. Vamos no sábado e devemos voltar no domingo. Não quer ir com a gente?

Ismael fitou-a em dúvida. Não sabia se a senhora era também avó de Tamara, mas não podia perguntar sem levantar suspeitas. Fingindo interesse, indagou:

— É a mãe do seu pai ou da sua mãe?

— Da minha mãe, por quê?

— Por nada. Curiosidade.

O pai de Tamara era irmão do pai de Joyce, logo, a avó que as duas compartilhavam era a paterna, e não a materna. Havia, portanto, uma grande possibilidade de Tamara não ir à festa. Ou será que iria? Ismael pensava numa maneira de perguntar isso quando Joyce se adiantou:

— Não posso lhe garantir que será muito divertido. Ainda se Tamara quisesse ir... Mesmo assim, tenho uns primos lá com quem me dou bem. Acho que você vai gostar deles.

— Tamara não vai com você? — ele perguntou, tentando imprimir à voz um tom bem casual.

— Ela não quer passar o fim de semana fora. A mãe está gripada ou coisa assim.

— Entendo — e, imediatamente, se decidiu: — Poxa, Joyce, sinto muito que Tamara não vá, porque eu também não poderei ir. Tenho muito o que estudar.

— Ah! Ismael, não faça isso comigo. Estava contando com você.

— Eu adoraria ir, sério. Mas tenho uma pesquisa imensa para fazer.

— Não pode fazer lá? Leve o *laptop*...

— Até parece, Joyce. Com uma festança rolando, acha mesmo que vou ficar trancado dentro do quarto, estudando, enquanto todo mundo se diverte?

— Mas a festa é só de noite. Você pode estudar durante o dia.

Ele fingiu pensar por uns instantes, até que considerou, consternado:

— Sua ideia é tentadora. Adoraria ir, me divertir um pouco. Mas tenho que ter juízo. Não vai dar tempo. Tem a viagem, que sempre demora. Depois, deve ter um almoço em família. À noite, festa. No dia seguinte, todo mundo vai acordar tarde, inclusive eu que, provavelmente, vou acabar bebendo alguma coisa. E aí, adeus estudos. Puxa vida, essa viagem tinha que ser logo nesse fim de semana?

Fazer parecer que estava frustrado por não poder ir era uma tática que usualmente funcionava.

— Acho que você tem razão — concordou ela, desapontada. — Você acabaria mesmo não fazendo a pesquisa.

— Ainda bem que você compreende. Mas não se preocupe. Pensando bem, é até bom que você tenha um programa legal para o fim de semana, porque vou ficar estudando e não poderei lhe dar muita atenção. E com você na casa de sua avó, não terei com o que me preocupar.

Apesar do desapontamento, Joyce não teve outro remédio senão aceitar a decisão do namorado. Como ele não ia, se pudesse, ela ficaria também, mas os pais insistiam para que ela os acompanhasse. Noventa anos era uma idade importante para se comemorar com toda a família.

Ismael mal via a hora de afastar Joyce de seu caminho. Não sabia bem o que pretendia fazer, mas tinha certeza de que tentaria uma aproximação com Tamara. Quando o sábado amanheceu, foi preciso muita cautela para não se delatar. Joyce telefonou para ele logo cedo, a fim de se despedir.

— Ligue para mim assim que chegar lá, está bem? — pediu ele, fazendo transparecer uma tristeza que não sentia.

Imediatamente após desligar, seus dedos pressionaram o primeiro número do telefone de Tamara. Foi preciso muito esforço para se controlar e não ligar para ela àquela hora da manhã. Impaciente, pousou o celular na mesinha e deitou-se na cama, para esperar. O tempo não estava ajudando. Arrastava-se, indolente, alheio à sua pressa.

Batidas leves na porta lhe trouxeram um sobressalto. Era o irmão, chamando-o para ir à praia.

— Não estou a fim — respondeu grosseiramente.

— Tudo bem. Eu só o chamei para fazer companhia a Tamara, enquanto vou buscar Simone.

— Tamara vai estar lá? — surpreendeu-se.

— Vai. E, como você deve saber, Joyce viajou, de forma que ela ficou sozinha. Combinamos de nos encontrar na praia, mas tenho que ir buscar Simone na casa dela. Não queria deixar Tamara sozinha.

— Não... tudo bem... — gaguejou ele. — Vou até lá, fazer companhia a ela.

— Ótimo! Nos encontraremos no lugar de sempre.

Foi com rapidez redobrada que Ismael se arrumou. Sem se preocupar com o café da manhã, saiu apressado em direção à praia, maldizendo o tráfego que atrasava seu encontro com Tamara. Finalmente atravessou a avenida, quase correndo, procurando-a com avidez. Como a praia ainda não estava muito cheia, encontrou-a sentada em uma cadeira, lendo um livro à sombra de uma barraca azul. Ele chegou de mansinho, contendo a ansiedade, parando bem em frente a ela.

— *Ela só queria casar* — disse ele, lendo o título do livro, que logo identificou como espírita. — Desde quando você se interessa por Espiritismo?

— Interesso-me por tudo — respondeu ela, baixando o livro e olhando para ele. — E esse autor, o Marcelo Cezar, é muito bom. Você devia experimentar um dia.

— Um dia, talvez... No momento, meu interesse é outro.

Perguntar qual seria o interesse parecia perigoso, pois Tamara tinha certeza da resposta. Pelo jeito como ele a olhava, estava claro que fora ali por causa dela.

— Por que não viajou com Joyce? — sondou ela.

— Porque tenho que estudar. Não, isso não é verdade. A verdade, Tamara, é que queria uma oportunidade para ficar a sós com você.

A abrupta sinceridade dele a fez corar levemente. Ela desviou o olhar, sem graça, esperando até que o rubor se dissipasse para dizer:

— Isso não tem graça, Ismael. O que Joyce não vai dizer se souber?

— No momento, não estou preocupado com Joyce — afirmou ele, sentando-se na areia, ao lado dela.

— Acho bom parar por aí, antes que diga algo de que vá se arrepender depois.

— Meu único arrependimento será se não lhe disser o que estou sentindo. — Ela ia protestar, mas ele não permitiu. — Não posso mais mentir para mim mesmo. Estou apaixonado por você.

— O quê?! — indignou-se ela, chocada com tanta franqueza. — Você ficou maluco?

— Não quero ser clichê, mas estou ficando mesmo louco. Por mais que queira, não consigo parar de pensar em você. Sei que não devia, mas não tenho como evitar.

— Mas Ismael, e a Joyce? Você não pode fazer isso com ela.

— Fazer o quê? Me apaixonar por outra pessoa? Ninguém manda no coração.

— Isso é uma traição! Joyce não merece...

Ele não se conteve mais. Ajoelhando-se ao lado dela, puxou-a com força, beijando-a com ardor. Tamara tentou fugir, porém, quando mais o empurrava, mais ele a estreitava. Aos poucos dominada pelo desejo que tentava reprimir, ela foi cedendo. Finalmente, correspondeu ao beijo, umedecendo os lábios de ambos com lágrimas de remorso.

— Não chore — sussurrou ele, afagando seus cabelos. — Se você sente por mim o mesmo que sinto por você, daremos um jeito. Vamos contar tudo à Joyce. Ela vai entender.

— Não, não vai. Joyce é ciumenta e possessiva. Várias vezes ela me disse que seria capaz de matar qualquer mulher que se aproximasse de você.

— Isso é só jeito de falar. Joyce não é assassina. Ela vai ficar zangada, não nego, vai ter um ataque e até tentar nos agredir. Mas matar é um pouco demais.

— Não podemos, Ismael, é errado...

— O que é errado? Nos apaixonarmos? Você me ama, não ama? — Ela assentiu fracamente. — Então, não tenha medo.

— Como faremos para contar a ela?

— Deixe isso comigo. Vou encontrar um jeito.

— Joyce vai me odiar pelo resto da vida. Não sei se conseguiria conviver com esse sentimento.

— Não pense nisso agora. Joyce está viajando. Vamos viver esses momentos enquanto podemos. Quando chegar a hora, saberei como agir.

Ele a beijou novamente, dessa vez, sem encontrar resistência alguma. Estavam tão absortos em seus corpos e sentimentos que nem perceberam Daniel se aproximando. Ver o irmão e Tamara abraçados, se beijando, deixou-o confuso, sem saber o que fazer. Simone, a seu lado, arregalou os olhos, enquanto Bruno, que vinha mais atrás, espumava de ódio.

O casal se afastou pouco antes de eles chegarem. Com surpresa, Tamara encarou Daniel, como a pedir-lhe desculpas. Cumprimentou Simone e só então viu Bruno atrás dela. Uma forte sensação de desagrado fez palpitar seu coração. Tamara não gostava de Bruno.

— Vieram rápido — comentou Ismael, como se nada houvesse acontecido.

— Pela Linha Amarela, é um pulo. E, como ainda é cedo, não peguei trânsito nenhum.

— Como vai, Tamara? — adiantou-se Bruno, já que ela fingia não o ver. — E você, Ismael, tudo bem?

— Tudo — foi a resposta seca.

— Onde está sua namorada? Ela não veio?

Simone lançou-lhe um olhar de censura, que ele ignorou prontamente. Antes que ele fizesse algum comentário desagradável, ela esclareceu:

— Trouxemos Bruno conosco para ver se ele se distrai. O melhor amigo dele desapareceu alguns dias atrás.

— Desapareceu? — interessou-se Tamara. — Como assim?

Notando que a notícia lhe despertara simpatia, o próprio Bruno se dispôs a explicar:

— Ninguém sabe. Átila simplesmente sumiu.

— Foi sequestro?

— Não sabemos. A polícia está investigando mas, até agora, não houve nenhum pedido de resgate.

— E nem poderia, já que a família de Átila não tem um tostão — esclareceu Simone. — A polícia acha que ele foi sequestrado, sim, mas por algum tarado ou louco.

— Será que ele não fugiu de casa? — arriscou Ismael, aborrecido porque aquela notícia funesta havia roubado a atenção de Tamara.

— Duvido muito — respondeu Bruno, fingindo grande aflição. — Átila não tinha problemas com a família. Estou muito preocupado... Ele é meu melhor amigo.

— Não fique assim — Tamara procurou confortar não porque simpatizasse com ele, mas porque lhe impressionara o ocorrido. — A polícia vai encontrá-lo, tenho certeza.

— Só espero que com vida — finalizou Bruno, encarando-a com um brilho estranho no olhar.

Tamara não identificou a mensagem subliminar. O que sentia por ele agora era um misto de repulsa e pena. Atribuía a antipatia ao comportamento desagradável que ele demonstrara em seu primeiro encontro. Naquele momento, porém, ele era alguém que sofria o inexplicável desaparecimento de um amigo querido.

Ninguém podia imaginar o furacão que revolvia as entranhas de Bruno. Primeiro, a surpresa em ver Daniel ileso, sem um arranhão. Rapidamente, ligara para Kátia e ficara sabendo que ele desistira no último momento. Aquele podia não ter sido seu principal objetivo quando contratara a prostituta, mas era algo que ele esperava que acontecesse.

Com o sangue já quente da frustração anterior, a visão de sua amada beijando aquele judeu quase o fez perder as estribeiras. Por pouco não partiu para cima do outro que, além de rival, era agora seu maior inimigo. De repente, deu-se conta de que estava em meio a pessoas que sempre detestara. O que fazia ele confraternizando com judeus? Devia incluí-los, a todos, em seu plano de vingança pessoal, iniciando por eles a limpeza étnica do planeta.

— Não deixe que essa mulherzinha o atrapalhe novamente — rugiu, furioso, o espírito a seu lado.

A raiva de Bruno só fez aumentar. Agora, aonde ia, os três espíritos o seguiam, consumindo suas energias e substituindo-as por um ódio irracional pelas pessoas ao redor. O passado de Bruno se confundia em seus pensamentos, embaralhando encarnações que deveriam estar superadas, mas que se repetiam incessantemente em suas lembranças obscuras.

— Lembre-se do que ela lhe fez — alertou Omar. — Não dê a ela a chance de traí-lo outra vez.

Em sua mente, desenhou-se a imagem não de Tamara, mas de Ismael, coberto de sangue, a cabeça rachada, exatamente como Átila. Por um breve momento, um sorriso insano desenhou-se em seus lábios, levando-o a saborear o crime que, muito prazerosamente, seria capaz de cometer.

Ele odiava judeus, Tamara era judia, logo, devia odiá-la também. Contudo, não era o que acontecia. Quanto mais a via, mais a desejava, de uma maneira insensata, louca, cruel. Tamara tinha que ser dele a qualquer preço.

Daquele momento em diante, Tamara e Ismael agiram como se não houvesse nada entre eles. Ninguém comentou que os vira se beijando, embora Bruno estivesse a um passo de cometer uma loucura.

— Seu irmão não está mais namorando a Joyce? — indagou Simone, sozinha com Daniel dentro d'água.

— Sei lá — falou Daniel. — Eu achava que sim, mas agora, não sei.

— Isso vai dar o maior rolo. Quero só ver quando ela descobrir.

— Não somos nós que vamos contar, não é mesmo?

— Eu, hein, Daniel! Não sou fofoqueira, não tenho nada com isso.

— Eu sei, mas estou preocupado com seu irmão. E se ele falar alguma coisa?

— Por que ele faria isso? Ele mal conhece Ismael ou Tamara, ou Joyce. Que interesse teria em provocar uma briga?

— Não sei. Acho que nenhum.

Daniel não deu importância ao alerta interno. Preocupava-se mais com a quase traição que cometera com Kátia, pensando se devia ou não contar a Simone. Quem era ele para julgar o irmão, já que, por pouco, não fizera a mesma coisa, e, ainda por cima, com uma vigarista? Se Ismael estava beijando Tamara era porque, na certa, se apaixonara por ela. Não era problema dele.

Os dois casais apaixonados não se importavam muito com o mundo a seu redor. Mantendo as atenções voltadas uns para os outros, ninguém deu importância a Bruno, que, em silêncio, ruminava seu ódio. Além de ter que tolerar a irmã namorando um judeu, tinha que assistir, inerte, a outro roubar-lhe a amada.

Com a cabeça fervilhando de ideias macabras, Bruno rodou nos calcanhares e correu para a água, atirando-se na primeira onda. O mergulho desanuviou um pouco sua imaginação sombria, mas o ódio permaneceu.

CAPÍTULO 16

A noite foi como o cenário de um sonho. Refletidos pela luz da lua, Ismael e Tamara se abraçavam no Pão de Açúcar, onde, provavelmente, não encontrariam nenhum conhecido. A vista deslumbrante da cidade os estimulava ainda mais ao romance, descompassando seus corações, que batiam acelerados, sem sossego.

— Vamos sair daqui — murmurou ele, completamente envolvido pela aura inebriante de Tamara. — Quero ficar sozinho com você.

— Não podemos — objetou ela, insegura. — Não devemos...

— Nós nos amamos. Não temos mais como negar isso.

— Eu sei. Mas Joyce...

Ismael calou-a com um beijo, censurando-a com doçura:

— Não vamos mais falar de Joyce. Vou dar um jeito de contar tudo a ela.

— Então, prefiro só me entregar a você depois que oficializarmos nossa relação. Quando nada mais estiver nos impedindo, aí sim, poderemos dormir juntos.

— Por favor, Tamara, não faça isso. Estou louco por você.

— Não posso trair a minha prima. Joyce sempre foi minha amiga, talvez a única que tive desde o incidente com Eliezer.

Ele sabia de Eliezer. A própria Joyce lhe contara.

— Eliezer faz parte do seu passado — afirmou, acabrunhado.

— Mas Joyce, não. Ela é minha amiga.

— Não vamos mais falar de Joyce. Vamos falar de nós.

— Nós estamos intimamente ligados a ela. Não fosse por Joyce, tudo seria diferente.

— Você não está pensando em me deixar só por causa de Joyce, está?

Ela hesitou:

— Não sei... Como posso deixar você, se ainda nem tivemos tempo de ficar juntos? Não há nada entre nós, talvez seja melhor que as coisas permaneçam assim até você falar com ela.

— Não — protestou dolorosamente. — Agora que a tive em meus braços, não posso mais viver sem você. Tudo bem, faremos do seu jeito. Se você quer esperar, esperaremos. Assim que Joyce voltar de Petrópolis, vou terminar tudo com ela.

— Vai falar sobre nós?

— Acho melhor não. Ela não precisa saber, não agora.

— Não podemos esconder isso dela.

— Não vou esconder, mas por que magoá-la sem necessidade? Depois que eu terminar com ela, podemos dizer que começamos a namorar. Ela vai ter que aceitar.

Tamara tinha lá suas dúvidas, mas não disse nada. Também não podia mais negar a si mesma o que sentia por Ismael. Ela tentara resistir, contudo, a paixão fora mais forte. Agora, só lhe restava rezar para que Joyce compreendesse e aceitasse bem o rompimento do namoro.

❈

No dia seguinte, domingo, Joyce voltou de Petrópolis por volta das seis da tarde. A primeira coisa que fez foi ligar para Ismael.

— Alô, querido — falou ela, assim que ele atendeu o telefone.

— Oi, Joyce. Como foi a viagem?

— Uma chatice, sem você. E então, vamos nos encontrar?

— Vamos. Passo aí lá pelas oito. Pode ser?

— Pode.

Depois que desligou, Joyce telefonou para Tamara. A prima atendeu com um certo distanciamento na voz, que ela logo percebeu.

— Aconteceu alguma coisa? — indagou. — Você está esquisita.

— Não — retrucou, insegura. — Estou apenas cansada.

— E sua mãe, como está? Melhorou?

— Melhorou, mas teve febre à noite, e quase não dormi.

— Ah...!

A mentira fez mal a Tamara, mas não tinha jeito. Não podia simplesmente dizer à prima que passara a noite com o namorado dela.

— Você vai sair com Ismael? — perguntou, tentando mostrar interesse.

— Vou. Ele vem me buscar mais tarde. Estou louca de saudades dele. Vou sugerir um motelzinho, um banho de sais...

— Que bom, Joyce — cortou Tamara, sofrendo ao imaginar os dois numa banheira cheia de espuma.

— Você está enjoadinha hoje, não está?

— Desculpe-me, prima, mas é que estou realmente exausta. Espero que tudo corra bem entre vocês hoje.

— E por que não correria? Somos loucos um pelo outro. Aposto como Ismael está doidinho para me ver.

— Com certeza, está.

— Bom, amanhã então a gente se fala. Ligo para contar como foi.

— Ótimo. Um beijo.

— Outro.

Desligaram, restando a Tamara uma sensação horrível de perda e traição, a dúvida se Ismael conseguiria mesmo terminar com Joyce. A prima sabia ser bem convincente quando queria, e ela não acreditava que fosse aceitar o rompimento com naturalidade. Ismael podia esperar pelo pior.

Às oito em ponto, o porteiro anunciou a chegada de Ismael. Louca de vontade de vê-lo, Joyce desceu às pressas. Ele a aguardava no carro, e ela entrou eufórica. Sem lhe dar tempo de falar, atirou-se em seus braços, beijando-o longamente. Ele correspondeu com mal disfarçada frieza, que ela logo notou:

— O que foi que houve? Fiz alguma coisa de que você não gostou?

Guardando ainda na memória o episódio da outra noite, em que ela quase os matara, Ismael não quis lhe contar enquanto dirigia.

— Vamos conversar em um lugar mais reservado.

— O que está acontecendo, Ismael? Por que tanta frieza?

— Vamos conversar, já disse.

— O que foi que eu fiz?

— Você não fez nada. Será que dá para esperar até a gente chegar em algum lugar?

— Por quê? O que você vai me dizer lá que não pode dizer aqui? O que foi que houve? Pelo amor de Deus, Ismael, fale logo!

A ansiedade dela era tanta, que Ismael achou melhor parar na praia. Poderiam sentar-se em um banco e conversar reservadamente. Quando ele estacionou, ela já estava à beira da histeria. Ele tentou acalmá-la, saltou do carro, indo sentar-se em um banco onde não havia ninguém por perto.

— Por favor, Joyce, tente se acalmar — pediu ele.

— Não posso me acalmar. Viajo um fim de semana e, quando volto, você está todo estranho. O que foi que houve? Saiu com alguém durante a minha ausência?

Aquele era o momento de ser sincero. Por uma fração de segundos, ele a encarou, estampando a verdade em seus olhos. Mas não conseguiu sustentar o olhar de desespero dela, desviando o seu para o mar.

— Eu... — começou, hesitante. — Não sei como lhe dizer...

Parou indeciso, dando a ela a certeza de que ele ia romper o namoro. Joyce podia suportar qualquer coisa, menos perder Ismael.

— Você conheceu outra mulher — afirmou, convicta. — É isso, não é? Só pode ser. Quem é a vagabunda que está tentando tirar você de mim?

— Não se trata disso, Joyce. Não tem vagabunda nenhuma.

— Ah, tem! É por isso que você anda esquisito ultimamente. Quem é ela, Ismael? Tenho o direito de saber.

Subitamente, ela desatou a chorar, soluçando alto, dolorosamente. Atirou-se ao pescoço dele, quase sufocando-o com seu desespero, chorando cada vez mais alto.

— Por favor, Joyce, pare com isso.

— Não posso! Não consigo! Não posso perder você! Se me deixar, juro que me mato. E se você estiver com outra mulher, mato-a primeiro. Mato você, mato todo mundo.

— Não diga uma bobagem dessas.

— Você vai ver. Estou falando sério. Não vou permitir que roubem você de mim, Ismael, não vou. Prefiro antes matar-nos a todos!

— Você não sabe o que está dizendo.

— Sei muito bem. Você não me conhece.

— Pelo jeito, não conheço mesmo — irritou-se. — Jamais poderia imaginar que você fosse uma desequilibrada.

— Desequilibrada? — repetiu ela, com fúria. — É isso o que pensa de mim? Você me engana, me trai e ainda diz que a desequilibrada sou eu?

— Não foi o que eu quis dizer — desculpou-se, já arrependido do que dissera. — Mas você está dando uma de louca, e por nada. Quem foi que lhe disse que eu tenho outra mulher?

— E não tem? Não me chamou aqui para terminar comigo? Por causa de outra?

— Você está imaginando coisas. Eu a chamei aqui para conversarmos, porque estou... bem, estou inseguro...

— Como assim, inseguro?

— A verdade, Joyce, é que tenho pensando muito sobre nós. Não sei se a amo...

— Eu não falei? — Ela redobrou o choro. — Se você não me ama mais, é porque alguma vadia se intrometeu entre nós.

— Pelo amor de Deus, acalme-se! Será que não podemos ter uma conversa civilizada?

Ela o olhou espantada. Abriu a bolsa, retirou um lencinho de papel com o qual enxugou os olhos e o nariz. Em seguida, levantou-se para atirar o lenço numa lixeira. Sentou-se novamente e, de olhos baixos, mais calma, considerou:

— Não sei o que me deu, Ismael. Acho que foi o choque.

— Você está exagerando, fazendo cena à toa.

— Você não está com outra mulher?

— Não.

Ela percebeu a hesitação na voz dele, mas disposta a não o perder, fingiu acreditar:

— Então, por que a dúvida sobre nós?

— Acho que é natural. Estamos juntos há muito tempo, tenho medo de estar confundindo as coisa.

— Que coisas?

— Amizade com amor.

— E pretende descobrir isso terminando comigo?

— Quem foi que falou em terminar?

— Não foi para isso que me chamou aqui?

— Chamei-a para conversar, acertar as coisas. Talvez dar um tempo.

— Eu não preciso de tempo. Tenho certeza do que sinto por você.

— Mas eu preciso. Não quero enganá-la nem a mim mesmo.

— Nós vamos nos casar...

— Se vamos nos casar, não podemos ter dúvidas.

Ela recomeçou a chorar, dessa vez, de mansinho. Segurando a mão dele, falou com sofrimento:

— Não quero que terminemos, faço qualquer coisa para não perder você.

— Preciso de um tempo.

— Quanto tempo?

— Não sei. Não podemos dar um tempo com data marcada.

— Por que não?

— Porque não é assim que as coisas funcionam. Quando me sentir pronto, voltaremos.

— Ou não...

— Ou não — afirmou ele, temeroso, esperando uma reação violenta, que não veio.

— Faço o que você quiser, mas, por favor, não me deixe. Amo você. Quero que fiquemos juntos.

— Joyce, pense bem. De que adianta ficarmos juntos se eu não a amar?

— Você me ama. Só está confuso.

— Se você compreende que estou confuso, compreende também por que preciso de um tempo.

— Se eu lhe der esse tempo, você vai me esquecer de vez.

— Joyce...

— Não me peça isso, Ismael. Não posso lhe dar um tempo, não vou aceitar ser trocada por nenhuma vadia. Você me ama, mas está enfeitiçado por uma mulher talvez mais bonita ou mais sensual do que eu. Mas ela não ama você, está apenas usando-o.

— Não é nada disso. Você está inventando coisas.

— Que seja. Mas você não vai terminar comigo assim. Não tem o direito. Lembre-se de que estamos namorando há muito tempo, e você foi o primeiro.

— Isso não tem nada a ver, Joyce. Fui o primeiro mas, com certeza, não serei o único.

— Não diga isso! — protestou, ameaçando esbofeteá-lo. — Você me ofende, insinuando que eu possa me deitar com outro homem depois de você. Nunca! Serei sua para sempre, assim como você será sempre meu. Você me deve isso.

Ismael se calou. Joyce já lhe dera mostras de seu ciúme, mas ele jamais poderia imaginar tanto desequilíbrio. Vendo a reação dela, sentiu medo do que ela seria capaz de fazer a Tamara.

— Não vamos mais falar sobre isso — pediu ele, no esforço de remediar a situação. — Com o tempo, as coisas entrarão nos eixos.

— De minha parte, tudo está em seu eixo.

— Está bem, Joyce, você venceu. Tudo está em seu eixo. Deixemos as coisas como estão.

— Não vai mais terminar comigo? — Ele meneou a cabeça. — Vai deixar de lado essa besteira de dar um tempo?

— Sim.

— Você me ama? — Ele não respondeu. — Me ama? — Sem resposta. — Não faz mal que não queira dizer. Você me ama e vai acabar percebendo.

Ela o abraçou, mas Ismael permaneceu inerte. Sentia raiva de si mesmo, de sua covardia e inabilidade. Seu maior receio era por Tamara. No estado em que se encontrava, era bem capaz de Joyce cometer uma loucura. A solução seria dar um tempo para que ela digerisse a ideia aos poucos, mas ele não desistiria de Tamara, isso não.

CAPÍTULO 17

O coração de Bruno enchia-se cada vez mais de ódio. Agora praticamente dominado pelos espíritos das sombras que o acompanhavam, só pensava em se vingar do mundo. Sayid, sobretudo, era um espírito altamente vingativo e truculento. Aliara-se aos outros dois porque vira neles uma oportunidade de prosseguir com seus planos de violência.

Sayid conhecera Omar e Mustafá quando vagava pelos umbrais da Palestina. Homem simples, sem instrução, não percebera a lavagem cerebral à qual permitira que lhe fizessem, convencendo-se de que sua inutilidade somente poderia ser substituída pela renúncia máxima a que qualquer pessoa poderia se submeter, doando a vida e ceifando vidas em nome de Alá.

Atordoado pelos efeitos da bomba que o arrancara abruptamente do corpo físico, buscara, inutilmente, o paraíso que lhe fora prometido. Aceitara a missão de explodir-se em um atentado terrorista, porque estava convicto de que, após desencarnar, seria acolhido pelo Santo Profeta, para viver cercado de prazeres celestiais, rodeado de virgens, como recompensa por seu sacrifício.

Não fora isso, porém, que encontrara. Num primeiro momento, seus olhos depararam-se com a escuridão. Depois, ele passou a ser perseguido por pessoas mutiladas, cobertas de sangue, que o acusavam ferozmente. Mais tarde, cansado de vagar à procura do tão prometido paraíso, defrontou-se com um grupo de espíritos que, como ele, haviam explodido a si mesmos em atentados terroristas. Também procuravam o paraíso prometido, sem, contudo, encontrá-lo.

— Acho que fizemos alguma coisa errada — aventou um dos espíritos.

— Será? — questionou outro. — Eu estava tão convicto do que fiz!

— É, mas eu tive medo — comentou um terceiro. — Na hora de detonar a bomba, hesitei por alguns segundos.

— Talvez seja isso — ponderou Sayid. — Fizemos alguma coisa errada, por isso, estamos sendo punidos.

A conversa foi interrompida pela chegada de um bando de muçulmanos. Espíritos como eles, não estavam, porém, perdidos. Ao contrário, pareciam bem seguros do que faziam.

— Graças a Alá que os encontramos — falou o chefe. — Estávamos à sua procura.

— Quem é o senhor? — indagou Sayid.

— Fui encarregado de recebê-los aqui deste lado.

— Por quê? Para nos levar ao paraíso?

Os espíritos se entreolharam, e o chefe retomou a dianteira:

— Ainda não. Vocês não foram bem-sucedidos em sua missão...

— Como não? — alguém protestou. — Estamos mortos, não estamos? Se é assim, a bomba que carregávamos explodiu. E se morremos, levamos outros conosco.

— É verdade — concordou Sayid. — Tenho visto algumas pessoas correndo atrás de mim. Acho que morreram na explosão.

— Acalmem-se — pediu o chefe, com ar de quem sabia o que estava fazendo. — Não quis dizer que vocês não se explodiram. É lógico que sim, do contrário, não estariam aqui. Mas sua missão não foi cem por cento bem-sucedida. Em alguns casos, não houve muitos mortos. Em outros, hesitaram, e por aí vai.

Os espíritos suicidas trocaram olhares confusos e desanimados. Seria possível que, depois de todo aquele sacrifício, não teriam direito ao merecido descanso no paraíso?

— E agora? — questionou Sayid. — Vamos ficar perdidos nesse inferno? Foi tudo em vão?

— É claro que não! — exclamou o chefe. — Vocês ainda têm uma chance de se redimir.

— Como?

— Aliem-se a outros espíritos e procurem ajudar os que estão encarnados, influenciando-os, transmitindo-lhes coragem, facilitando o acesso aos locais de explosão.

— Como faremos isso?

— Vocês vão aprender conosco. Durante um tempo, lhes daremos treinamento, como fizeram com vocês lá na terra. Quando estiverem prontos, podem escolher onde desejam atuar. Os encarnados precisam de nós, e sempre há lugar para mais um em seus grupos.

Assim fizeram. Sayid permaneceu alguns meses aprendendo a influenciar os encarnados. Aprendeu a identificar energias afins e como melhor aproveitar os pontos fracos ou fortes de cada um, dependendo de como deveria influenciá-los. Quando, finalmente, achou que já havia aprendido o suficiente, decidiu-se por um grupo de terroristas que atuava na região da Palestina.

Um dia, perambulando pelos escombros de um recente atentado, encontrou dois espíritos vagando por ali, buscando algo em meio às ruínas. Não pareciam terroristas, apesar de seu olhar feroz. Curioso, aproximou-se.

— Olá — cumprimentou ele. — Posso saber o que estão fazendo? Perderam alguma coisa?

Ambos o fitaram em dúvida, até que um dos espíritos falou:

— Não exatamente. Estamos procurando meu irmão. Perdemos contato com ele há alguns anos.

— Vocês viviam aqui, na Palestina?

— Sim. Mais exatamente, em Hebron.

— Ah... E há quanto tempo desencarnaram?

Os dois espíritos entreolharam-se, confusos.

— Não sabemos — disse um deles —, mas acho que há bastante tempo. Em que ano estamos, amigo?

— Em 2012.

— Dois mil e doze? — repetiu, incrédulo. — Nossa! Ficamos perdidos tanto tempo assim?

— Pelo visto, sim. Eu sou Sayid. E vocês, como se chamam?

— Eu sou Omar, e este é meu amigo Mustafá.

— Muito prazer.

— Você parece bem à vontade aqui — comentou Omar. — Será que não poderia nos ajudar a encontrar meu irmão?

— Não sei. Na verdade, estou aqui há menos tempo do que vocês. Mas se vocês prometerem me ajudar, posso tentar encontrá-lo.

— Ajudar como?

— Faço parte de um grupo que age em nome de Alá. Fui homem-bomba e, por ele, me tornei mártir em nome da nossa causa.

— Que causa?

— Precisamos expulsar os judeus da Palestina.

Os olhares de Omar e Mustafá cruzaram-se novamente, dessa vez com uma euforia cega, fruto da nascente afinidade com o desconhecido.

— Engraçado você falar sobre isso — disse Mustafá —, porque morremos na cadeia, vítimas da intolerância judaica, que nos condenou há anos de prisão por causa das mortes em Hebron. E não fizemos nada além de defender nosso povo.

— E meu irmão foi enforcado — acrescentou Omar. — Por isso o perdemos de vista. Ele morreu primeiro e sabe-se lá onde foi parar.

— É mesmo? — interessou-se Sayid. — Por que não me contam essa história?

Pacientemente, Omar e Mustafá contaram a Sayid tudo o que acontecera no longínquo ano de 1929, quando do massacre à cidade de Hebron, inclusive, das mortes no porão do árabe Hadi e sua mulher Nabilah. Sayid escutou, fascinado. Precisava encontrar o irmão de Omar, que serviria a seus propósitos como ninguém.

— E isso é tudo — concluiu Omar. — Gostaria muito de encontrar Ibrahim. Tínhamos um outro irmão, de nome Abdul, mas com esse não podemos contar. Ele se foi para o outro lado, virou anjo a serviço de Alá.

— Como pode ser isso? — estranhou Sayid.

— Bobagens que ele diz. Insiste que Deus é um só e que não devemos odiar nossos irmãos... Como se judeus e muçulmanos pudessem ser irmãos um dia.

— Que horror!

— Acho que Abdul enlouqueceu. Vive cheio de ideias esquisitas, afirmando que encontrou a paz e que convive em harmonia com pessoas de várias raças. Segundo ele, Alá não quer a discórdia entre os homens, mas a união e o amor. Concordo com isso, desde que esses homens não sejam judeus.

Seguiram conversando por mais algum tempo, sentindo nascer entre eles uma forte amizade. A afinidade de propósitos e pensamentos atraiu-os de tal forma que, imediatamente, se identificaram como companheiros.

— Sabem de uma coisa? — tornou Sayid. — Gostei muito de vocês. Quero ajudá-los a encontrar Ibrahim. Sei como fazer isso, seguindo a linha do pensamento. Em troca, vocês prometem me ajudar?

— No que pudermos, sim — afirmou Mustafá. — Como você, desejamos apenas o bem de nosso povo.

— E partilhamos o mesmo ódio aos judeus — observou Omar. — Não vai ser nenhum sacrifício ajudá-lo em sua causa, que passou a ser também a nossa.

*

Quatro anos se passaram até que fosse possível localizar Ibrahim, durante os quais Sayid ensinou aos demais tudo o que aprendera no mundo invisível. Os três acompanhavam uma reunião secreta quando Omar, subitamente, sentira um mal-estar indizível.

— O que foi? — preocupou-se Mustafá. — Sente alguma coisa?

— Uma sensação esquisita — disse Omar, sentindo forte opressão no peito. — Não sei definir. Parece que Ibrahim está me chamando.

— Ibrahim? — surpreendeu-se o outro. — Mas como?

— Não sei. De repente, senti como se tivesse sido atingido por uma vaga ou algo parecido, uma espécie de onda de sucção que me puxa para meu irmão.

— Não estou entendendo nada.

— Mas eu estou — afirmou Sayid. — Seu irmão abriu uma janela. Seguindo o que você sente, talvez possamos, finalmente, encontrá-lo.

— Como? Não faço a menor ideia de onde ele está.

— Vamos dar as mãos. E vocês, pensem fortemente nele, principalmente você, Omar, deixe-se levar por essa onda. É a conexão que nos faltava para chegarmos até ele.

Como o pensamento viaja além do tempo e do espaço, com a rapidez de um corisco, os três foram transportados para o quarto de Bruno, onde encontraram seu perispírito, em companhia do espírito de outro rapaz.

— Onde estamos? — questionou Omar, espantado.

— Foi o que imaginei — considerou Sayid. — Ele está reencarnado.

— Este é o meu irmão?

— Qual deles? — questionou Mustafá.

— O que lhe parece? — prosseguiu Sayid.

Omar observou os dois espíritos, um deles ligado ao corpo físico pelo que lhe pareceu um cordãozinho de prata.

— Ele está diferente — asseverou. — E que lugar é esse? Em que país estamos? Não reconheço essa língua.

— Não sei bem, mas me parece português.

— Estamos em Portugal?

— Pode ser. Ou no Brasil.

— Mas o que foi que Ibrahim veio fazer tão longe? — espantou-se Mustafá.

— Esconder-se. Alguém deve tê-lo convencido a se afastar de nós, quem sabe até seu irmão Abdul. Usando nova vestimenta física, num país distante, totalmente estranho para nós, ele poderia passar despercebido por seus antigos companheiros e se virar para o lado daqueles idiotas que pregam o amor sem fronteiras, mas que, na verdade, desejam apenas criar cordeirinhos para entregar o mundo nas mãos dos judeus e dos cristãos.

— E agora, o que faremos?

— Vamos observá-los, para entendermos o que está acontecendo.

Durante algum tempo, sem serem vistos, os três permaneceram com a atenção presa no diálogo que se desenrolava entre Bruno e Átila. Não foi preciso muito tempo para que Sayid e seus amigos compreendessem o que havia se passado. Satisfeitos com a atitude de Bruno, resolveram fazer-se visíveis.

— Vá embora daqui! — ameaçou Sayid, avançando sobre Átila. — Antes que acabemos com você.

Assustado, Átila desapareceu. Bruno, contudo, permaneceu fitando os desconhecidos, tentando se lembrar de onde conhecia dois deles. Ajudado pelos espíritos, a memória foi retornando, evocando sua vida em Hebron. Com alegria, Bruno os recebeu, logo identificando-se com Sayid.

Depois de matar Átila e iniciar seu diário no computador, onde extravasara, livremente, seu ódio aos judeus, um liame se formara entre eles e seus antigos parentes. A energia por ele liberada atingiu a modulação vibracional a que o irmão se conectava, entrando em seu campo magnético para, por fim, ser atraída. Os dois sentiram a ligação, embora Bruno, envolto na noite do esquecimento, não soubesse precisar a natureza daquela sensação.

Para Omar fora mais fácil, já que a imagem de Ibrahim logo brotou em sua mente. Orientado por Sayid, chegara ao destino de Ibrahim, identificando, no jovem Bruno, o irmão de outrora. Estabelecida a relação simbiótica, os quatro formaram uma equipe pronta para executar os planos diabólicos de Sayid, que, rapidamente, viu ali a oportunidade de jogar, num país estrangeiro, a semente de seus ideais.

Bruno recebeu muito bem as influências dos espíritos muçulmanos. Uma revolta impiedosa reacendeu dentro dele, alimentada pela presença de algumas personagens com quem havia convivido em outras eras, como Tamara e os adolescentes que via na escola.

Treinado para desvendar mistérios do passado, Sayid ajudou Bruno a relembrar vários acontecimentos funestos, fazendo recrudescer dentro dele o ódio e o desejo de vingança. Fora assim que criara o estopim com o qual levaria seu explosivo ódio para além das fronteiras islâmicas fundamentalistas.

CAPÍTULO 18

Bruno não conseguia parar de pensar em Tamara. Vê-la beijando Ismael transformara seu ódio em sede de sangue. A todo instante, imaginava-se fazendo a Ismael o mesmo que fizera a Átila. Matá-lo lhe daria imenso prazer, além de facilitar-lhe o acesso à mulher desejada.

Pensando bem, Tamara lhe pertenceria a qualquer preço. E matar Ismael, àquela altura, seria muito arriscado. Havia um plano se delineando em sua mente, que ele não poderia deixar de executar. Arriscar-se a ser preso, naquele momento, poderia significar o fracasso da missão que ele, tão meticulosamente, vinha planejando.

Assim que o ano letivo terminou, Bruno saiu de casa. Após conseguir um emprego de técnico químico em um laboratório, alugou um apartamento modesto e mudou-se para lá, ignorando os protestos da mãe.

— Deixe-o — aconselhou o pai. — Ele é maior de idade, sabe o que faz.

Gozando agora de mais liberdade, podia fazer o que bem entendesse sem ter que dar satisfações nem se preocupar em ser descoberto. Como não possuía amigos, o computador seria o único companheiro com quem dividiria seus desejos e planos. Mesmo assim, tencionava continuar a sair com Simone e Daniel, a fim de manter a proximidade com Tamara.

De vez em quando, ligava para a mãe de Átila, a fim de se inteirar sobre o andamento do inquérito policial que apurava sua morte. A polícia, porém, não tinha pistas, e como os dois eram muito amigos, ninguém suspeitava dele. Com o passar do tempo, Bruno foi se sentindo seguro, certo de que jamais descobririam que era ele o assassino.

Sexta-feira era o primeiro dia da semana que ele poderia aproveitar para tentar alguma coisa com Tamara. Pensando nisso, resolveu passar na casa dos pais, fingindo uma visita. O que pretendia mesmo era descobrir o telefone de Tamara. Esperou até que a irmã se afastasse para vasculhar seu celular, mas não encontrou nenhuma Tamara na agenda.

— Vai sair com Daniel hoje? — indagou à irmã, quando ela apareceu, toda arrumada.

— Vamos ao cinema — informou ela.

— Só vocês dois?

— É.

— Ismael e a namorada não vão com vocês?

— Não, por quê?

— Por nada.

— O que está pretendendo, Bruno?

— Eu? Nada.

— Conheço você. Nunca foi de se aproximar de mim, e agora, vive pedindo para sair comigo e com o Daniel. Por quê?

— Desculpe se a presença de seu irmão incomoda você — rebateu, fingindo mágoa. — Ando me sentindo meio só... Átila era meu único amigo.

Calou-se, engolindo um pranto inexistente, esforçando-se para aparentar um pesar que não sentia. Imediatamente, Simone arrependeu-se, comovida com o sofrimento dele.

— Não fique assim — procurou confortar. — Tenho certeza de que Átila ainda vai acabar aparecendo.

— Deus te ouça.

— Olhe, se quiser, pode ir ao cinema conosco. Sei que Daniel não vai se importar.

— Obrigado, mas não quero atrapalhar vocês.

— Deixe disso, Bruno. Você é meu irmão, não vai atrapalhar nada.

— Não gosto de ficar segurando vela.

— Bobagem...

— Mas se você convidar alguém para me fazer companhia, talvez até seja uma boa ideia.

— Alguém? Quem? Uma amiga da escola?

— Suas amigas são muito novinhas. Você podia chamar a Tamara. O que acha?

— Então é isso, não é? — zangou-se. — Está tentando me usar para chegar até Tamara. Pois fique sabendo que ela não está interessada. Além disso, é muito velha para você.

— Velha... Até parece. Só porque Daniel gosta de namorar crianças não significa que eu também tenha que gostar.

Ele começava a mudar o tom de voz, deixando-se dominar por sua real natureza.

— Daniel não me acha assim tão novinha — objetou Simone, com zanga. — E você não devia falar desse jeito comigo. Não sou eu quem está sozinha.

— Tem razão — desculpou-se. — Você foi direto na ferida. Estou me sentindo realmente só e achei que sair com Tamara podia ser uma boa ideia. Ela é uma garota inteligente, sensível, divertida. Gostaria de fazer amizade com ela, só isso.

— Tudo bem, Bruno, compreendo. Vou ligar para Daniel e ver o que ele diz.

Infelizmente, Tamara tinha outros planos para a noite. Daniel chegara a ligar para ela, convidando-a para acompanhá-los ao cinema, mas ela tinha horror a Bruno. Para não magoar o amigo ou Simone, inventou uma desculpa.

A recusa de Tamara irritou Bruno ainda mais. No fundo, sabia que ela o estava evitando. A primeira coisa que ele tinha que fazer era conseguir o número do celular dela. Pensando nisso, aceitou acompanhar Simone e Daniel ao cinema. Propositalmente, deixou seu celular em cima da mesa da sala, pouco antes de sair.

Mal prestou atenção ao filme que se desenrolava na tela. Por sorte, o cinema estava cheio, o que facilitaria seu plano. Ao final da sessão, caminhando ao lado dos dois, disse a Daniel:

— Puxa vida, deixei meu celular em algum lugar. Pode me emprestar o seu, para eu ligar para minha mãe e saber se o esqueci lá?

Sem de nada desconfiar, Daniel entregou-lhe seu aparelho. Aproveitando-se da multidão que deixava o cinema, Bruno ficou para trás. Avidamente, procurou na agenda o nome de Tamara. Encontrou-o e anotou, mentalmente, o número de seu telefone. Em seguida, para disfarçar, ligou para a mãe, perguntando-lhe sobre seu próprio celular.

Daniel e Simone o aguardavam na saída. Ele se aproximou, segurando o aparelho do outro na mão estendida.

— Obrigado, Daniel — falou, sem emoção. — Por sorte, está na casa da minha mãe.

Quando chegaram, Bruno já havia parado de repetir, em sua mente, o número de Tamara. Entrou, pegou seu próprio celular e, despedindo-se de todos, foi para casa. Mal podia esperar para ligar para ela. Assim que entrou, foi o que fez. Digitou o número dela, inserindo-o em seus contatos, e aguardou. Tamara não atendeu, mas sim, a caixa postal.

— Maldição! — praguejou ele. — Por onde será que ela anda?

Ele ligou mais uma, duas, três vezes e nada. Ela não atendia. Furioso, atirou o aparelhinho para o lado, virando-se na cama para pensar. Poucos minutos depois, o celular tocou. De má vontade, ele esticou a mão para atender, surpreendendo-se imensamente ao ver o nome dela surgir na tela do visor.

— Alô! — disse ele, tentando conter a euforia.

— Por favor, ligaram para mim desse número uma porção de vezes. Quem é?

— Tamara — sussurrou ele. — Estou louco atrás de você.

— Quem está falando?

— Não reconhece a minha voz?

— Não — respondeu ela, recusando-se a crer em seus pensamentos.

— É o Bruno.

— Que Bruno?

— Irmão de Simone.

Um silêncio nervoso se estabeleceu. Tamara mal podia acreditar que aquele garoto horrível estava ligando para ela.

— Como conseguiu meu telefone? — perguntou ela, aborrecida.

— Tenho meus métodos.

— Foi o Daniel quem lhe deu?

— Tenho meus métodos, já disse, e Daniel não é um deles.

— O que você quer?

— Falar com você.

— Pode falar.

— Pessoalmente, quero dizer. Na verdade, quero ver você.

— Isso não vai ser possível.

— Por que não?

— Porque você é muito jovem. Gosto de rapazes mais velhos.

— Isso é preconceito seu.

— Por favor, Bruno, não seja impertinente. Você não tem o direito de ligar para mim e me incomodar.

— *Eu* incomodo você?

— É o que está fazendo. Não sei como você conseguiu meu telefone e acho que nem quero saber. Mas, por favor, não ligue mais para mim.

— Por que você me rejeita?

— Porque você é muito jovem e não tem noção de limites.

— Posso ser jovem, mas não sou criança. Tenho meu emprego, moro sozinho, sou um homem. E estou apaixonado por você.

— O quê? Ora essa, era só o que me faltava.

— Por que essa reação? Você se acha boa demais para mim?

— Não se trata disso. A verdade é que não estou interessada em você. Gosto de outro.

— Quem?

— Não é da sua conta.

— De Ismael, não é? — Ela não respondeu. — Vi vocês dois juntos no outro dia.

— Isso não lhe interessa. Meta-se com a sua vida.

— Você devia pensar melhor antes de me destratar. Sei de coisas que poderiam colocar você muito mal, principalmente com a sua querida priminha.

— Está me ameaçando?

— Entenda como quiser. Mas, se eu fosse você, não me apressaria em recusar um homem apaixonado.

Após alguns segundos de silêncio, ela falou com raiva:

— Deixe-me em paz.

Desligou o telefone, deixando Bruno ainda mais furioso. Ele ligou novamente, mas ela não atendeu. Resolveu não insistir.

Do outro lado da linha, Tamara não sabia o que pensar. Não fazia a menor ideia de como Bruno conseguira seu número. Daniel e Ismael, com certeza, não lhe teriam dado. Como então, ele o obtivera? Talvez fosse melhor cancelar aquele número e comprar outro celular. Se ele insistisse, seria exatamente o que ela faria.

Aquilo, porém, não era o que mais a preocupava. Bruno sabia o que acontecera entre ela e Ismael. Se quisesse, podia contar tudo a Joyce, causando um transtorno na vida dos três. Precisava falar com Ismael, mas como? Àquela hora, ele e Joyce deviam estar juntos. Ligar para Ismael seria um desastre, pois, pelo que ele dissera, Joyce não aceitara bem o rompimento, deixando-o sem coragem de terminar tudo.

O celular tocou apenas mais uma vez. Ela reconheceu o número de Bruno e desligou. Não daria mais a ele a chance de ameaçá-la. No dia seguinte, trataria de conversar pessoalmente com Ismael. Tinha que encontrar um jeito de convencer Bruno a afastar-se de sua vida.

CAPÍTULO 19

Afastado de Bruno pelos espíritos que agora o acompanhavam de perto, Átila passou a experimentar uma espécie de depressão que o impedia de seguir seu caminho rumo a espaços mais iluminados no mundo astral. Amigos invisíveis tentaram levá-lo em direção à luz, mas ele permanecia preso à intercessão da matéria, apegado ao ódio que passara a alimentar de Bruno.

Sem ter como se aproximar do ex-amigo, desejoso de empreender algum tipo de vingança, buscou a única solução que lhe pareceu viável: tentar influenciar Daniel para desmascarar Bruno. Com isso, talvez conseguisse se vingar dele, ao menos parcialmente, ao mesmo tempo em que teria a oportunidade de ficar perto de Simone.

Esperou Daniel chegar para entrar com ele, evitando se aproximar de Bruno ou de seu séquito de sombras. Os espíritos viram quando ele entrou, seguindo Daniel, e se armaram para a briga. Mas, ao perceber que o interesse de Átila se voltava para o casal de namorados, permaneceram a distância, embora não descuidassem de seu protegido um segundo sequer.

— Como vai a minha gatinha? — falou Daniel, beijando Simone com doçura.

Ela correspondeu ao beijo como sempre, reacendendo o desejo em Daniel. Um ciúme atroz levou Átila a interferir, embora sem efeito algum. Apenas uma leve indisposição perpassou o corpo de Simone, despertando o medo oculto da garota violentada e assassinada em Hebron. Foi uma sensação tão poderosa e intensa, que Átila a captou, aproveitando-se disso para tentar impedir que ela se entregasse a Daniel.

Muito apaixonado, alheio à intervenção do espírito, Daniel tentou nova investida. Sozinho na varanda com Simone, beijou-a com mais ardor, aventurando-se em carícias mais ousadas. A princípio, ela permitiu, mas o medo, potencializado pela sugestão de Átila, a fez retroceder, assustada. Afastando-se dele com um certo constrangimento, retirou a mão dele de entre suas pernas e, com ar zangado, censurou:

— Não, Daniel. Por favor, não insista.

— Não entendo você, Simone — retrucou, irritado. — Já estamos namorando há algum tempo, e você não é mais tão novinha. Acabou de completar dezessete anos. Aposto como todas as suas amigas já transaram.

— Isso não me interessa — aborreceu-se, embora soubesse que ele dizia a verdade. — Estou preocupada apenas comigo. Não estou pronta ainda.

— Quando vai estar pronta? Quando ficar velha?

— Por que você não pode esperar?

— Porque sou louco por você e não aguento mais. Tenho minhas necessidades...

— Lá vem você com essa história de necessidades. Se não pode esperar, procure outra.

Ele se lembrou de que quase a traíra com uma vadia que pretendia roubá-lo e sentiu imediato arrependimento. Amenizando a voz, contestou:

— Não quero outra. Quero você. Não entendo esse seu medo. Ou será que você não me ama?

— Não se trata disso, você sabe. Quero ter certeza do que estou fazendo, para não me arrepender depois.

— Arrepender-se de transar com o homem que você ama e que a ama também?

— Tenho medo de que você perca o interesse por mim depois disso.

— Não seja boba. Em que século você vive, afinal? Hoje em dia, as coisas não são mais assim.

— Acho que sou uma garota à moda antiga. Gosto das coisas românticas...

— Mas eu sou um romântico incorrigível! Mando-lhe flores, bombons, joias, o que você quiser.

— Não se trata disso.

— Trata-se de que, então? Explique-me, por favor, porque, até agora, não consegui entender.

Subitamente, ela começou a chorar, deixando-o ainda mais confuso.

— O que foi, querida? — indagou ele, abraçando-a com ternura. — O que foi que eu fiz? Não fique assim, por favor, me perdoe.

— Você não entende... Tenho medo, não quero...

Quanto mais ela falava, mais redobrava o pranto. Até Átila se surpreendeu. Não imaginava que Simone fosse virgem.

— Está bem, meu amor, não fique assim. Olhe, me perdoe, não queria magoá-la nem ofendê-la. É que eu a amo tanto!

— Eu sei. Também amo você, mas não consigo. Ainda não...

— Tudo bem, Simone, não precisa mais chorar. Vou esperar o tempo que você desejar.

— Você vai dormir com outra, sei que vai, e não poderei culpá-lo.

— Se eu quisesse dormir com outra, já o teria feito.

— Você não fez? — Ele meneou a cabeça. — Jura?

— Juro.

— Verdade?

— Por que eu mentiria para você?

— Porque sou uma tola — choramingou ela. — Burra, boba, tonta. Se perder você por causa da minha estupidez, não sei o que farei.

— Você não é nada disso. Mas se acha que é, por que insiste em me evitar?

— Porque... — ela hesitou. — Não sei explicar, Daniel, juro! Acho que você vai me machucar e depois me abandonar.

— Não vou, não. Vou ser gentil, carinhoso. Tudo porque a amo. Mas agora, não pense mais nisso. Não quero ver você desse jeito. Quero vê-la sorrindo, alegre como sempre foi. E prometo que não vou mais insistir. Vou esperar você amadurecer no seu próprio tempo.

Ela o abraçou, agradecida. Nem ela entendia por que sentia tanto medo de se entregar a um homem. E não era qualquer homem. Era seu namorado, a quem ela amava e tinha certeza de que ele a amava também.

Depois de se despedirem, Simone abafou mais um soluço. Não compreendia a razão de tanto temor. Não tivera nenhum namorado antes de Daniel, e talvez fosse isso que a assustasse tanto. Além de seu primeiro amor, ele era um pouco mais velho, mais maduro. E se ele se decepcionasse com ela, com sua inexperiência? Não seria melhor morrer?

Ela entrou em casa com ar amuado, enxugando os olhos. Os pais estavam na sala, vendo televisão, e apenas Ileana reparou no seu sofrimento. Esperou até que ela fosse para o quarto para ir atrás dela.

— Posso entrar? — perguntou, da porta.

— Pode — respondeu Simone, virando-se para a janela, a fim de que a mãe não visse que estava chorando.

— O que foi que aconteceu?

— Nada, por quê?

— Você está estranha. Aborreceu-se com Daniel?

— Não.

— Então, o que foi?

— Nada, já disse.

— Você não me convence, Simone. Sou sua mãe, sinto essas coisas. Seja o que for, pode me contar. Além de mãe, sou também mulher e já passei por tudo que você está passando agora.

Ileana tinha razão. Simone sabia que podia confiar nela. Ela era sua mãe, e jovem ainda, com pouco mais de quarenta anos. Certamente, conseguiria entendê-la e, quem sabe, ajudá-la.

— Posso lhe fazer uma pergunta pessoal? — questionou Simone.

— Pode.

— Você se casou virgem?

Embora Ileana não esperasse aquela pergunta, não mentiu:

— Não.

— Papai foi o único homem na sua vida?

— Também não. Eu já havia tido algumas experiências antes dele.

— E ele não se importou?

— Não. Quando eu era jovem, na década de 1990, ninguém se importava mais com virgindade. Mas por que está me perguntando isso? Já transou com Daniel?

— Não! — foi a resposta rápida, assustada.

— E ele ainda não tentou?

— Já — confessou ela, envergonhada. — Mas eu não quero. Não me sinto pronta.

Ileana fitou-a longamente antes de perguntar:

— Por quê?

— Você acha que eu devo?

— Eu não disse isso. Perguntei apenas por que você não se sente pronta.

— Porque não me sinto. Tenho medo...

— Entendo. Bom, Simone, isso é algo que tem que partir de você. Ninguém pode pressioná-la a fazer o que não quer.

— Você faria?

— Eu sou uma mulher e você, uma menina. É diferente.

— Quantos anos tinha quando teve sua primeira vez?

— Eu era um pouco mais velha do que você.

— E não teve medo?

— Tive, claro. Toda garota tem.

— Não sei, mãe. Daniel insiste, mas não sei se é isso que eu quero.

— Então, não faça. Você não precisa se obrigar. Espere mais um pouco, amadureça. Se ele a ama, vai entender.

— Acho que você tem razão.

— E depois, tem o problema da gravidez, da aids e das doenças venéreas que, no caso de Daniel, talvez não sejam um problema. De qualquer forma, você precisa aprender a se cuidar.

— Eu sei me cuidar.

— Como?

— Camisinha... — falou, enrubescendo.

— Muito bem. É isso mesmo. Mas não tenha pressa, minha filha. Tudo a seu tempo. E se quer a minha opinião, acho que você ainda é muito novinha, não está mesmo preparada.

— Mas, se eu fizer, você vai ficar aborrecida comigo?

— É claro que não! Como posso ficar aborrecida se fiz a mesma coisa? Não, minha querida, a questão aqui não é de aborrecimento, é de maturidade. Se você não se sente pronta, pode se machucar. Sexo é coisa séria. Deve ser feito com responsabilidade.

— É preciso amor, não é mesmo?

— Não necessariamente. É preciso respeito. Este é fundamental. Com amor, então, fica muito melhor.

— Você acha certo as pessoas transarem sem se amar?

— Acho que as pessoas devem fazer o que têm vontade. Sexo não é pecado, independentemente do sentimento que une as pessoas. Pode ser apenas um desejo, não faz mal. Mas, mesmo que seja apenas desejo, paixão, impulso, deve-se ter em mente que, sem respeito, o caminho final é o da raiva, da mágoa, do ressentimento. Isso não significa que você tenha que ser promíscua, pois, além do risco de doenças, a promiscuidade atrai maus fluidos, destrói a dignidade e dilacera a autoestima.

— Mamãe, você é incrível! — admirou-se ela. — Não sabia que você pensava essas coisas.

— Isso é porque nós quase não conversamos. Mas você pode contar comigo. Sou sua amiga, quero que confie em mim. Vou ajudá-la a atravessar essa fase.

Simone abraçou a mãe, aliviada. Era alguém que a compreendia, que não a pressionaria para fazer ou deixar de fazer o que quer que fosse. Conversar com ela fora uma grande descoberta. Até então, seu relacionamento com a mãe limitava-se ao trivial, rotineiro. Nunca se abrira com Ileana, nunca lhe contara seus problemas. Achava que ela, por ser de outra geração, não a compreenderia. Agora, porém, via o quanto estava enganada. Ileana era mãe, mas era também mulher e amiga.

CAPÍTULO 20

Debruçado sobre a amurada do mirante, Ismael contemplava a deslumbrante vista da montanha e do mar abaixo. Precisava tão desesperadamente falar com Tamara, o mais longe possível de Joyce, que marcara aquele encontro na Mesa do Imperador, próximo à Vista Chinesa, onde nenhum conhecido os encontraria. Ela chegou pouco depois, estacionou o carro ao lado do dele e caminhou em sua direção.

— O que foi que deu em você para marcar um encontro aqui? — perguntou.

— Eu precisava falar com você, mas não podia ser perto de casa. Se Joyce nos vir juntos, não sei o que ela é capaz de fazer.

— Pelo visto, você não conseguiu terminar com ela.

— Não. Ela não lhe contou?

— Não estive com ela.

— Ela recebeu muito mal o rompimento. Fez um escândalo, disse que não aceitaria de jeito nenhum. Ameaçou matar-se, matar a mim e a mulher com quem estou...

— O quê? Ela sabe de nós?

— De nós, não, mas desconfia que eu esteja com outra.

— Você não está.

— Não estou mesmo? Estar apaixonado não é quase a mesma coisa? Não dá mais para aguentar, Tamara. Não consigo parar de pensar em você.

— Nós combinamos que só ficaríamos juntos depois que você falasse com Joyce.

— Mas eu não consegui. Joyce não é uma pessoa normal, é desequilibrada, possessiva. Preciso ir devagar com ela.

— Então, vamos esperar. Quando você conseguir romper esse noivado, talvez possamos ficar juntos.

— Não faça isso comigo, Tamara, pelo amor de Deus! Estou louco por você. Não consigo pensar em nada além de você.

— Mas nós não podemos...

Ele não a deixou concluir. Puxou-a para si, beijando-a com ardor. Ela tentou se desvencilhar, mas o amor falou mais alto. O que sentia por Ismael era tão intenso que lhe tornava praticamente impossível evitá-lo.

— Ismael, por favor — suplicou. — Não faça isso. Vamos nos arrepender depois.

— Não. Eu a amo. Não posso mais reprimir o que sinto.

Beijou-a novamente, estreitando-a o máximo que pôde.

— Joyce jamais irá me perdoar.

— Joyce não precisa saber, ao menos, por enquanto.

— Não é certo enganá-la.

— Também não é certo ela tentar me prender à base de chantagem.

— Você tem que enfrentá-la. Ela vai sofrer no começo, mas vai acabar aceitando. Tem que aceitar.

— Preciso de um tempo. Joyce é uma pessoa difícil e perigosa.

— Você não acreditou mesmo que ela seria capaz de nos matar, acreditou, Ismael?

— Depois do que ela fez comigo no carro, não duvido de mais nada. Como disse, Joyce é desequilibrada, e de pessoas assim, pode-se esperar qualquer coisa.

— Que exagero! Ela pode ter se excedido, mas não acredito que seja uma criminosa.

— Você não sabe do que as pessoas são capazes movidas pelo ciúme. E Joyce é uma mulher ciumenta, ferida em seus brios. Pensa que me ama, só que isso não é amor. Para ela, pouco importa. Tenho certeza de que não medirá esforços para evitar que eu a deixe.

Com os olhos brilhantes de lágrimas, Tamara olhou para ele. Ismael sentia o desespero naquele olhar, o desejo de entregar-se a ele, sufocado pelo medo de magoar a prima. Ele tentou não a abraçar, mas era difícil. A fragilidade dela, aliada ao amor que ele sentia, não lhe deu chance de se conter. Puxando-a com delicadeza, beijou-a gentilmente, transmitindo, naquele beijo, energias vibrantes de seu amor sincero.

O corpo inteiro de Tamara vibrava junto com ele e com seu próprio coração. Não era mais possível reprimir o que sentia, e o que sentia dava forças ao desejo. Envolvida nos braços de Ismael, já não raciocinava direito. Tudo nela irradiava emoção. Só o que queria era estar com ele, para vivenciar, no corpo físico, o amor que lhes inundava a alma.

Envolvidos por aquele sentimento verdadeiro, mas nem por isso, menos culpado, foram para onde podiam entregar-se à paixão. Saciado o desejo, envoltos ainda na aura brilhante do amor, mantinham-se abraçados, tentando não pensar no futuro. Tamara, contudo, acabou por falar:

— E agora, Ismael? Não podemos mais voltar atrás.

— Não quero voltar atrás. Você quer? — Ela meneou a cabeça. — Então, não se preocupe.

— Como não me preocupar? Acabamos de trair a Joyce...

— Não pense no nosso amor como traição. Tentamos fazer a coisa certa. Foi ela que não permitiu.

— Isso não serve de consolo. Sinto-me uma traidora, não tenho como evitar.

Experienciando sentimento semelhante, Ismael tornou a abraçá-la, como se pudesse protegê-la de todo mal. Seus pensamentos se fixaram em Joyce, imaginando o que aconteceria se ela descobrisse sobre eles. Com certeza, a reação seria violenta, descontrolada. Era preciso contar-lhe, sem dúvida, mas de uma maneira que causasse o menor desgaste possível.

Mal sabia ele que, em casa, Joyce se sentia inquieta. Estava muito bem, vendo televisão, quando foi assaltada por uma sensação esquisita. Um sufocamento que não sabia definir, como se um perigo a espreitasse. Sem explicação para tamanha inquietude, logo pensou em Ismael, temendo ser algum presságio de que algo ruim lhe acontecera. Embora dissesse a si mesma que, racionalmente, aquilo não fazia sentido, a sensação insistia em perturbá-la.

— Acho melhor ligar para ele — pensou alto.

Com o celular na mão, digitou o número de Ismael. Aguardou, ansiosamente, que ele atendesse. Na outra ponta, Ismael ouviu o toque do telefone, no entanto, optou por ignorar.

— É a Joyce? — indagou Tamara, ao que ele assentiu. — Não vai atender?

— Não. Atender vai me levar a mentir.

— Tem razão. O que estamos fazendo já é horrível. Inventar uma mentira logo depois de nos amarmos é uma indignidade.

— Não sei se a palavra certa seria indignidade. Digamos, apenas, que eu não me sentiria bem.

Ismael pôs o telefone de lado, mas sua mente agora se voltara para Joyce. Em casa, ela apertava o celular com toda força, irritada por não conseguir falar com o namorado.

— Atenda logo, Ismael, por favor — suplicou.

Deu caixa postal. Ela sabia que ele identificaria o número assim que pegasse o celular mas, mesmo assim, deixou recado. Não satisfeita, digitou uma mensagem, pedindo que ele retornasse a ligação com urgência.

Notando a ansiedade dela em falar com ele, Ismael achou melhor ouvir a mensagem. Colocou o celular no ouvido e pressionou a tecla correspondente, reconhecendo, na mesma hora, a voz desesperada de Joyce:

— Ismael, pelo amor de Deus, onde está você? Estou com uma sensação horrível. Pode parecer besteira, mas, por favor, me ligue para eu saber que você está bem. Amo você.

Em seguida, ouvindo o *bip* sinalizador da entrada de mensagens escritas, leu o texto que ela escreveu: "*Preciso muito falar com você. Estou preocupadíssima. Por favor, ligue para mim. Beijos*".

Transtornado, ele olhou para Tamara.

— Joyce diz que está com uma sensação esquisita — falou. — Acha possível que ela tenha sentido alguma coisa?

— Acho — concordou, assustada. — Ela pode muito bem ter captado algo no ar.

— Mas ela não tem certeza de nada. Não pode ter. É só uma sensação, não é nada concreto.

— Mesmo assim... O que você vai fazer?

— Ligar para ela, para tranquilizá-la.

— Quero ir embora — pediu Tamara, chorosa. — Estou me sentindo péssima.

— Por favor, Tamara, não fique assim. Nós não temos culpa de nos amarmos.

— Não quero falar em culpas. Quero apenas ir para casa.

— Está bem, vamos. Mas primeiro, deixe-me falar com Joyce, ou ela vai ficar me ligando toda hora.

Assim que ela atendeu, foi visível seu desespero:

— Graças a Deus, Ismael! Está tudo bem?

— Tudo ótimo. Por que o pânico?

— Não sei. Tive uma sensação estranha, liguei para você, mas não consegui falar. Por que não atendeu o telefone?

— A bateria arriou. Só quando cheguei ao carro foi que conectei o celular ao acendedor do isqueiro.

— Onde você está?

— Estava na casa de um amigo.

— Que amigo?

— Virou interrogatório, é?

— Não. Só queria saber. — Ela aguardou, mas ele não disse nada. — Não vai me dizer na casa de quem você estava?

— Por que tantas perguntas, hein?

— Por nada.

Perguntar se ela estava desconfiada dele significaria mentir com mais veemência e maior cinismo. Ele não era cínico, portanto, optou por inventar alguém com quem ela não tinha contato.

— Tudo bem, Joyce. Eu estava na casa do Miguel. Você conhece?

— Nunca ouvi falar.

— Viu só por que não queria lhe dizer? Não adiantou nada.

— Quem é esse Miguel?

— Um cara lá da faculdade. Ficou de me emprestar um livro.

— Ah...! E emprestou?

— Sim. Agora, preciso desligar ou vou levar uma multa.

— Está dirigindo?

— Estou.

— Coloque no viva-voz.

Ele não queria que Tamara ouvisse o tom de desconfiança de Joyce, por isso, fingiu que acionava a tecla do autofalante.

— Olhe, Joyce, daqui a pouco estarei em casa — prosseguiu ele. — Espere por mim. Podemos ir ao cinema mais tarde.

— Não quero ir ao cinema. Quero transar com você.

Ele olhou para Tamara com desgosto. Não sentia a menor vontade de fazer sexo com Joyce.

— Resolveremos isso depois. Agora, vou desligar. Beijos.

— Beijos. Te amo.

Ele desligou rapidamente, antes que ela perguntasse mais alguma coisa. Não disse nada a Tamara, nem foi preciso. Tamara remoía o remorso, desejando nunca haver se interessado por Ismael. De mãos dadas, saíram do motel, seguindo em silêncio até a Mesa do Imperador, onde estava o carro dela.

— Quando nos veremos de novo? — questionou ele.

— Não sei.

A vontade dela era dizer *nunca mais*, porém, aquelas palavras não seriam fieis ao que sentia. Ela o abraçou com um desespero controlado, o coração oprimido tentando fugir do peito. Deu-lhe um beijo com sabor de culpa e se afastou.

Vendo-a partir, Ismael quase a seguiu, tentado a estreitá-la novamente. Chegou a entreabrir a porta do carro, contudo, o celular voltou a tocar. Olhando o visor, o nome de Joyce, mais uma vez, se tornou visível. Hesitando entre a vontade e o medo, cedeu a este último. Desviou os olhos de Tamara, respirou fundo e atendeu.

CAPÍTULO 21

Sozinho em seu apartamento, Bruno sentia-se livre para agir como quisesse. Não precisava mais esconder o computador que, embora protegido por senha, não lhe causava mais sobressaltos. Sempre que podia, assistia a vídeos na internet sobre seus ídolos muçulmanos, gravava diários que falavam de ódio, racismo e idealizavam todo tipo de crimes. Inspirado pelos três espíritos que o acompanhavam, captava, sobretudo, as ideias de Sayid, que via se aprimorar, a cada dia, o instrumento de realização do terror para além de sua terra natal. Na intimidade da solidão, chegou mesmo a mudar seu nome para Khalid Sheikh Mohammed, em homenagem ao terrorista considerado o mentor intelectual do ataque às Torres Gêmeas, em 2001, preso na base militar americana de Guantánamo.

Todos os dias, Bruno passava pela escola em que estudara, a caminho do trabalho e na hora do almoço, sempre nos horários em que podia ver os adolescentes que mais despertavam sua ira. A razão de tanto ódio lhe era desconhecida, contudo, servia bem aos interesses de Sayid. Era intenção do espírito incentivar Bruno a explodir uma bomba em algum lugar público, mas a insistência do rapaz em vigiar os adolescentes, estimulada pelos espíritos que conheciam seu passado, acabou sobrepondo-se a seus projetos.

Foi preciso adequar-se. Afinal, estavam no Brasil, um país pacífico por natureza, sem qualquer histórico do comumente chamado terrorismo. Vasculhando a mente de Bruno, além de contar com os esclarecimentos de Omar e Mustafá, Sayid adaptou seu plano de ataque terrorista às sugestões que o menino era capaz de receber, voltadas à vingança de outros tempos. Não era o ideal, mas teria um efeito parecido com o que ele desejava. De uma forma ou de outra, causaria terror, indignação, sofrimento. Não deixaria de ser um ato terrorista, embora sem a projeção esperada. Mas chocaria o mundo, de qualquer maneira, justamente porque se encontravam em um país muito distante da realidade islâmica.

Assim influenciado, Bruno começou a traçar seu plano. A primeira coisa a fazer seria decidir onde agir. A escola lhe parecia a escolha mais óbvia, pois era onde se encontravam os jovens que estimulavam seu ódio. Havia, porém, muitas coisas a considerar para que sua ação fosse perfeita. Bruno usava o computador para registrar todos os seus pensamentos e projetos. Estava absorvido, sem se dar conta do que passava no mundo invisível ao seu redor.

Os três desencarnados, praticamente colados a ele, regozijavam-se com o que ele escrevia e dizia. Presos a um padrão vibratório de baixa frequência, não registraram a mudança energética no ambiente, provocada pela entrada de conhecido espírito de luz. Sua presença somente foi notada quando ele, por vontade própria, reduziu sua própria vibração a um nível que os demais tivessem condições de reconhecer.

De repente, o apartamento abafado de Bruno adquiriu uma atmosfera refrescante, clara, quase agradável. Surpreendidos, os três se voltaram na direção de onde parecia partir toda aquela luminosidade, estacando, perplexos, diante da figura iluminada de Abdul. Sayid quis correr, contudo, suas pernas permaneceram grudadas no chão. Seu espanto só não foi maior porque Omar, reconhecendo o irmão, abaixou a cabeça em sinal de respeito, seguido por Mustafá, que também o conhecia.

— O que é que vocês pensam que estão fazendo? — indagou Abdul, com bondade e rigor ao mesmo tempo.

— Meu irmão — começou Omar, em tom de desculpa —, há quanto tempo não o vemos!

— Mas eu vejo sempre vocês. E estou muito triste com a sua atitude.

— Você é irmão desse etéreo? — desdenhou Sayid, ainda sem conseguir se mover.

— Somos todos etéreos, já que nenhum de nós partilha de um corpo físico — esclareceu Abdul.

— Ele foi meu irmão em minha última existência — explicou Omar. — Meu e de Ibrahim, ou melhor, Bruno.

— Vocês sabem que Ibrahim veio para o Brasil para se desvincular do ódio e do terror. Por que insistem em incentivar suas atitudes daninhas?

— Porque ele agora é meu instrumento — desafiou Sayid, mas foi contido por Omar. — Não estamos fazendo nada que ele não queira. Essas ideias são todas dele. Só estamos partilhando-as com ele.

— Bruno se transformou em assassino e vai matar mais, se não o impedirmos.

— Não podemos impedi-lo. É a vontade dele.

— Se vocês pararem com essa influência, há uma pequena chance de que ele desista.

— Você sabe que ele não vai desistir, velho. Você só está aqui para nos intimidar.

— Não é da minha natureza intimidar ninguém. Prefiro métodos de persuasão mais inteligentes e amorosos.

— Isso não funciona conosco. Somos espertos e não amamos ninguém. Não é verdade, Omar?

Omar assentiu, embora não muito convicto. Guardava ainda o antigo ódio a tudo que não fosse muçulmano, mas a presença de Abdul realmente o intimidava. Não porque ele fosse ameaçador, mas porque a superioridade moral dele realçava sua pequenez.

— Olhe, Abdul, nós respeitamos você — considerou Mustafá, igualmente intimidado. — Mas, sinceramente, não vemos como Bruno possa mudar de ideia. Ele não está fazendo isso por nossa causa. Nós é que nos ligamos a ele por causa do que ele está fazendo. Foi ele que nos atraiu. Estávamos lá longe, na Palestina, quando o pensamento dele nos chamou.

— Vocês tentaram esconder o homem aqui, mas não deu certo — prosseguiu Sayid. — O pensamento dele permanece ligado à nossa terra.

— Sei disso, mas vocês precisam entender que esse tempo passou — ponderou Abdul. — Assim como passou para vocês também. Ele está encarnado, vocês, nem isso conseguiram.

— Quem foi que disse que queremos encarnar? — replicou Sayid.

— Eu bem que gostaria... — Mustafá arriscou timidamente.

— Para quê? — objetou Sayid. — Para voltar aleijado, retardado, miserável ou coisa do gênero?

— Ibrahim não voltou com nenhuma dessas coisas — observou Mustafá. — Goza de perfeita saúde, não é rico, mas também não é miserável. Ganhou uma nova família...

— Mas o pai nem gosta dele.

— Essa conversa não vai nos levar a lugar algum — interveio Omar. — Não posso negar que também gostaria de reencarnar, mas não sei se isso seria conveniente no momento.

— Vocês poderiam discutir isso comigo, em outro lugar — sugeriu Abdul.

— Eu não vou — Sayid foi incisivo. — Pode me prender aqui o quanto quiser, mas uma hora vai ter que me soltar, e aí, vou dar o fora e só voltarei depois que você desaparecer.

— Você não está preso — afirmou Abdul. — É livre para partir agora, se assim o desejar.

As pernas de Sayid, como por milagre, se soltaram. Embora ele as sentisse pesadas como chumbo, não estavam mais presas ao chão. Tinha pena de deixar Bruno sozinho naquele momento, contudo, relutava em permanecer junto a Abdul.

— Vou embora — avisou, carrancudo. — Voltou depois que ele se for.

Sem esperar resposta, Sayid desapareceu, deixando os outros dois sozinhos com Abdul.

— E então? — prosseguiu ele, fitando os espíritos com carinho. — Alguém me acompanha?

— Eu também não vou — disse Omar, não muito convicto. — Até que gostaria, mas Ibrahim precisa de mim.

— Não precisa, não. Ele precisa é de bons conselhos, e não é isso que vocês vêm fazendo. No fundo, você o está usando para extravasar o seu ódio.

— Se eu o estou usando, ele também usa a mim, a nós. Sua vontade ganha forças com a nossa, mas não lhe dizemos nada que ele não queira ouvir. Se nós o estimulamos à vingança, é porque ele, sozinho, pensa em se vingar. E se o seu ódio é tão grande que o leva ao crime, nosso ódio apenas segue junto ao dele, fazendo recrudescer o negrume que se alastra em seu coração. Agimos em simbiose, alimentando uns aos outros com nossas próprias energias. Não criamos nada, não demos a ele nada que ele já não possuísse. Nossos estímulos geram respostas adequadas à índole dele. Não somos nós que o estamos induzindo ao crime. Ele é que se aproveita das nossas faculdades para se fortalecer no desejo de efetivar seus planos criminosos.

Abdul fitou-o com inenarrável tristeza. O que ele dizia era a mais pura verdade, não tinha como contestar. Fora até ali na esperança de tocar os corações de Omar e Mustafá, mas eles estavam tão envolvidos em seu próprio ódio, que dele não conseguiam se desapegar.

— Não vim aqui falar de afinidades — ponderou Abdul. — Vim falar de amor e perdão.

— Para nós, esse ainda não é o momento. Temos uma missão a cumprir.

— Missão equivocada em seus princípios. Você sabe que Alá nunca pregou a violência. Alá é um deus de amor.

— Não me venha com essa, Abdul! Não podemos tolerar a interferência ocidental nos nossos assuntos.

— Pare para se ouvir, Omar. Nós não pertencemos mais a este mundo. Esses conflitos não dizem respeito a nós. Nossa missão, agora, é orar e tentar influenciar os encarnados na busca do equilíbrio e da paz.

— Não é porque desencarnei que abandonei meus princípios.

— Os verdadeiros princípios são aqueles que derivam do amor. Todo o resto é ilusão.

— Chega dessa bobagem! — irritou-se Omar. — Você pode ser meu irmão, mas não manda em mim. E, se quer saber, já estou cheio dessa lenga-lenga. Venha, Mustafá, vamos procurar Sayid.

Mustafá não queria ir, mas não encontrou ânimo para contestar o amigo. Para sua surpresa, as palavras de Abdul provocaram nele o desejo de arriscar-se numa nova vida. Andava mesmo cansado de perambular pelo mundo, um espírito errante sem chance de redenção. Queria uma nova oportunidade, e Abdul lhe acenava com ela. Omar, porém, não lhe permitiria partir.

Com um meio-sorriso, Mustafá despediu-se de Abdul, seguindo Omar através da parede. Abdul ainda permaneceu uns instantes, tentando falar ao coração de Bruno, mas todo o seu corpo vibrava ódio e desejo de vingança. Não foi possível acessá-lo. Abdul energizou o ambiente, espargindo flocos de luz por todo apartamento. Deu um passe revigorante em Bruno, que chegou a sentir uma paz refrigéria, benéfica, tanto que o afastou momentaneamente do computador. Em seguida, certificando-se de que o local estava mais limpo, beijou o irmão encarnado na testa e partiu.

CAPÍTULO 22

A vontade de continuar a gravar o diário no computador desapareceu subitamente. Bruno não pensava mais em seus planos de vingança contra o mundo. De repente, seus pensamentos se voltaram para Tamara. Apanhou o celular e ligou para ela, mas ela não atendeu. Devia ter identificado seu número. Tinha que arranjar um jeito de vê-la. Sua maior chance era a irmã. Com um pouco de sorte, ela e Daniel se encontrariam com ela naquela noite.

A chuva do lado de fora mais parecia um dilúvio, desaguando, impiedosamente, para lavar os males do mundo. Bruno olhava o temporal com fascínio, imaginando os raios desabando sobre seus inimigos. Seria uma glória vê-los fritos pelos relâmpagos. No Brasil, aquilo não era impossível, já que o país detinha o índice campeão no ranking mundial de quedas de raios. Mas que um acidente como aquele atingisse justamente as pessoas que ele desejava, apesar de possível, parecia-lhe muito pouco provável.

Tomou um banho, vestiu-se com apuro e esperou a chuva passar. Satisfeito com sua aparência, logo que deu uma estiagem, partiu para a casa dos pais. Simone ainda estava no quarto, aprontando-se para sair com o namorado. Ele bateu à porta e entrou.

— Oi, irmãzinha — cumprimentou, beijando-a no rosto.

O comportamento dele andava muito estranho ultimamente. Bruno sempre fora arredio, estúpido, grosseiro. De uma hora para outra, porém, dera para agradá-la. Simone atribuía essa mudança ao desaparecimento de seu único amigo. Depois que Átila sumira, Bruno parecia estar mais sozinho do que nunca.

— Oi — respondeu ela, sem se voltar para ele.

— Vai sair?

— Vou.

— Com esse tempo?

— Parou de chover. E depois, Daniel tem carro.

— Vão só vocês dois?

— É. Por quê? Quer ir junto?

— Ah, não. Ficar segurando vela não é legal.

— Você precisa arranjar uma namorada.

— Só uma garota me interessa.

— Quem?

— Tamara.

— De novo com essa ideia?

— O que tem demais? Ela é uma garota como outra qualquer. Ou será que ela acha que é melhor do que eu só porque é rica?

— Não conheço Tamara o suficiente para dizer, mas você sabe que ela não está interessada em você.

— Porque está de caso com o irmão de Daniel, não é?

— Não se meta nisso, Bruno! Não é problema seu.

— Não estou me metendo em nada. Mas imagine se a namorada de Ismael descobrir.

— Só vai descobrir se você contar.

— É lógico que não vou contar! Não sou dedo-duro. Agora, que eles estão se arriscando, isso estão. E se eu saísse com Tamara, faria um bem a ela, afastando-a de Ismael. Você não acha?

— Não acho nada.

— Pense bem, irmãzinha. Por que Ismael tem que ter duas mulheres? Por que não posso conhecer Tamara melhor?

— Ela não gosta de você, Bruno. Dá para entender?

— Ela disse isso a você?

— Não, mas dá para perceber.

— Pois eu só preciso de uma chance para me aproximar dela. Só quero conhecê-la. Por favor, Simone, me ajude. Você sabe que, depois que Átila sumiu, sinto-me muito sozinho.

Ele tocou no ponto fraco de Simone e deu certo. Vendo o ar desolado de Bruno, artificialmente desenhado em seu rosto, ela se condoeu. Convencida de que ele não faria nenhum mal a Tamara, resolveu ajudar.

— Está certo, você me convenceu — falou, afinal. — Vou pedir a Daniel para convidá-la esta noite.

— Isso não adianta. Se ela está envolvida com Ismael, não vai nem me dar a oportunidade de me aproximar dela.

— O que você quer, então?

— O endereço dela.

— Ah, isso não! Não tem nada a ver.

— Por que não? Acha que vou dar uma de louco e ficar à espreita na porta da casa dela? Ou, quem sabe, entrar sorrateiramente para surpreendê-la em seu quarto?

— Sério, Bruno, para que você quer o endereço dela?

— Para arranjar um encontro casual, quem sabe. Um encontro casual e inocente. Eu vou passando pela rua, ela está saindo de casa, e a gente se esbarra sem querer.

— Só isso? — desconfiou.

— Só isso.

— Tem certeza?

— Tenho.

— Hum... está bem. Vou anotar o endereço para você.

— Você sabe onde ela mora?

— Sei. Daniel e eu já a levamos em casa algumas vezes. Só não sei o número do apartamento.

Foi difícil para Bruno conter a ansiedade enquanto Simone anotava o endereço de Tamara. O resultado fora muito melhor do que o esperado. Não imaginava que, naquela mesma noite, teria a oportunidade de revê-la. De posse do endereço, ele rodou nos calcanhares, murmurou um *muito obrigado* ininteligível e saiu apressado, deixando Simone com a impressão de que fizera uma besteira.

Partindo dali, ele tomou um ônibus para a casa de Tamara. Era um edifício grande, bonito, com vários apartamentos. Pensou em perguntar ao porteiro qual seria o dela, mas teve medo de que ele a alertasse e ela chamasse a polícia.

O jeito era esperar. Mais cedo ou mais tarde, ela teria que aparecer. Para azar seu, Tamara não saiu aquela noite. Como Ismael estava com Joyce, ela não sentiu ânimo para nenhuma balada, ainda mais com aquele aguaceiro. Só muito tarde, quando todas as luzes do prédio se apagaram, foi que Bruno resolveu ir para casa.

No dia seguinte, a chuva deu uma trégua. Bem cedo, Bruno estava de novo plantado em frente ao edifício, do outro lado da calçada. Por sorte, era uma rua de movimento, onde um garoto sozinho não chamaria atenção.

Tamara só apareceu no começo da tarde. Bruno comia um sanduíche e tomava uma cerveja em um boteco quando a viu sair de carro. Maldizendo a má sorte, largou o lanche em cima do balcão e correu pela rua, mas não conseguiu chegar a tempo. O jeito era esperar que ela retornasse. Ao menos agora conhecia o carro dela.

*

Tamara guiou até o motel onde Ismael marcara o encontro. Ansiosa por vê-lo, não pensava em outra coisa. O remorso ia cedendo lugar à paixão. Entrou com o carro no motel, estacionando ao lado do automóvel dele, que a esperava na porta. Beijaram-se com ardor, agora totalmente envolvidos pelo amor que já não podiam mais evitar.

— Como estão as coisas com Joyce? — indagou ela.

— Acho que ela está desconfiada.

— Ela fez muitas perguntas?

— Não. E isso é o mais estranho.

— Será que ela não acreditou que você foi à casa de um amigo?

— Pode ser, embora eu não creia muito. Conheço Joyce. Ela pode estar aprontando alguma.

— Como o quê? Contratar um detetive para seguir você?

— Não duvido nada.

— Será que ela seria capaz disso?

— Disso e muito mais. Você não conhece sua prima. Joyce é louca. Mas vamos esquecer dela um pouco. Vim aqui porque estava morrendo de saudades.

— Eu também.

Abraçaram-se calorosamente, entregando-se ao desejo, fruto do amor que os unia. Mais tarde, despediram-se, seguindo cada qual para sua casa. Durante o tempo em que estiveram juntos, Joyce telefonara duas vezes. Ele atendeu as duas, dando a desculpa de que estava correndo na praia, torcendo para que ela não resolvesse juntar-se a ele na corrida.

Tamara dirigiu até em casa como se andasse por um caminho de nuvens, totalmente embevecida pelos momentos que passara ao lado de Ismael. Não podia mais enganar a si mesma. Estava tão apaixonada que não conseguiria mais viver sem ele. Pensava nele quando embicou o carro na garagem, esperando que o porteiro abrisse o portão. Não viu Bruno se aproximar. Apenas ouviu a voz dele, ressoando, desagradável, no seu lado da janela:

— Olá, Tamara. Você mora aqui?

Ela se assustou. Jamais esperaria encontrá-lo ali. Resistindo à tentação de acelerar o carro e deixá-lo falando sozinho, abriu a janela com má vontade.

— O que faz aqui? Está me espreitando?

— Eu? Longe disso. Eu vinha passando quando a vi e resolvi parar para cumprimentá-la. Tem algum mal nisso?

— Passando, sei. A caminho de onde?

— De lugar nenhum. Estava só dando uma volta.

— Tão longe de casa?

— Por quê? Agora é proibido andar pela cidade? Os pobres estão confinados ao subúrbio, para não incomodar os riquinhos da zona sul?

— Não foi isso que eu quis dizer — objetou ela, entre a raiva e a indignação. — Eu apenas estranhei você por aqui, mas é claro que é livre para ir onde quiser.

— Pois é. E veja só aonde minhas andanças me trouxeram. Diretamente até você. Não acha que isso é um sinal de que devemos nos conhecer melhor?

— Não acho nada. E agora, se me dá licença, tenho que entrar. Estou atrapalhando a passagem.

— Não tem ninguém para entrar ou sair. Temos tempo de conversar.

— Sinto muito, mas não vai dar. Uma outra hora.

— Está mentindo — disse com raiva. — Você nunca vai parar para conversar comigo, não é? É boa demais para um pobretão feito eu.

— Não se trata disso, Bruno...

— Você se lembra do meu nome! Veja só. E eu que pensei que você não me dava a menor importância.

— E não dou — afirmou com irritação. — Sei o seu nome porque, por acaso, o namorado da sua irmã é meu amigo.

— E eu? Também não posso ser seu amigo?

— Lamento, mas não será possível. Não gosto de caras arrogantes e grosseiros como você. E agora, com licença. Tenho que entrar.

Ela acelerou, mas ele colocou a mão na janela, dizendo com um ódio soberbo:

— Joyce sabe que você anda se encontrando com o namorado dela?

Ela freou bruscamente, totalmente consumida pela revolta.

— Isso não é problema seu. Não se meta na minha vida.

— Não é minha intenção me meter, a não ser, é claro, que você não me deixe escolha.

— O que quer dizer com isso?

— Converse comigo. Só o que quero é conhecê-la melhor.

— E o que mais?

— Mais nada.

— Jura que é só isso?

— Juro. Não vou lhe fazer nada, prometo. Vamos apenas conversar.

— Onde?

— Onde você quiser.

Ela olhou para o portão aberto da garagem, depois para a câmera de segurança no alto, de onde sabia que o porteiro a observava. Bastaria um simples gesto para que ele surgisse a seu lado e pusesse Bruno para correr. A tentação foi grande, mas ela achou melhor não provocar ainda mais a ira de um homem visivelmente desequilibrado.

— Podemos ir a pé até um barzinho próximo — sugeriu ela, em tom que procurou manter neutro.

— Como for da sua vontade.

— Então, espere até eu guardar o carro. Já volto.

— Eu espero. E, Tamara, sem trapaças, o.k.? Eu não ficaria nadinha satisfeito se você, simplesmente, me deixasse aqui plantado.

Ela sentiu a ameaça velada. Entrou com o carro na garagem, louca de vontade de pegar o elevador e subir para casa. O medo, porém, a fez retornar. Em seu íntimo, sabia que ele seria capaz de prejudicar a ela e Ismael. Havia naquele garoto uma aura de malignidade tão grande que era praticamente um alerta. Bruno era perigoso, muito perigoso.

Não se encontrar com ele, contudo, seria bem mais arriscado. Ao menos ele prometera que só iriam conversar. Iriam a um local público, onde ele não poderia tentar nada contra ela. Com a esperança de que, após aquela conversa, ele a deixaria em paz, Tamara saiu pela portaria, sentindo uma onda de repulsa ao se aproximar dele.

CAPÍTULO 23

Sentados em um quiosque de frente para o mar, Bruno não tirava os olhos de Tamara. Divertia-o ver a ansiedade dela, a impaciência, o desejo velado de estar bem longe dali. Ele pediu duas águas de coco, saboreando cada segundo daquele encontro. Quando o garçom colocou os cocos à frente deles, Bruno puxou seu canudo e sorveu o líquido, estalando a língua com satisfação. Tamara, porém, ainda não tocara no seu.

— Não vai beber a sua? — indagou.

— Não gosto de água de coco — foi a resposta seca.

Bruno sentiu a raiva subir pelo seu peito. Se ela não gostava, por que permitira que ele pedisse? Era, na verdade, um claro sinal de que ela não ligava a mínima para ele. Mesmo assim, procurou não dar mostras de seu desagrado, encarando-a com um sorriso mordaz.

— O que tem feito de bom? — perguntou, de forma casual.

— Nada.

— Tem saído muito?

— Não.

— Você trabalha? — Ela meneou a cabeça. — Estuda?

— Sim.

— Onde? — Ela não respondeu. — Faz faculdade?

— Faço.

— De quê?

Ela suspirou, visivelmente demonstrando sua contrariedade.

— Para que esse interrogatório, Bruno? Por que, na verdade, me chamou aqui?

— Por nada. Como disse, só queria conhecê-la melhor.

— Não o aborrece o fato de que eu não estou interessada em conhecer você melhor?

Ele soltou o canudo e, aproximando bem o rosto do dela, sussurrou:

— Não.

Tamara sentiu uma onda de choque. Confusa, balbuciou:

— Não compreendo...

— Não precisa. Não posso obrigá-la a gostar de mim, mas, infelizmente, para você, tenho meus meios de persuadi-la a sair comigo.

— O que é isso agora? Vai me chantagear?

— Se prefere pensar assim...

— Pois fique sabendo que não sou mulher de ceder a chantagens — enfureceu-se, levantando-se, colérica. — Se quiser, pode ir agora mesmo contar tudo a Joyce. Eu não me importo.

— Será que não? — retrucou ele, impassível. — Não lhe incomoda magoar a priminha querida e provocar um escândalo na família?

— Incomoda-me. Mas me incomoda muito mais permitir-me ser chantageada por você. E quem lhe garante que eu ainda não contei tudo a ela?

— Não subestime a minha inteligência, Tamara. Se você já tivesse lhe contado tudo, não estaria aqui comigo. Acho melhor sentar-se novamente. Ainda temos muito que conversar.

Mesmo a contragosto, ela tornou a se sentar. Estava tão furiosa que seria capaz de esbofeteá-lo. Como era possível que aquele rapazola praticamente imberbe a estivesse chantageando daquela forma?

— Vamos manter a calma — contemporizou ela. — Não quero ser sua inimiga, mas você precisa entender que estou apaixonada por outro.

— Sei disso.

— Se sabe, por que ainda insiste em me perseguir?

— Não a estou perseguindo. Na verdade, estou apenas tentando fazer com que você compreenda a minha posição.

— Que posição?

— Eu quero você — falou, de forma incisiva, sem tirar os olhos dos dela. — E enquanto não conseguir o que quero, não vou descansar.

Mais uma vez, ela sentiu o choque das palavras dele. Aquilo já ultrapassava o limite da sinceridade ou da falta de educação. Chegava agora às raias da loucura.

— Supondo que eu não queira o mesmo que você — retrucou ela, sustentando seu olhar —, o que, exatamente, pretende fazer?

— Você sabe.

— Vai contar tudo a Joyce.

— Talvez. Ou talvez, se isso não bastar, adote medidas, digamos, mais radicais.

— Tipo o quê? Me estuprar?

— Não precisa ir tão longe. Não sou nenhum animal.

Ela suspirou aliviada, sem saber que ele mentia. Para alguém que já matara um amigo, estuprar uma moça não seria nada de mais.

— Você não vê que isso não vai dar certo? — ponderou ela, tentando amenizar o tom de voz. — Se uma garota não gosta de você, o melhor é partir para outra. Você é um rapaz bem--apessoado, não vai ser difícil encontrar alguém que o queira.

— Sou um cara exigente. Não aceito qualquer uma.

— Você cismou comigo só porque eu não gosto de você. Mas pense bem. Sou mais velha, moro longe e estou apaixonada por outro. Não seria melhor uma garota da sua idade, que more próximo de você e seja desimpedida?

— Quanto preconceito! — desdenhou. — Você não quer nada comigo só porque sou pobre.

— Eu não disse isso.

— E nem precisa. É o que está escondido em suas palavras.

— Não está, não.

— Moro longe, não é? Por que não diz logo: no subúrbio, ao passo que você é uma riquinha esnobe da zona sul?

— Pare com isso, Bruno. Não foi o que eu quis dizer, mas se você prefere pensar assim, o problema é seu.

— Tem razão. E, na verdade, não me importo. Não me importo com nada que não seja o meu desejo.

— Você deve ser louco. Precisa se tratar.

— Não brinque comigo, Tamara — rosnou ele, apertando o punho dela com força. — Você não me conhece.

— Nem você, a mim — replicou, puxando o braço e encarando-o, audaciosa.

— Conheço o suficiente.

— Chega dessa conversa — arrematou ela, levantando-se, decidida. — Estou farta de você e de suas ameaças. Quer contar a Joyce, muito bem. Pode ir correndo daqui ao encontro dela. Se quiser, posso lhe dar o endereço. Mas deixe-me em paz. Nunca mais apareça na minha porta, ou chamarei a polícia. Você é um cafajeste, fique longe de mim.

Rodou nos calcanhares, atravessando a rua quase a correr, ao mesmo tempo em que a chuva desabava novamente. Sem se incomodar com os grossos pingos que feriam seu rosto, dobrou a esquina da sua rua e chegou ao prédio em que morava, suspirando, aliviada, quando o porteiro destravou o portão para ela entrar.

— Tudo bem, Dona Tamara? — indagou ele, notando o quanto ela tremia.

— Tudo. Não foi nada.

Ela entrou no elevador toda trêmula, pensando no que iria fazer. Pelo pouco que conhecia de Bruno, bem podia imaginar do que ele era capaz. Ela queria muito que Joyce soubesse, mas queria fazer isso ela mesma. Se um garoto repugnante feito aquele Bruno tomasse a dianteira, Joyce a odiaria pelo resto da vida e, de quebra, colocaria a família toda contra ela. O tio, que a tratava como uma filha, ficaria tão decepcionado que, provavelmente, não se importaria mais com ela.

Havia ainda a questão do desequilíbrio de Joyce, algo que Tamara nunca presenciara, mas que Ismael afirmava ser real. E se ela cometesse alguma loucura? Como poderia se perdoar se algo acontecesse a ela ou a Ismael?

Ao mesmo tempo que Tamara refletia no que fazer, Bruno, ainda sentado no quiosque, fazia-se indagações semelhantes. Suas ameaças, pelo visto, não surtiriam efeito. Talvez ele tivesse ido longe demais. Devia ter sido um pouco mais gentil, contudo, ser amável não fazia parte de sua natureza.

Ao lado dele, seus companheiros das sombras haviam participado de toda conversa e agora trocavam ideias entre si.

— Deixem isso comigo — disse Sayid. — Vou mostrar para vocês a minha boa vontade. Como ele vai me ajudar, vou ajudá-lo também. Enquanto eles conversavam aqui, dei um pulo na casa da tal Joyce.

— Como você fez isso? — perguntou Mustafá.

— Simples. Segui o pensamento de Tamara. Bom, o que importa é que essa Joyce é mesmo desequilibrada. Com a orientação adequada, podemos causar um tumulto danado na vida deles. O que acham?

— E isso vai fazer com que Bruno consiga dormir com Tamara?

— Ela não vai ceder de boa vontade, é claro. Mas depois de infernizarmos a vida dela, ele vai conseguir, de uma maneira ou de outra.

— Não sei, não — duvidou Omar. — Bruno não se lembra, mas eu, sim. Tamara foi uma pessoa importante no passado dele e o traiu vergonhosamente.

— É por isso que, agora, ele tem o direito de se vingar — concluiu Sayid. — Ele e a tal de Joyce precisam se tornar aliados. Vocês vão ver como tudo vai dar certo.

A sugestão foi captada por Bruno, que saiu dali decidido a procurar Joyce. Na certa, a primeira reação dela seria tomar satisfações com Tamara ou Ismael, mas ele a impediria. Juntos, separariam aqueles dois e cada um teria o amor que desejava.

CAPÍTULO 24

Caminhando pela rua, Bruno pensava agora como faria para descobrir o endereço de Joyce. Pedir a Simone seria muito arriscado, pois ela também sabia que Ismael e Tamara estavam juntos. Precisava pensar numa maneira de chegar até ela sem envolver a irmã.

Aproximava-se da casa de seus pais quando notou uma movimentação diferente na rua. Um carro da polícia se encontrava parado um pouco mais abaixo, bem em frente à casa em que Átila vivia. Bruno gelou. Será que haviam descoberto alguma coisa?

Acercando-se vagarosamente, parou em frente ao portão de casa, onde Simone e a mãe observavam o movimento.

— O que foi que houve? — perguntou ele, sem demonstrar qualquer emoção.

— Acharam o corpo de Átila — anunciou Ileana.
— Acharam? — surpreendeu-se. — Onde?
— No matagal atrás do campinho — esclareceu Simone.
— Os pais dele devem estar arrasados — comentou a mãe. — Ainda tinham esperanças de encontrá-lo com vida.
— Átila... — lamentou ele, com fingimento. — Meu melhor amigo se foi. Não posso acreditar.

Ele forçou algumas lágrimas, que se recusaram a cair. Mesmo assim, esfregou os olhos, deixando-os vermelhos e úmidos, como se um choro contido houvesse passado por ali.

— Não fique assim, meu filho — Ileana procurou consolar. — Tenho certeza de que ele está sendo bem amparado por Deus.
— E a polícia vai encontrar o assassino, isso vai — acrescentou Simone.
— Como você pode ter essa certeza? — tornou Bruno.
— A polícia encontra, quando quer — esclareceu Ileana. — Átila era só um menino, esse crime não pode ficar impune.
— Sabe se eles têm alguma pista?
— Por enquanto, não sabemos de nada. Disseram que, com a chuva de ontem, o corpo foi parcialmente desenterrado e o cachorro de um vizinho o encontrou.
— O cachorro?
— Parece até coisa de filme — comentou Simone. — Foi o cachorro do seu Cosme. Ele cavoucou a terra molhada e achou o corpo. Horrível, não é?
— Seu Cosme correu e chamou a polícia. O pai de Átila foi lá no IML[1] e reconheceu o corpo, apesar de já estar em adiantado estado de decomposição.

A mãe e a irmã continuavam falando sobre o horror da morte de Átila, tentando adivinhar quem teria motivos para fazer aquilo. Bruno já não as escutava. Por mais que tentasse aparentar consternação, em seu íntimo vibrava uma certa

1 IML — Instituto Médico Legal.

frieza, acompanhada do medo de ser descoberto. Se a polícia o chamasse para depor, tinha que pensar em como se comportaria.

— Não fique assim — Simone tentava animá-lo, interpretando seu súbito silêncio como dor. — Imagino como você deve estar se sentindo, mas vai passar.

— Ele era meu único amigo — choramingou.

— Eu sei, meu filho — disse a mãe, compreensiva. — Vamos rezar para que a polícia encontre logo o assassino. Ele será julgado e punido pela Justiça, como merece.

Pois sim, pensou Bruno, horrorizando-se só de se imaginar atrás das grades. Jamais permitiria que a polícia colocasse as mãos nele. Entre ir preso e morrer, preferia a morte. Não tinha dúvidas de que, se algo saísse errado e ele fosse descoberto, tiraria a própria vida sem maiores problemas, a exemplo dos homens-bomba, que se suicidavam em nome de uma causa maior. Para a cadeia é que ele não iria, muito menos antes de completar sua missão.

A descoberta do corpo de Átila tirou o sossego de Bruno. A qualquer movimento mais brusco, ele se assustava. O espírito de Átila, impedido pelo trio de sombras de se aproximar dele, continuava vagando por ali, confuso, perdido, evitando os espíritos amigos que procuravam convencê-lo a partir. Escolhera sua própria casa como refúgio, pois o amor e a saudade da mãe serviriam de alimento ao seu desejo de ali permanecer. Mas, ao aproximar-se dela, provocava-lhe lágrimas tão sofridas, que ele, na maior parte do tempo, a acompanhava de longe. Saía, perambulava pelas ruas e só depois voltava para casa, ocupando seu antigo quarto como se ainda vivesse, apesar de saber que estava morto.

Bruno não registrava mais a presença de Átila, embora o pânico que o dominasse fosse bem real. Dois dias depois, foi chamado pela polícia para prestar depoimento. Na delegacia, procurou manter a calma. Revelar angústia exagerada podia levantar suspeitas. O melhor era demonstrar um sofrimento comedido, como se, deliberadamente, o controlasse para não dar vexame.

O interrogatório foi rápido. A polícia, nem de longe, suspeitava dele. Não havia motivos, já que Bruno era seu amigo. Desde a mais tenra idade, estiveram sempre juntos, eram confidentes. Por que razão Bruno mataria Átila? Nenhum dos dois tinha namorada, não havia inveja nem rivalidade entre eles, apenas uma amizade sincera, comprovada por todos que os conheciam.

O que a polícia queria saber, na verdade, era se Átila havia revelado a Bruno algo que pudesse lhes dar uma pista do assassino. Bruno resistiu à tentação de mentir, criando um tarado qualquer, pois isso poderia acabar se voltando contra ele. Se a polícia não encontrasse nenhum tarado acabaria desconfiando que ele inventara tudo, ainda mais porque o exame de corpo de delito atestaria que Átila não fora vítima de abuso sexual. Não. O melhor era insistir que não sabia de nada. Dava menos trabalho e ele não corria o risco de se enrolar nem se contradizer.

— Não sei de nada — afirmou ele, contendo lágrimas invisíveis. — Átila nunca me falou nada de ninguém.

As investigações começaram a caminhar para a hipótese de assalto, já que o celular do garoto havia desaparecido e na carteira não havia dinheiro ou cartão. Como já tinha destruído o cartão, Bruno deu sumiço no celular, enterrando-o bem fundo no quintal, onde nunca seria encontrado. E como, infelizmente, havia tantos ladrões matando por tão pouco, a hipótese do latrocínio foi ganhando força.

A preocupação com as investigações do assassinato de Átila desviou a atenção de Bruno, que não tinha tempo de pensar em Tamara ou em seu plano de vingança. Só alguns dias depois, quando se convenceu de que não era suspeito, foi que retomou seus projetos. Na volta do trabalho, nunca se esquecia de passar em frente ao colégio em que estudara, para observar as adolescentes ruidosas, oferecendo-se aos rapazes como prostitutas.

Vê-las paquerando, se insinuando para os meninos, enchia-o de raiva. E os garotos, ao invés de as colocar em seu devido lugar, davam asas à sem-vergonhice, bolinando-as, cochichando-lhes obscenidades, das quais ele gostaria de participar e nunca se atrevera. Quanto mais presenciava as cenas de namorico adolescente, mais se encolerizava e mais pensava em Tamara. Tinha que possuí-la, pois apenas ela poderia aplacar a fúria que a visão da voluptuosidade daquelas meninas lhe causava. Ou isso, ou a morte.

Foi como se a descoberta do corpo de Átila desvendasse seus instintos, potencializando sua tendência natural para o crime. No fundo, sentia orgulho de sua obra e, mais ainda, do anonimato, da passagem sem suspeitas, de poder falar com a família de Átila, oferecer-lhe seu apoio, como se fosse, ele também, uma vítima daquele horror.

Era um teatro bem armado, indecifrável, que lhe dava imenso prazer. Fingir que sofria quando era o autor do sofrimento, lamentar a perda que ele mesmo provocara, dizer o quanto sentia por um crime de cuja idealização e realização se orgulhava além de qualquer expectativa. Não era tanto o que ele falava que lhe dava satisfação, mas o efeito que causava nos interlocutores, na empatia que lhes passava, na similitude aparente de uma dor que não existia. Era o tanto que enganava sem provocar a mínima desconfiança, o menor temor, a ínfima animosidade.

Esses pensamentos, insuflados pelos três espíritos, deu-lhe enorme sensação de poder. Em casa, visitando sites que discorriam sobre o fundamentalismo islâmico, começou a apressar seus planos. Se ia fazer o que pretendia, tinha que ser para logo. Precisava apenas de um tempo para ajeitar as coisas com Tamara, já que não sabia o que o futuro lhe reservaria.

A primeira coisa era encontrar Joyce, mas como fazê-lo? A sorte, ou melhor, os espíritos das sombras obraram a seu favor.

Com os olhos vidrados nas meninas, Bruno quase não ouviu o toque do celular. Pensou em não atender, mas o nome da irmã, grafado no visor, o fez mudar de ideia.

— Alô? — falou ele, ansioso.

— Oi, Bruno. Tudo bem?

— Tudo.

— Estou ligando a pedido de Daniel. É que sábado é aniversário dele, e ele mandou convidar você.

— Sério?

— Sério. Ele vai passar aqui em casa, para me buscar, às sete e meia. Se quiser carona, esteja aqui nesse horário.

— Claro. Não vou faltar.

— Ótimo. Beijos.

Ele desligou, mal contendo a euforia. Uma festa de aniversário na casa de Daniel seria perfeito. Tamara estaria lá e Joyce também. De um jeito ou de outro, conseguiria o que desejava.

CAPÍTULO 25

Enquanto dirigia a caminho da casa de Ismael, Joyce não parava de pensar no que estaria acontecendo ao namorado. Ele andava cada vez mais distante, já não se amavam mais como antigamente. A frieza e a indiferença pareciam agora ser seus traços mais marcantes, pois Ismael, embora não a destratasse, não possuía mais o carinho de antes.

Ao chegar ao apartamento, a festa ainda não havia se iniciado, e ela seguiu direto para quarto dele. Ismael falava ao celular, mas desligou apressadamente, assim que a viu assomar à porta.

— Olá, querido — cumprimentou ela, forçando um sorriso. — Tudo bem?

— Tudo — respondeu ele, laconicamente, dando-lhe um beijo rápido nos lábios.

— Com quem estava falando?
— Um amigo.
— Que amigo?
— Você não conhece.
— Qual o nome dele?
— De novo com o interrogatório?

Ela abaixou a cabeça, remoendo a raiva. Tinha certeza de que ele falava com alguma mulher. O número ou o nome dela estaria gravado no celular, contudo, Ismael jamais lhe permitiria ter acesso a ele.

— Já está pronto? — ela mudou de assunto.

— Estou. Vamos para a sala?

Chegaram à sala no mesmo momento em que Daniel entrava com Simone e Bruno. Joyce e Ismael o cumprimentaram com distanciamento, mas Bruno esboçou um sorriso mordaz ao olhar para ela. Um leve mal-estar incomodou a moça, que se afastou rapidamente, braços dados com o namorado.

— Não gosto do irmão de Simone — comentou ela. — Ela é legal, mas ele... tem alguma coisa que não me agrada.

— Também sinto isso — concordou Ismael. — Os dois são muito diferentes. Daniel também não gosta muito dele, mas é obrigado a tolerá-lo por causa de Simone.

Os convidados começaram a chegar, desviando a atenção de Bruno. A cada um que entrava, o coração de Ismael se sobressaltava, na esperança de que fosse Tamara. Há pouco falara com ela ao telefone. Apesar de não muito disposta a ir à festa, ele conseguira convencê-la, sob a argumentação de que seria estranho ela não comparecer ao aniversário de um amigo tão próximo.

Mesmo assim, ela não vinha. Ismael não despregava os olhos da porta, circundando o rol de entrada na esperança de vê-la chegar. Nada. Nem sinal de Tamara. Ele tentava se desvencilhar de Joyce, que não desgrudava dele um só instante.

A festa seguia avançada, até que ele não resistiu mais. Aproveitando-se de um breve momento em que Joyce foi ao banheiro, sem saber que era observado de longe por Bruno, Ismael sacou o celular e ligou para Tamara:

— Pelo amor de Deus, Tamara, cadê você?

— Estou chegando.

— Por que está demorando tanto?

— Porque custei a me decidir se devia vir ou não.

— Onde você está?

— Bem em frente a você.

Levantando os olhos, Ismael deu de cara com ela, que acabara de cruzar o umbral da porta. O sorriso que se desenhou em seu rosto foi tão espontâneo que teria despertado a atenção de Joyce, caso ela estivesse a seu lado. Bruno, contudo, o vira. O estômago dele chegou a dar uma reviravolta ao perceber a cumplicidade no olhar dos dois. Teve vontade de esganá-los, mas conseguiu se conter. Joyce agora se aproximava pelo outro lado, sem perceber o movimento rápido de Ismael, que desligou o celular e guardou-o no bolso. Ele se virou no instante em que ela dizia:

— Veja. Tamara acabou de chegar.

Ismael não respondeu. Seus olhos já diziam tudo. Se Joyce desconfiasse da prima, veria, assim como Bruno, o brilho de paixão que neles luzia. Tamara cumprimentava o aniversariante, entregando-lhe um embrulho reluzente. Tentava não olhar para Ismael, embora todos os seus demais sentidos permanecessem ligados a ele.

— Como você demorou, prima! — exclamou Joyce, abraçando-a com efusão. — Pensei que não viesse mais.

— Eu não estava me sentindo muito bem — retrucou ela, o que era verdade.

— O que você tem?

— Nada demais. Apenas um mal-estar.

— Você precisa arranjar um namorado. Essa sua história com Eliezer já deu o que tinha que dar.

— Não penso mais em Eliezer.

— Ótimo. Então, você está pronta para um novo amor. Pena que não deu certo com Daniel, mas há outros rapazes que quero lhe apresentar.

Recusar-se a conhecer outros homens poderia levantar suspeitas. Por isso, Tamara, mesmo a contragosto, seguiu a prima, a caminho das apresentações. Passaram por Ismael, que as observava entre a curiosidade e o desejo de jogar tudo para o alto e estreitá-la na frente de todos. Ela o cumprimentou naturalmente, com dois beijinhos amigáveis no rosto, seguindo Joyce pela sala apinhada de gente.

Aonde iam, os olhos de Ismael as seguiam. Mas não era apenas ele que as acompanhava. Bruno também não as perdia de vista. Mal falava com as pessoas, não se interessava por ninguém a quem era apresentado. Simone tentava introduzi-lo nas conversas, mas ele sempre dava um jeito de se esquivar. De personalidade arredia, detestava festas e aglomerações. Só aceitara ir ao aniversário de Daniel porque tinha um interesse específico: aproximar-se de Joyce como forma de conquistar Tamara.

O ciúme mordiscou o coração de Ismael em vários lugares, ao ver Tamara conversando em uma rodinha, bajulada por um amigo de Daniel. Seu sorriso, aparentemente descontraído, era uma tortura para ele. E cada vez que o rapaz tocava o braço dela, cochichando algo em seu ouvido, Ismael sentia vontade de atirar-se sobre ele e arrancar Tamara dali, mas não podia. Havia muitas coisas em jogo, principalmente, o ciúme doentio de Joyce.

Tamara fingia interessar-se pela conversa do rapaz. Na verdade, mal ouvia o que ele dizia. Sua atenção dividia-se entre Ismael e Bruno, cuja surpresa por vê-lo ali só não foi maior do que o desconforto. Rodeado pelos companheiros invisíveis, Bruno exalava uma aura maligna que Tamara, cuja sensibilidade era resultado das lembranças latentes do passado, captava sem perceber.

A desconfiança parecia uma especial convidada naquela festa, parando para interferir nos pensamentos de muita gente. A exemplo dos demais, Simone também se preocupava. Conhecia bem o irmão para identificar, em seu olhar, aquela sombra de ardileza.

— Por que não se junta a nós? — indagou ela.

— Não estou com vontade.

— Prefere ficar aqui sozinho?

— Prefiro.

— Vamos dançar.

— Não me amole, Simone.

— O que está tramando, Bruno?

— Tramando? Nada. Por quê?

— Conheço você. Está com aquele olhar esquisito de novo.

— Não sei de nada disso.

— Se está pensando em aprontar alguma com Tamara...

— Não estou pensando em nada — cortou com rispidez. — Deixe-me em paz.

— Por favor, não faça com que eu me arrependa de ter trazido você à festa.

O olhar dele foi de profundo desprezo. Contudo, não era aconselhável discutir com ela, para não chamar a atenção dos convivas. Se queria aproximar-se de Joyce, tinha que se manter quieto.

— Não se preocupe comigo, irmãzinha — procurou tranquilizá-la, mudando o tom de voz. — Estou bem. É que não gosto de dançar. Gosto de apreciar o movimento.

— Tem certeza?

— Tenho.

— Não está bebendo, está?

— Não. Você sabe que Alá proíbe bebida alcoólica.

— Alá proíbe...?! — surpreendeu-se ela. — Que novidade é essa agora, Bruno? Você não é muçulmano.

— Não sou por acaso, mas minha alma, é. Nasci no lugar errado.

A seu lado, os três espíritos davam vivas, estimulando ainda mais o fanatismo de Bruno.

— Mamãe e papai não ficariam nada satisfeitos de ouvi-lo falando assim. Somos católicos.

— Este não é lugar para termos essa discussão. E depois, vivemos em um país democrático. Cada um pode ter a crença que quiser. E a minha é o islamismo, a única religião verdadeira do mundo.

— Eu, hein! — finalizou ela, acabrunhada.

Presa de uma desconfiança sem explicação, Simone se afastou, retornando para perto de Daniel, que também os observava. O cruzamento de olhares era significativo, embora discreto. Era como se uns tomassem conta dos outros, sem que ninguém percebesse.

— Aconteceu alguma coisa? — perguntou Daniel.

— Não sei ainda — respondeu Simone, com ar de preocupação. — Bruno está com umas ideias muito esquisitas.

— Você acha que ele está tramando alguma? Acha que ele pode contar a Joyce sobre Tamara?

— Não sei. Mas não é isso. Ele anda com mania de achar que é muçulmano. Pensa que o Islã é o máximo.

— O quê? Que maluquice é essa?

— É maluquice mesmo. Bruno sempre foi apaixonado por tudo que diga respeito ao povo árabe, em especial, o islamismo.

— Não me diga! — indignou-se. — Mas como foi que isso aconteceu?

— Sei lá. Acho que ele vê muita televisão.

— Isso não pode ser sério. Se fosse, ele não aceitaria que um judeu namorasse a irmã dele, e acho que Bruno não tem problema algum comigo, tem?

— Acho que não. E espero que você não fique cismado só porque lhe contei isso. Bruno pode pensar que é muçulmano, mas nossa família é católica.

— Minha querida, não estou nem aí para essas coisas. Vivemos numa democracia. Cada um é livre para escolher a religião que quiser.

— Foi o que Bruno disse.

— E depois, você sabe que a religião islâmica prega o amor e a paz, não sabe?

— A religião, pode ser, mas não sei se é bem esse o caso de Bruno. E se ele for um daqueles jovens aliciados pelos fundamentalistas?

— Não — objetou Daniel, que via ali uma hipótese muito remota. — Eu não me preocuparia com isso. É fogo de palha. E depois, o que ele pode fazer? Aqui, no Brasil, não temos dessas coisas. Com o tempo, isso passa.

Simone não tinha certeza, mas não queria pensar naquilo. Daniel a enlaçou e, sem ser percebido, puxou-a para seu quarto, onde a beijou docemente.

— Hoje é meu aniversário — sussurrou. — Você bem podia me dar um presente...

— Já lhe dei um presente.

— Você sabe do que estou falando.

Gentilmente, ele a deitou em sua cama, acariciando-a com cuidado. À medida que a mão dele descia por seu corpo, Simone lutava contra o inexplicável medo. Queria muito entregar-se a ele, porém, um terror silencioso a impedia de fazê-lo. Tinha certeza de que Daniel a amava, do mesmo jeito que ela o amava, contudo, não conseguia superar aquela sensação de que estava sendo violada.

Junto de Simone, Átila cuidava de transformar o medo dela em pânico. Impulsionado pelo ciúme, falava em abandono, em abuso, até em pedofilia.

— Sou menor de idade — ponderou ela bem baixinho, captando, parcialmente, os pensamentos do desencarnado.

De repente, foi como se uma bomba explodisse no cérebro de Daniel. Afinal, o que ele pensava que estava fazendo, aterrorizando uma criança com sua insistência de sexo? Ele amava Simone, contudo, ela era apenas uma menina, e ele, um homem. Se ele escolhera namorar uma adolescente, menor de idade, tinha que se conformar com a possibilidade de não virem a transar, o que, em última análise, poderia até mesmo comprometê-lo legalmente.

— É isso mesmo — Átila gritou em seu ouvido. — Ela ainda é uma criança, e você pode ser preso por abusar de menores, seu pedófilo!

— Você sabe o quanto a amo, não sabe? — tornou ele, abraçando o corpo trêmulo da namorada.

— Sei — respondeu ela, exibindo nos olhos pequeninas lágrimas.

— Amo tanto você, que posso esperar.

— Como assim?

— Posso esperar, Simone, até que você alcance a maioridade. Pensando bem, não é certo pressioná-la para transar comigo.

— Está falando sério? — Ele assentiu. — Mas como...? E o que você vai fazer quando tiver vontade...?

— Não pense nisso. Para tudo, tem um jeito.

— Você vai dormir com outra.

— Vamos combinar uma coisa?

— O quê?

— Eu não insisto mais nisso com você, e você não me pergunta nada. Feito?

— Você quer a minha autorização tácita para transar com qualquer garota, não é?

— Não é nada disso. Minha intenção é resistir até você alcançar a maioridade e estar pronta.

— Faço dezoito anos ano que vem...

— Eu sei. Dá para aguentar até lá.

— Ah, Daniel, como eu te amo!

— Eu também. E agora, vamos voltar para a sala. Não fica bem o aniversariante sumir no meio da festa.

Assim como os encarnados, os desencarnados presentes se divertiam e tomavam conta uns dos outros. O ambiente não era pesado, havia espíritos de todo tipo, que ali haviam chegado em companhia dos encarnados. Átila viu um homem que imaginou ser o pai de Daniel, pela forma como o abraçara, a ele e a Ismael. Quando chegara perto, a vibração dele o afastara momentaneamente, deixando-o a observá-los de longe.

Entre os convidados, espíritos de toda natureza se misturavam. A maioria, mais festiva, divertia-se dançando e sorvendo os fluidos volatizados do álcool, embora sem prejudicar nem influenciar ninguém. Uma ou outra pessoa, como Bruno, se fazia acompanhar de espíritos empedernidos, que eram vigiados de longe por dois guardiões invisíveis, trazidos pelo pai e os avós de Daniel.

Era uma curiosa festa em dois mundos, que se entrelaçavam sem se tocar. Os desencarnados dividiam o espaço com os encarnados, embora estes não soubessem da presença daqueles. Mas os pensamentos eram percebidos por todos, mesmo que uns não estivessem em condições de reconhecer a quem pertenciam. E eram esses pensamentos que, indiretamente, influenciavam as atitudes de muitos, em especial, as de Bruno.

CAPÍTULO 26

A despeito da movimentação energética, a festa seguia num mar de animação. O avanço das horas transformava as pessoas, e algumas já revelavam visível estado de embriaguez. A facilidade da bebida enojava Bruno de tal forma que, não fosse o interesse maior em Tamara, ele já teria ido embora há muito tempo. Tinha, porém, um objetivo do qual não tencionava descuidar.

— Finalmente consigo pegá-la sozinha — exultou ele, seguindo-a até o banheiro.

— Deixe-me em paz, Bruno — rebateu ela, irritada. — Já disse para não se aproximar de mim.

— O que vai fazer? Chamar a polícia para me prender só porque estou falando com você? E como vai explicar ao seu namoradinho e à sua prima o motivo pelo qual você me rejeita?

— Eu o rejeito porque não gosto de você, não porque estou apaixonado por outro. Ainda que não houvesse ninguém mais na minha vida, não me aproximaria de você.

— Ainda vai se arrepender de tudo isso — rosnou ele, segurando-a pelo cotovelo.

— Solte-me — retrucou ela, puxando o braço com força e entrando no banheiro às pressas.

Ao se virar, Bruno deu de cara com Ismael, que o fitava com irritação. O rapaz se aproximou, demonstrando desagrado com a cena que acabara de presenciar.

— O que pensa que está fazendo? — indagou Ismael, com hostilidade.

— Não estou fazendo nada — Bruno respondeu friamente.

— Por que está assediando Tamara?

— Não a estou assediando. E se estivesse, não seria da sua conta, seria? Que eu saiba, ela não é sua namorada.

— Ela é prima da minha namorada, o que faz dela quase minha prima também. Portanto, é da minha conta, sim.

— Ainda bem que não é quase sua irmã, não é mesmo? Ou você correria o risco de incorrer no grave pecado do incesto.

A mandíbula de Ismael chegou a trincar ante aquela provocação. Ele não sabia que Bruno perseguia Tamara, mas foi capaz de captar a ameaça velada em suas palavras.

Dentro do banheiro, Tamara sentia-se mal. A presença de Bruno era-lhe extremamente desagradável, penosa mesmo. Uma dor nas entranhas, que se revolviam num turbilhão, fê-la correr para não vomitar no chão. Toda trêmula, procurou se acalmar. Em frente ao espelho, retocou a maquiagem, para disfarçar a palidez e as olheiras.

Quando saiu, levou tremendo susto ao encontrar Ismael encarando Bruno, punhos cerrados, pronto a desferir-lhe um murro.

— O que está acontecendo aqui? — questionou ela, aterrorizada, embora já houvesse adivinhado tudo.

— Nada — afirmou Bruno. — Seu namoradinho e eu estávamos apenas conversando.

— Ismael não é meu namorado — rebateu ela.

— Não mesmo. É seu amante...

— Cale essa boca! — rugiu Ismael, agarrando-o pelo colarinho com uma das mãos. — Ou não responderei por mim.

No exato momento em que Ismael ergueu o punho para acertar o queixo de Bruno, sentiu que a mão de alguém o segurava.

— Não faça nenhuma loucura — aconselhou Daniel, fazendo força para conter o irmão. — Venha comigo.

Foi preciso um esforço sobre-humano para Ismael sair de perto de Bruno, que sorria ironicamente. Tamara, por seu turno, aproveitando a interferência de Daniel, afastou-se rapidamente. Com a mão no ombro do irmão, Daniel conduziu-o até o quarto.

— Aquele calhorda — rosnou Ismael. — Fazendo insinuações maldosas sobre mim e Tamara.

— São maldosas, mas ambos sabemos que não são insinuações — ponderou Daniel. — Todos nós vimos você e Tamara se beijando naquele dia, na praia.

Ismael deixou os braços caírem ao longo do corpo, desanimado. A esperança de que eles não houvessem presenciado o beijo acabara de ser desmistificada.

— Aquilo foi um descuido — balbuciou. — Não pensei que vocês tivessem visto.

— Mas vimos. Simone e eu nos calamos porque não temos nada com isso. Mas Bruno, pelo visto, acha que tem.

— Por quê? O que ele ganha com isso?

— Você ainda não percebeu? — Ele meneou a cabeça. — Ele está interessado em Tamara.

— O quê? — indignou-se. — De onde você tirou essa ideia absurda?

— Absurda por quê? Só porque você gosta dela? Para todos os efeitos, Tamara é uma mulher livre.

— Francamente, Daniel, esse rapaz não se enxerga.

— Não tente justificar seu ciúme com o preconceito, meu irmão. Tanto um quanto outro não são bons conselheiros.

— Esse rapaz é uma ameaça! — rebateu Ismael, colérico. — Ele não tem bom caráter.

— Nisso, você tem razão.

— Você não devia tê-lo convidado.

— Ele é irmão da minha namorada. O que você queria que eu fizesse?

— E agora, Daniel? Se ele está a fim de Tamara, como você diz, é bem possível que conte a Joyce que nos viu juntos.

— É bem possível — repetiu Daniel, tentando encontrar uma solução para o desastre que se avizinhava.

— Joyce é ciumenta. Sabe-se lá o que é capaz de fazer.

— Responda-me sinceramente, Ismael. De quem você gosta, realmente? De Joyce ou de Tamara?

Ismael hesitou por uns instantes, até que confessou, aturdido:

— Tamara e eu não planejamos nada, mas acabamos nos apaixonando.

— Então, por que você não se antecipa e conta tudo a Joyce?

— Eu bem que tentei, mas ela não quis me ouvir.

— Não dê a Bruno essa arma. Crie coragem e conte a ela primeiro. Do contrário, você e Tamara vão ficar nas mãos dele.

— Não sei se isso faz sentido. Se ele contar a Joyce, ela pode ficar com raiva, mas há uma grande chance de que nosso namoro acabe de vez. Se Joyce terminar comigo, o caminho ficará livre para Tamara, e Bruno sairá perdendo.

— Olhando por esse lado, até que você tem razão. Mas que Bruno está tramando alguma coisa, está. Só não entendi ainda o quê.

— Talvez ele queira apenas me intimidar, para que eu desista de Tamara e deixe o caminho livre para ele.

— Pode ser, mas não é bom facilitar. Mantenha os olhos abertos.

— Farei isso, Daniel. E obrigado por não comentar nada com Joyce.

— Quanto a isso, não precisa se preocupar. Tanto eu quanto Simone guardaremos segredo. Não é problema nosso. Eu só me preocupo com você.

Abraçaram-se amistosamente, subitamente sentindo-se mais próximos do que nunca. Não era comum aquela camaradagem entre irmãos, algo que o tempo imprimira em suas vidas, como resultado de desavenças passadas. Agora, porém, a cumplicidade os aproximava.

Enquanto os dois conversavam no quarto, Bruno viu uma oportunidade de travar contato com Joyce. Longe de Ismael, foi fácil aproximar-se dela. Ela conversava em uma rodinha de amigos, embora procurasse o namorado com os olhos. Perambulando pela sala, Bruno foi, aos poucos, chegando mais perto. Como quem não quer nada, parou ao lado dela, fingindo interesse na conversa. Apesar de estranhar a presença dele, a educação mandava que Joyce o apresentasse aos demais. Ele cumprimentou as pessoas sem muito interesse, percebendo, exultante, que Tamara os vigiava de longe.

Bruno não trocou uma palavra sequer com Joyce, mas, de forma imperceptível, colocou um bilhetinho nas mãos dela. Notando a gravidade nos olhos dele, Joyce apertou o bilhete. Pediu licença para ir ao banheiro, onde trancou a porta e desdobrou o papel, lendo com avidez:

Tenho informações sobre seu namorado que talvez possam lhe interessar. Se quiser saber do que se trata, não fale nada com ninguém. Encontre-se comigo amanhã, às 16 horas, em frente à pista de skate do Parque Madureira.

Uma euforia incontrolável quase a fez desmaiar. Nem de longe ela pensou que aquele bilhete poderia ser apenas uma pilhéria, mentira ou intriga. Há muito desconfiada da infidelidade de Ismael, tinha agora uma perspectiva de descobrir a verdade. Não simpatizava com Bruno, no entanto, se ele sabia de algo, ela também queria saber.

Joyce deixou o banheiro tentando conter a exaltação. Ismael vinha agora chegando com Daniel, ambos com ar grave e preocupado. Ela olhou ao redor, procurando uma amante em potencial, mas não descobriu ninguém.

— Aonde você foi? — perguntou ao namorado.

— Conversa de irmãos — gracejou Daniel. — Conselhos ao aniversariante.

— Que tipo de conselhos?

— Isso é segredo, sua curiosa.

Deixando-os a sós, Daniel aproximou-se de Tamara.

— Você está bem?

— Estou. Aquele garoto é horrível. Simone é boa pessoa, não sei como foi arranjar um irmão tão nojento.

— Não ligue para ele. Bruno é só um menino. Com o tempo, amadurece.

— Acho difícil. Mas deixe isso para lá. Sua namorada está sozinha. Vá ficar com ela.

Daniel sorriu e apertou as mãos dela, voltando para junto de Simone. Ao passar por Ismael e Joyce, notou o olhar ansioso dele, contudo, não esboçou qualquer reação.

— Cadê o seu irmão? — indagou a Simone, passando os braços ao redor de seu ombro.

— Estava aqui ainda há pouco — respondeu ela, procurando ao redor. — Por quê?

— Ele andou aprontando.

— Como assim? O que ele fez?

— Provocações. Você viu alguma coisa?

— Teve uma hora em que ele se aproximou de Joyce.

— E?

— Nada. Ela o apresentou aos amigos, mas eles nem conversaram.

— Tem certeza?

— Tenho.

— Ele está mesmo a fim de Tamara, não está?

— Acho que sim. Vive falando nela.

— Isso me preocupa. Sei que Bruno é seu irmão, mas ele é bem estranho.

— É verdade. Bruno sempre foi esquisito, arredio, meio maquiavélico.

— Você acha que ele seria capaz de contar a Joyce sobre Tamara?

— Sinceramente, não sei.

— Gostaria de saber onde ele está.

Por mais que procurassem, não conseguiram encontrá-lo. Satisfeito com os resultados obtidos naquela noite, Bruno foi embora mais cedo. Não se despediu de ninguém, nem da irmã. Não queria estragar aquele momento com as perguntas infantis e indiscretas de Simone. Em sua cabeça só havia lugar para uma coisa: o encontro, no dia seguinte, com Joyce.

CAPÍTULO 27

Joyce mal podia esperar para se encontrar com Bruno. Ainda que não compreendesse o que o rapaz tinha a ver com Ismael, imaginava que, talvez, ele tivesse presenciado alguma coisa. Depois de estacionar o carro, entrou no parque e foi direto ao ponto de encontro, um local movimentado e de fácil acesso, o que a agradou. Apesar de tudo, temia um encontro em lugar ermo com aquele jovem de aspecto alucinado.

Há muito Bruno a aguardava, circundando a pista de skate para ver de que lado ela viria. Quando a viu se aproximar, pôs-se à espreita, certificando-se de que ela estava sozinha. Como ninguém a acompanhava, apareceu. Foi ao encontro dela com o ar acabrunhado de sempre. Encararam-se mutuamente, um à espera de que o outro iniciasse a conversa. Mais ansiosa, Joyce se antecipou:

— E então? Que informações você tem que sejam do meu interesse?

Ele a estudou com ironia. Estava diante de uma judia a quem devia detestar, e detestava, mas que, naquele momento, era o instrumento da realização de seu desejo. Era uma moça bonita, vistosa, de uma sensualidade provocante. Sentiu raiva. Mulheres daquele tipo não mereciam o respeito de um homem, e sim, ser colocadas em seu devido lugar de criatura submissa. A muito custo conseguiu conter o ímpeto de segurá-la com força e causar-lhe dor. Não podia se descontrolar, não enquanto Tamara não fosse sua. Depois que conseguisse o que queria, veria o que daria para fazer com Joyce.

— Por que a pressa? — retrucou ele, divertindo-se com a hesitação que ela procurava disfarçar.

— Você me chamou aqui. Falou que tinha algo a me dizer sobre Ismael. Quero saber do que se trata.

— Muito bem. Vejo que você é direta e decidida. Gosto de mulheres assim.

— Por favor, Bruno, não vamos desviar o rumo da nossa conversa. Vim aqui apenas para saber o que você sabe sobre Ismael.

Ele mantinha o ar de divertimento, misturado a um sadismo dissimulado por ver que a estava torturando. Depois de avaliá-la por alguns instantes, nos quais ela sentiu como se ele a despisse, disparou:

— Sei com quem o seu namoradinho anda transando.

Ela levou um susto. Pôs a mão no coração, como se, com isso, o impedisse de disparar ou, ao contrário, evitasse que parasse de bater.

— Como é que é? — tornou ela, incrédula.

— Você ouviu muito bem. Sei com quem ele a está traindo.

Ela não sabia se acreditava ou não, contudo, a curiosidade falou mais alto.

— Com quem? — pegou-se indagando, sem maiores delongas.

Bruno sorriu maliciosamente, um sorriso que entrelaçava desafio a um prazer diabólico.

— Tenha calma — retrucou mansamente, sem pressa. — Você não vai querer pôr tudo a perder, vai?

— Tudo o quê? — tornou, sem imaginar do que se tratava.

— A primeira coisa que preciso saber é se você tem interesse ou não em continuar namorando Ismael.

— Que história é essa? É claro que tenho!

— Para mim, não parece tão claro assim. Se eu lhe disser o nome da vadia, pode ser que você faça um escândalo e estrague tudo.

— Como assim? Não estou entendendo.

— Vai entender. Se você realmente está interessada em manter o seu romance, então, não poderá fazer nada quando souber o nome da garota. Vai ter que fazer o que eu disser.

— Por quê?

— Porque eu estou interessado nela, e se você fizer como eu mandar, nós dois sairemos lucrando. Ismael termina com a garota, deixando livre o caminho para nós dois.

— Entendi — anunciou ela, pesando bem as palavras dele. — Você quer a minha ajuda para afastá-los. É isso?

— Exatamente.

— Como?

— Tenho algumas ideias, mas não posso pô-las em prática sozinho. Por isso, preciso de você.

Durante alguns minutos, ela permaneceu encarando-o, imaginando se teria sangue frio suficiente para, conhecendo a verdade sobre a traição de Ismael, fingir que de nada sabia.

— E se eu não concordar? — replicou ela.

— Então, nada feito. Vai continuar na ignorância e, como sei que você é ciumenta e descontrolada, na certa, irá perder o namorado para a outra.

— O que lhe dá a certeza de que eu vou querer continuar com ele, sabendo que ele me trai?

— Você mesma acabou de dizer. Enquanto ele não souber que você sabe, você pode continuar fingindo que nada aconteceu. Mas se você abrir o jogo, o seu orgulho a levará ao escândalo, e aí, você o perderá de vez. Você é quem decide. Prefere fazer um escândalo e perder o homem da sua vida ou fingir ignorância e reconquistá-lo?

Era uma decisão não muito difícil de tomar. Por mais que Joyce fosse uma ciumenta descompensada, não queria perder Ismael. Bruno tinha razão. Se ela fingisse ignorância, teria como manipulá-lo. Revelando-se, seria obrigada a agir, o que poderia acabar afastando-o de vez.

— Está certo, você me convenceu. Agora, diga-me quem é.

— Não pense que poderá me enganar — avisou ele, entre dentes. — Ou você me ajuda, ou destruo você.

A ameaça foi tão veemente, que ela sentiu medo. Bruno tinha mesmo uma aparência assustadora, ardilosa, cruel, mas ela, até então, não sentira de perto os sinais de sua truculência. Imaginou se estaria tomando a atitude certa, comprometendo-se com um mau-caráter traiçoeiro, que bem podia, no final, deixá-la sozinha, na pior. Mas a curiosidade, a revolta por estar sendo traída e o medo de perder Ismael impulsionaram sua decisão.

— Não precisa me ameaçar — objetou, tentando ocultar o medo. — Meu interesse é o mesmo que o seu. Não quero perder quem amo.

— Muito bem. Prepare-se, então, para uma revelação bombástica.

— Estou preparada. Ande logo, Bruno, fale quem é.

Ele não queria perder um segundo sequer do prazer que sentia com aquela tortura interna. Lamentava ter que fazer a revelação que extinguiria aquele momento de incomparável júbilo, mas não podia protelar mais.

— É sua priminha Tamara — anunciou, triunfante.

Joyce não sabia se acreditava nele ou lhe dava uma bofetada. Em seu íntimo, reconhecia a verdade, pois Tamara andava estranha, esquivando-se de Ismael, evitando olhá-la nos olhos todas as vezes em que ela tocava no nome dele. Por outro lado, Tamara era quase como uma irmã. Mais amiga do que prima, confidente, protegida de seu próprio pai, que a tratava como filha. Seria ela capaz de tamanha traição?

— Não posso crer — balbuciou Joyce. — Não é verdade. Tamara não...

— Se não acredita, é problema seu, vou embora e tudo fica na mesma. Mas pense: por que eu me daria ao trabalho de vir até aqui para mentir para você? O que lucraria com isso?

— Você disse que está interessado na garota — tornou ela, os olhos úmidos, a cabeça confusa. — Isso é verdade? Você está a fim da Tamara?

— É claro que sim. Por que outro motivo eu lhe diria isso? Só para estragar o seu namoro?

— Não pode ser — ela agora chorava, ameaçando descontrolar-se. — Tamara e Ismael... É uma dupla traição...

— No fundo, você sabe que é verdade. Toda mulher sabe quando está sendo traída.

— Eu desconfiava, mas não de Tamara.

— Será mesmo?

— Não sei — desabafou, agora em prantos. — Não sei mais o que dizer ou pensar.

O sofrimento dela não o sensibilizava, não lhe causava nenhum tipo de piedade ou empatia. Até certo ponto, o divertia. Depois, começou a cansá-lo. Ele não tinha muita paciência para frescuras de mulher.

— Bom, o negócio é o seguinte — tornou, com irritação. — Você não pode deixar transparecer seu ciúme. Fique na sua, não diga nada e faça tudo direitinho, como eu mandar.

— Por que você acha que pode separá-los?

— Porque sei o que estou fazendo.

— E se não der certo?

— Não se preocupe com isso. Vai dar certo, sim.

— O que você está tramando?

— Está pronta para me ouvir? — Ela assentiu. — Muito bem. Vou dizer o que você deve fazer.

Durante mais de uma hora, Bruno revelou a Joyce o seu plano. Ela ouvia sem muito entusiasmo, ainda chocada com a descoberta. Não tinha certeza sobre o sucesso de uma empreitada que não soava muito bem planejada. Bruno a chamara de descontrolada, contudo, ele lhe parecia um tanto desequilibrado, quase insano.

Para ele, pouco importava o sucesso ou o fracasso. Disposto a conseguir o que queria, faria o que fosse necessário, com ou sem a ajuda de Joyce. Para uma abordagem pacífica, o concurso de Joyce seria fundamental. Contudo, se não funcionasse, não hesitaria em utilizar métodos mais persuasivos e violentos. Tamara seria sua, nem que, para isso, tivesse que matar novamente.

CAPÍTULO 28

Sentindo-se sufocada, perdida, culpada, Tamara precisava desabafar, e nada melhor do que um grande amigo para escutá-la de forma desinteressada e paciente. Daniel havia se transformado nessa pessoa, e foi para ele que ela ligou, convidando-o para almoçar.

— Preciso muito de um amigo — anunciou ela, evitando encará-lo.

— Estou aqui, Tamara. O que aconteceu?

— Acho que você sabe.

— É sobre Ismael, não é? — Ela assentiu. — Ele já me contou.

— Você deve estar me julgando uma falsa, traidora, mas gostaria que compreendesse...

Ele fez um gesto com a mão, impedindo-a de prosseguir:

— Por favor, Tamara, não diga isso. Não a estou julgando. Nem tenho esse direito. O que acontece entre você e Ismael é problema de vocês.

— Sou grata pela compreensão, mas eu mesma me acho horrível por isso. Apaixonei-me pelo seu irmão, não foi premeditado. Só que Joyce, além de minha prima, é minha amiga. Pode imaginar como me sinto culpada?

— Posso, é claro. Mas entendo que ninguém manda no coração. Você e Ismael não planejaram se apaixonar. Aconteceu.

— Para completar, tem o Bruno...

— Como assim?

— Ainda não percebeu que ele está me perseguindo?

— Eu imaginei. Simone me contou que ele só fala em você.

— Ele cismou comigo. E como sabe do que aconteceu entre mim e Ismael, tenho medo que conte tudo a Joyce.

— Vou dar a você o conselho que dei a meu irmão. Antecipem-se. Contem, vocês, a ela. Será melhor do que Joyce saber pela boca de Bruno.

— Eu queria, mas Joyce é muito instável. Ismael tentou contar e você nem imagina no que deu. Ela fez um escândalo, não aceitou o rompimento. Francamente, não sei o que fazer. Tenho medo de magoá-la.

— Não acha que a magoará muito mais se ela descobrir por terceiros?

— Você tem razão, mas me falta coragem. E é complicado, pois envolve a família. Meu tio é como um pai para mim. Já imaginou como ele vai reagir?

— Talvez ele não se meta nisso.

— Duvido. Joyce e Ismael namoram há muito tempo, e todos esperam que se casem. Vai ser um choque para a família inteira, inclusive a sua.

Nesse momento, o celular de Tamara tocou. Ela pediu licença para atender, fazendo um ar contrariado quando leu o nome de Joyce no identificador de chamadas.

— É a Joyce — falou baixinho e atendeu.

— Olá, prima — disse Joyce, do outro lado. — Está ocupada?

— Não. Estou almoçando com Daniel.

— É mesmo? Está de caso com ele, é?

— O que é isso, Joyce? Daniel é meu amigo.

— Amigo, sei... Bom, isso não é problema meu. Gostaria de saber se você não quer ir ao cinema comigo.

— Cinema, hoje? A que horas?

— Pensei em pegarmos a sessão das quatro.

— Das quatro? Não sei se vai dar tempo...

— Está bem, então. Fica para uma próxima. Tchau.

— Tchau. Um beijo.

Joyce havia desligado antes de receber o beijo.

— Estranho — considerou Tamara.

— O quê?

— Joyce me ligou, convidando-me para ir ao cinema. Como eu disse que achava que não daria tempo, ela simplesmente desligou, sem nem esperar eu acabar de falar.

— E daí?

— Isso não é típico de Joyce. Ela teria insistido primeiro. Foi como se já soubesse a minha resposta e não se importasse. Parece até que o cinema foi uma desculpa.

— Desculpa para quê?

Tamara deu de ombros. Não compreendia. Joyce, contudo, sim. Bruno vigiava Tamara desde bem cedo pela manhã. Dera uma desculpa no trabalho para faltar aquele dia, tomou um táxi e montou guarda em frente ao edifício dela. Quando ela saiu, mandou que o táxi a seguisse. Não foi difícil. Tamara era cautelosa, dirigia devagar. Assim que a viu entrar no restaurante, saltou do táxi para ver com quem ela iria se encontrar, esperando que fosse com Ismael. A surpresa de vê-la com Daniel foi grande, mas serviu bem a seus propósitos, acionando sua mente, que deu início a um plano diabólico. Imediatamente, ele telefonou para Joyce, informando que os dois estavam juntos no restaurante.

— As coisas estão caminhando melhor do que eu pensava. Telefone para ela agora e convide-a para ir ao cinema daqui a pouco. É óbvio que ela vai recusar. Depois, como quem não quer nada, comente o fato com Ismael e não esqueça de ressaltar que os dois estavam almoçando juntos. Ela não vai ter como mentir para Ismael, dizendo que não teve um encontro suspeito com o irmão dele bem no meio da tarde.

Fingir não foi fácil para Joyce. Foi preciso muito autocontrole para que ela não agredisse a prima, mas agora, começava a pensar que valeria a pena. Sabia que ela e Daniel eram amigos, que não havia nada entre eles além de uma forte amizade. Tinha certeza de que aquele encontro para almoço não tinha nada demais, devia ser para uma conversa inocente, um desabafo entre amigos. Ismael, porém, talvez não sentisse da mesma forma. O que diria ao saber que a amante andava se encontrando com o irmão?

Joyce não se sentia bem fazendo aquilo. Gostava de Daniel e não queria prejudicá-lo, todavia, entrara num caminho sem volta. Não apenas pelo fato de que precisava reconquistar Ismael, mas porque Bruno ameaçou destruí-la. Podia ser que aquilo não passasse de uma ameaça infundada, mas algo lhe dizia que não, que Bruno seria capaz de prejudicá-la, e muito, caso não fizesse o que ele pedia.

Impacientemente aguardou até o fim da tarde, quando, então, ligou para Ismael, convidando-o para ir ao cinema. É claro que era uma desculpa, da qual ele se desvencilhou com nervosismo. Ismael não tinha a menor vontade de sair com Joyce, mas sim, com Tamara. Também não era intenção de Joyce enfrentar uma sessão de cinema, porém, não aceitaria, simplesmente, ser rejeitada pelo namorado nem daria a ele a oportunidade de encontrar-se com a prima.

Antecipando-se aos movimentos dele, Joyce tocou a campainha da casa de Ismael tão logo ele chegou da faculdade. Cumprimentou laconicamente a empregada e seguiu direto para o quarto dele, abrindo a porta sem nem sequer bater. Sentado de costas, ele não a viu nem a ouviu entrar.

— Olá, querido — cumprimentou ela, abraçando-o por trás. — Vim buscar você para darmos uma voltinha. Você tem estudado muito. Precisa relaxar.

Ismael ficou lívido. Já tinha sob o dedo o nome de Tamara no celular. Da posição em que estava, Joyce teve apenas um vislumbre da tela do aparelho, mas não foi difícil intuir para quem ele estava prestes a ligar.

— Já disse que não, Joyce — protestou ele, bloqueando o aparelho e virando-se para ela com visível mau humor. — Estou cansado. Hoje ainda é quarta-feira.

— E daí? Tem dia certo para ir ao cinema?

— Não tem nenhum filme que eu queira assistir.

— Tudo bem, então. Podemos ver um DVD aqui mesmo. Olhe só o que eu trouxe!

Ela exibiu um DVD antigo, sabendo que ele não tinha a menor vontade de vê-lo.

— Pelo amor de Deus, Joyce, você sabe que não gosto de filme *noir*.

— Pensei que poderia fazê-lo mudar de ideia, mas tudo bem. Se não quiser, podemos namorar.

Ela se atirou no pescoço dele, remoendo a raiva ao sentir a rejeição em seus braços. Ele a beijou friamente, tentando desvencilhar-se das carícias ousadas que ela lhe fazia. Com esforço, ela se afastou, sentando-se na cama enquanto o observava mexer numa gaveta da cômoda.

— É uma pena que ninguém quis ir ao cinema comigo hoje — comentou, displicente. — Convidei Tamara, mas ela estava ocupada com o seu irmão.

— Meu irmão? — Ele mordeu a isca, deixando-a ainda mais irritada. — O que ela fazia com Daniel?

— Sei lá. Só sei que estavam juntos. Será que estão de caso?

— Daniel tem namorada — comentou, exasperado.

— E desde quando isso é empecilho para um romance? Nunca ouviu falar em traição?

— Daniel não tem motivos para trair Simone. Eles se amam.

— Se você está dizendo... Mas Tamara me pareceu bem empolgada ao telefone.

— Como assim?

— Eu não estava lá, mas tive a impressão de que ela e Daniel estavam se dando muito bem. Acho até uma boa, você não acha? Afinal, foi por isso que os apresentamos.

— Não acho nada — objetou, acabrunhado. — Mas Daniel não faria isso com Simone.

— Até parece. Você é homem, meu bem, sabe como a coisa funciona.

— Não sei de coisa alguma. Nem sei do que você está falando.

— Então não percebeu? Simone ainda é virgem.

— E daí?

— E daí que seu irmão não vai aguentar muito tempo sem transar.

— Você acha que ele e Tamara estão transando? — questionou, horrorizado, subitamente compreendendo aonde ela pretendia chegar.

— Não posso afirmar com certeza, mas tudo indica que sim. Ainda que não estejam namorando, acho que saem de vez em quando. É um bom começo, não acha?

— Como é que você sabe disso, Joyce? Por acaso Daniel e Simone lhe fazem confidências?

— Não. Foi Bruno quem me disse.

Ele ergueu uma sobrancelha, espantado.

— Bruno? Desde quando você e Bruno são íntimos?

— Não somos íntimos. Ele é meio esquisitinho, mas deixou escapar essa no dia da festa — mentiu. — Disse que se preocupava com a irmã, que era muito novinha, ingênua, virgem, etc.

— Ora! Ele pode estar mentindo.

— A troco de quê?

Ele a encarou com raiva, sentindo um despeito crescente consumindo suas entranhas. O ciúme mordiscou seu coração, levando-o quase a se trair. Conseguiu conter-se a tempo e encerrou a conversa:

— Não sei.

Depois disso, fez de tudo para livrar-se de Joyce. Percebendo o porquê da insistência para que ela fosse embora, Joyce obedeceu. Beijou-o alegremente, com uma alegria exagerada que, em outros tempos, ele teria percebido, e despediu-se, certa de que plantara a dúvida em seus pensamentos.

Depois que ela se foi, Ismael pôs-se a andar de um lado a outro no quarto. Consultou o relógio, imaginando se deveria ou não ligar para Tamara. Era tarde, na certa, ela estaria dormindo, contudo, precisava tirar aquela dúvida. Cismado, ligou para o celular dela. Na mesma hora, Tamara atendeu.

— Ismael! — exclamou. — Aconteceu alguma coisa?

— Não. Estou com saudades. Estava dormindo?

— Não. Estou lendo um livro.

— Está tudo bem?

— Está.

— O que você fez hoje?

— Nada de especial. Almocei com Daniel depois da faculdade, fui ao estágio e depois vim para casa.

— Só isso?

— Só. Por quê?

— Teve algum motivo especial para você almoçar com Daniel?

— Teve — ela começou a irritar-se, percebendo a insinuação na voz dele. — Somos amigos.

— Sobre o que conversaram?

— Escute aqui, Ismael — ela cortou, aborrecida —, não estou entendendo o porquê desse interrogatório. Em que, exatamente, você está pensando?

— Em nada... — ele hesitou. — Ou em tudo, não sei. Joyce me contou que vocês almoçaram juntos.

— Sei. Isso, acabei de lhe contar também. E o que tem demais?

— Nada. É que ela falou de um jeito...

— De que jeito?

— Como se vocês estivessem... Você sabe.

— Não sei, não. Pode ser mais claro, por favor?

Ela estava, realmente, começando a zangar-se. Percebendo isso, Ismael se arrependeu de haver telefonado. Estava claro que ela e Daniel não tiveram nada além de um inocente almoço entre amigos.

— Por favor, querida, perdoe-me. É que quando Joyce insinuou que talvez estivesse rolando um interesse entre vocês, fiquei louco de ciúmes. Não suportaria perder você.

— Isso é fantasia da sua cabeça. Daniel e eu não somos nada além de amigos. Ele tem namorada e eu estou apaixonada por você, ainda que isso não lhe dê o direito de me interrogar.

— Desculpe. Não queria parecer paranoico nem possessivo. Você tem razão. Foi bobagem minha. Joyce é quem está imaginando coisas, talvez porque pense que você e Daniel formariam um lindo casal.

— Isso não importa. E depois, você não tem o direito de me cobrar nada. Bem ou mal, você e Joyce ainda estão namorando, dormem juntos e tudo. E eu não posso me relacionar com mais ninguém?

— O que quer dizer com isso? Você sabe que eu evito Joyce o máximo que posso. Não tenho culpa se ela não me deixa terminar o namoro.

— E quem tem culpa? Eu? Por acaso é comigo que ela transa? Não, é com você. E o que você está fazendo a respeito? Nada. Está acomodado, se dando bem com as duas.

— Isso não é coisa que se diga — tornou, magoado. — Você não está sendo justa. Estou tentando fazer a coisa certa, mas não é fácil. Você conhece Joyce tão bem quanto eu. Além do mais, sabe que não estou me dando bem com nenhuma das duas. Eu a tenho evitado, faz tempo que não transamos. Ou você pensa que é fácil transar com ela quando tudo o que quero é ter você em meus braços?

— Sei que não — concordou ela, amenizando o tom de voz. — Mas é que não gosto de ser controlada nem que desconfiem de mim. Não temos nenhum compromisso, é bom que você se lembre. Não enquanto você não resolver sua situação com Joyce. Enquanto isso, peço que não me cobre nada. Posso sair com quem quiser, ainda que com seu irmão, embora, repito, entre nós não haja nada além de uma forte amizade.

Quanto mais ela falava, mais Ismael sentia alargar-se a mordida do ciúme. Enquanto a razão lhe dizia que entre ela e Daniel não havia nada, o ciúme fazia um estrago em sua confiança.

— Você comentou com ele sobre nós?

— Comentei. E nem precisava, uma vez que você já havia feito isso antes de mim. Sem contar que ele nos viu na praia naquele dia. Esqueceu?

— Não.

— Então, qual é o problema?

— Nenhum. Olhe, vamos esquecer esse assunto, está bem? Prometo resolver logo tudo com Joyce, para que possamos assumir publicamente que nos amamos e que estamos juntos.

Ela estremeceu. No fundo, tinha o mesmo medo que ele. A decepção da família incomodaria a ambos, ligados demais ao núcleo familiar para resolver suas vidas independentemente da opinião deles. Sabia, porém, que precisavam enfrentar aquela situação de uma maneira ou de outra. Ainda mais agora, que Ismael estava se tornando ciumento, o que lhe parecia até normal, diante das circunstâncias. Era ele quem estava preso a um relacionamento indesejável, não ela.

CAPÍTULO 29

Parado do outro lado da rua, Bruno olhava fixamente as meninas que saíam da escola. Uma raiva crescente se infiltrava em cada célula de seu corpo, levada por um sangue borbulhante de desprezo e revolta. Tudo isso junto alimentava o ódio que espalhava, em seu íntimo, o desejo de se vingar do mundo.

Alheias aos olhares insistentes de Bruno, as adolescentes riam e se insinuavam para os rapazes, que lhes correspondiam com gestos lúbricos, cochichando obscenidades em seus ouvidos. Ao menos era essa a leitura que Bruno fazia dos movimentos corporais dos jovens. Em sua cabeça, as meninas seduziam os garotos que, por sua vez, lhes sussurravam propostas impronunciáveis, de tão indecorosas que eram.

— São mesmo umas indecentes — disse Sayid, a seu lado. — Você sabe o que deveria fazer para acabar com isso, não sabe?

— E não é só — prosseguiu Omar. — Você não se lembra, mas eu, sim. Por um acaso do destino, reuniram-se todos aqui. Todos os que o traíram um dia estão juntos nessa vida, à espera de uma nova oportunidade para atraiçoá-lo novamente. Você não vai permitir isso, vai?

Eles não me conhecem, Bruno pensou, inconscientemente respondendo à pergunta do espírito. *Não sabem nada de mim, talvez nunca nem tenham prestado atenção na minha existência. Por que será que os odeio tanto?*

— Por isso é que você deve odiá-los. Porque eles não ligam a mínima para você, não se importam, ignoram que você existe pelo simples fato de que se julgam melhores do que você.

Eles não são melhores do que eu...

— É claro que não! — concordou Sayid, aproveitando a deixa para extravasar sua excitação. — Ninguém é melhor do que você. Esses que aqui estão são os ímpios, os imundos que conspurcaram o nome de Alá. Você não quer vê-los triunfar, quer?

Eles não podem me vencer. Preciso dar um jeito de acabar com eles. Mas como?

— Vamos ajudá-lo. Se fizer direitinho o que mandarmos, a vitória será sua.

Um sorriso diabólico se esboçou nos lábios de Bruno. Ele permaneceu ainda fitando as meninas, até que elas se despediram, seguindo, cada qual, para sua casa. Passados alguns minutos, ele foi embora também. Tinha que pensar numa maneira de resolver aquela questão.

Sozinho em seu apartamento, ligou o computador, procurando, em sites de busca, como fazer para comprar uma arma. Assustou-se com a enorme quantidade de ofertas que se abriram na tela à sua frente, mas não se interessou pela maioria, destinada à venda legal de armas de fogo. Insistindo na procura, chegou até sites suspeitos, que ofereciam revólveres, pistolas e até fuzis sem qualquer tipo de fiscalização ou controle.

Era possível fazer a compra pela internet mesmo, mas Bruno sentiu um certo receio. Não conhecia armas, nunca havia atirado na vida. E se fosse enganado, roubado ou morto por um bandido à espera de que algum idiota fosse burro o suficiente para marcar um encontro com ele? Mesmo assim, enviou alguns e-mails, fez contato por redes sociais e aguardou. Muitas foram as respostas, oferecendo seus produtos a preços bem mais em conta do que no mercado legal, com uma vantagem ainda maior: a dispensa do porte.

Bruno hesitava. Não sabia bem se devia confiar naquelas pessoas, porém, não as descartou. Queria ter opções. Continuaria a procurar uma venda segura, mas, se não encontrasse, tinha a quem recorrer.

Para sua surpresa, a solução estava bem mais próxima do que ele poderia supor. Quase em frente ao prédio onde trabalhava, funcionava uma firma de segurança. A todo instante, Bruno via saírem carros de escolta, com homens armados. A firma também fornecia vigilantes para várias empresas, inclusive a sua. Talvez encontrasse ali o que procurava.

Deu-se início, então, a uma nova fase de busca. Pela internet, Bruno descobriu que as empresas de segurança podiam ser legalizadas ou não. Para isso, não bastava que tivessem CNPJ e um alvará de funcionamento. Era preciso, ainda, autorizações específicas, dentre as quais, da Polícia Federal. Não era uma empresa dessas que Bruno buscava. Queria algo que atuasse na clandestinidade, à margem da lei e da vigilância dos órgãos públicos.

Ainda hesitando diante de uma decisão tão séria, Bruno pensou em desistir. Não sabia se faria bem dar início àquele plano. Talvez fosse melhor esperar um pouco mais.

— Não seja estúpido — reagiu Sayid. — A hora é essa. Você já esperou demais.

— É isso mesmo — concordou Mustafá. — Não perca essa oportunidade.

— Eu o trouxe até aqui porque sei que é onde você poderá obter o que procura. Não desista agora.

Subitamente, Sayid desapareceu, deixando os outros dois espíritos atônitos.

— Aonde ele foi? — questionou Mustafá.

— Sei lá — respondeu Omar, olhando ao redor. — Estava aqui agorinha mesmo.

— Olha ele lá!

Mustafá apontou para o outro lado da rua, por onde Sayid vinha caminhando, cochichando algo ao ouvido de um encarnado.

— O que ele está fazendo? — surpreendeu-se Omar.

Com a mesma velocidade com que desaparecera, Sayid tornou a aparecer ao lado deles. Sem esperar por indagações tolas, foi logo dizendo a Bruno:

— Aquele ali é o seu homem. Eu o trouxe até aqui para que você o conheça. Siga-o, vamos!

Bruno hesitou. Captara com facilidade a sugestão do espírito, contudo, uma força oculta parecia tirar-lhe o ânimo. Invisível aos olhos do rapaz e dos próprios espíritos, o bom Abdul tentava dissuadi-lo daquela empreitada. À distância, lançava vibrações luminosas sobre os quatro, que eram muito pouco absorvidas por eles. Sua aura era tão densa que afastava qualquer energia de maior sutileza, bloqueando a aproximação de Abdul e as ondas energéticas que ele, praticamente em vão, tentava neles fazer penetrar.

Mais experiente, Sayid logo percebeu o que estava acontecendo.

— Não interfira! — bradou, irado, ao vento. — Isso não é problema seu.

— Com quem está falando? — questionou Omar, que não via ninguém.

— Tem um espírito de luz por aqui, posso sentir. Ele está tentando dissuadir Bruno de seguir o homem da arma, mas não vai conseguir. Bruno quer fazer isso. Nós estamos apenas lhe dando uma força. Ouviu?

Abdul ouvia e não deixava de lhe dar razão. Estava tentando alcançar o inalcançável. Bruno não guardava a menor sintonia com ele. Sua afinidade era com os terroristas que o acompanhavam. Infelizmente, Abdul não possuía meios de impedir a tragédia que se aproximava, ainda mais porque as vítimas em potencial haviam aceitado vivenciar aqueles momentos tão difíceis. Só lhe restava orar.

Desfeito o tênue elo com o espírito de luz, Bruno captou as vibrações sombrias das três outras entidades que se mantinham junto a ele.

— O que está esperando? — rugiu Sayid. — Vá atrás dele!

Sem nem saber o que o impelia, Bruno se viu andando no encalço do homem. Mantendo uma certa distância, não perdia um passo que ele dava. Quando o sujeito entrou num botequim mal afamado, Bruno entrou atrás dele. O homem se sentou e examinou o cardápio, decidindo-se por um prato de dobradinha. Bruno se aproximou.

— Olá — cumprimentou amigavelmente. — Será que posso me sentar com você?

O homem o olhou com desconfiança. Em sua profissão, aprendera a suspeitar de tudo e de todos.

— O que quer? — tornou, mal-humorado.

— Uma pequena informação e, talvez, fazer negócios com você.

— Não sou negociante.

— Por que esse tom agressivo? Trabalho no laboratório, ali do outro lado da rua.

— No laboratório? — Ele relaxou um pouco. — Ah, sei. É nosso cliente.

— Pois é — disse Bruno, puxando a cadeira e sentando-se. — Embora não saiba por quanto tempo ainda.

— O que quer dizer?

— Estamos enfrentando dificuldades.

— Por quê?

O homem avaliou Bruno, imaginando se podia ou não confiar nele. Decidiu que sim, já que Bruno não tinha cara de polícia nem de fiscal.

— É uma droga — praguejou. — Estou aposentado, preciso de uma grana extra, mas parece que vou perder o emprego. Todo mundo vai.

— A firma está falindo?

— Mais ou menos. O dono é um ex-policial aposentado, assim como eu. Montou essa empresa de vigilância, só que, com tanta burocracia, deixou de lado, digamos, algumas exigências legais... O pessoal contratado, em sua maioria, é de ex-policiais, alguns até expulsos da corporação por corrupção e fraude. Veja bem, não é que o pessoal não seja bom. Todo mundo tem experiência, ninguém é louco de sair atirando por aí, mas a Polícia Federal é uma droga. Quer todo mundo certinho, com porte de arma e tudo. Na prática, não é bem assim. Se formos seguir à risca o que manda a lei, estamos ferrados, além de termos que cobrar uma fortuna pelos serviços.

No fundo, nem o homem sabia por que desabafava com Bruno. Nem sequer imaginava que havia um espírito a seu lado, estimulando-o a se abrir.

— Como você se chama? — perguntou Bruno.

— Maciel. E você?

— Bruno.

— Veja só, Bruno. Sem querer, fui lhe contando o meu problema. Mas diga lá. O que quer comigo?

— Na verdade, você já me deu parte da informação que eu procurava.

— Como assim?

— Queria saber mais sobre a firma em que você trabalha e, talvez, fazer negócios com você.

— Que tipo de negócios? Já disse que não sou negociante.

— Na verdade — ele abaixou a voz, aproximando o rosto do de Maciel —, estou querendo comprar uma arma.

O olhar de Maciel podia ter sido de espanto, mas não foi. Já negociara armas antes, com rapazes ainda mais novos do que Bruno, só que fazia isso com todo cuidado.

— Posso saber por que um jovem como você precisa de uma arma?

— Para minha proteção.

— Proteção de quê? Não vá me dizer que tem medo de assalto, porque não vou acreditar.

— Não se trata disso — tornou Bruno, pensando rápido no que ia lhe dizer. — É que estou sendo ameaçado.

— Por quem?

— Uns caras aí.

— Você não anda metido com drogas, anda?

— Não.

— Na verdade, isso não me importa. É só que não quero virar alvo fácil para traficantes.

— Não se preocupe, não é nada disso. Não sou bandido nem marginal.

— Bom moço é que você não é, não é mesmo? Ou não estaria aí sentado, pedindo a um desconhecido para lhe vender uma arma.

— Não estou pedindo para você me vender, mas talvez você saiba onde eu possa comprar.

Mesmo com o incentivo de Sayid, Maciel parecia hesitar. Sua intuição lhe dizia que podia confiar naquele garoto, contudo, seria muito arriscado ir se fiando logo no primeiro que aparecia. Ele precisava do dinheiro, mas tinha que ser cauteloso.

— Vou ver o que posso fazer — anunciou, por fim. — Não estou prometendo nada, até porque, esse negócio de arma é ilegal, e não sou o tipo de cara que sai por aí infringindo a lei.

— É claro que não — concordou Bruno, guardando para si a ironia.

— Se, veja bem, eu disse: se conseguir uma arma para você, será só porque você me garantiu que é para sua proteção.

— E é.

— Você não vai cometer nenhum crime com ela, vai?

— Já disse que não.

— Muito bem. Deixe um telefone para eu poder entrar em contato com você.

Satisfeito, Bruno deu a ele o número do seu celular. Maciel digitou na agenda de seu próprio aparelho, agradecendo a sorte que lhe favorecia naquele momento de enorme dificuldade financeira. O garoto parecia inexperiente, portanto, seria fácil arrancar-lhe uns trocados a mais. Maciel tinha muitos contatos, conhecia pessoas que lhe venderiam uma arma mais barato, que ele repassaria, quem sabe, pelo triplo do preço.

Tudo acertado, Bruno voltou para o trabalho, igualmente se felicitando pela imensa sorte. Encontrara a pessoa certa logo na primeira tentativa. Tudo parecia caminhar conforme o esperado. Mais alguns dias e poderia, finalmente, executar o seu plano.

CAPÍTULO 30

De vez em quando, sob a justificativa de saber como estavam passando, Bruno ligava para os pais de Átila, oferecendo-lhes sua solidariedade. Sua real intenção, porém, era acompanhar o desenrolar das investigações policiais, que caminhavam num rumo contrário ao dos fatos. O caso parecia sem solução. O menino não havia sido violentado, logo, não se tratava de crime sexual. Não levava dinheiro em seus bolsos, o que fez presumir um possível assalto, embora não parecesse crível que um garoto pobre como ele despertasse a cobiça dos ladrões. Talvez o houvessem matado justamente por isso, porque ele não possuía nada além de um celular sem valor.

A presença da pá, contudo, era um enigma. De onde surgira? Quem a pusera ali? Na certa, nenhum criminoso oportunista sairia arrastando uma pá por aí, esperando surgir uma vítima em potencial para lhe desferir um golpe certeiro. Não. Quem fez aquilo sabia o que iria fazer, premeditara tudo com cuidado. Mas quem poderia ser?

Ouvindo as revelações dos pais de Átila, Bruno sorriu satisfeito. Ele não estava sob suspeita, ninguém desconfiava do melhor amigo da vítima. Não havia digitais suas nem DNA, nem pegadas, nem um fio de cabelo que pudesse identificá-lo. A família toda, que não o vira sair, confirmara que ele estava dormindo na noite do crime. Ele não teria motivo nem oportunidade para matar o amigo. Confiante, Bruno sabia que poderia continuar gozando de sua liberdade.

Só não era mais livre porque se apaixonara por uma mulher que não ligava a mínima para ele. E aquela paixão era, com certeza, uma prisão da qual não conseguia se livrar. Para aplacá-la, só mesmo tendo sob seu jugo o corpo frágil de Tamara.

Sacudindo a cabeça, afastou aqueles pensamentos. Sentou-se à escrivaninha e ligou o computador, reiniciando seu diário pessoal, onde registrava tudo o que sentia, seus desejos, anseios e o plano que começava a se esboçar em sua mente. Tempos depois, cansado, desligou a máquina e foi dormir.

No dia seguinte, saiu para o trabalho mais cedo do que o habitual. Desde que falara com Maciel, passara a madrugar no serviço, na esperança de encontrar-se com ele. Como nunca o via, começou a desconfiar de que Maciel furaria com ele. Engano seu. Ao chegar ao laboratório naquele dia, Maciel já o aguardava.

— Que bom que chegou cedo — anunciou, sem cumprimentá-lo. — Tenho novidades.

— Conseguiu o que eu lhe pedi? — tornou Bruno, ansioso.

— Não foi fácil, mas consegui.

— E então? Quanto vai custar?

— Não vai sair barato.

— Tudo bem, mas quanto?

— Mil e duzentos reais.

Bruno soltou um assobio, espantado com o valor da arma, que Maciel compraria por trezentos reais e venderia pelo quádruplo do preço.

— Tudo isso, cara? Não dá para fazer um desconto?

Notando que Bruno não tinha muito dinheiro, Maciel resolveu dar o abatimento. Era melhor ganhar um pouco menos do que não ganhar nada.

— Acho que consigo convencer o cara a fazer por mil.

— Mil reais... É muita grana, mas tudo bem. Eu topo.

— Está com o dinheiro aí?

— É claro que não. Preciso de um tempo para levantar essa importância toda.

— Você não tem esse valor?

— Tenho, mas está no banco. Preciso sacar.

— Muito bem. Quando, então?

— Podemos nos encontrar hoje à noite?

— Tudo bem, mas tem que ser em um lugar onde não sejamos vistos.

— Onde você sugere?

— Hum... deixe ver... Que tal naquela boca de fumo do outro lado da favela?

— Boca de fumo? — Bruno hesitou.

— Você não quer marcar o encontro num shopping, quer? Tem que ser num lugar onde não levantemos suspeitas. A boca de fumo é legal. Conheço a rapaziada de lá.

— Está bem. Que seja. A que horas?

— Às dez. Pode ser?

— Pode.

— Olhe lá, hein? Não vá furar comigo.

— Não vou furar.

Bruno mal conseguiu trabalhar naquele dia. De tão ansioso, não se concentrava, cometendo erros tão primários que lhe valeram uma advertência do chefe. Nem ligou. Só conseguia pensar no encontro da noite, quando teria em mãos a arma com que transformaria seus sonhos em realidade. Valera a pena economizar. Graças a suas economias, tinha agora o suficiente para pagar pela arma. É certo que esvaziaria a poupança, mas tudo bem. Seria por uma boa causa.

Na hora do almoço, correu ao banco e sacou o dinheiro. Durante o resto do dia, tentou conter a excitação, principalmente para não chamar a atenção dos colegas. Aos poucos, se acalmou, prosseguindo em seu trabalho com uma frieza atroz. Nem parecia que planejava matar alguém.

Ao chegar à boca de fumo, logo avistou Maciel, que dava gargalhadas com um rapaz de aparência suspeita. Era um traficante, na certa. Bruno aproximou-se cautelosamente, torcendo para não estar indo direto para uma armadilha. Não estava. Quando o viu, Maciel despediu-se do rapaz e aproximou-se.

— Bem na hora — elogiou. — Gosto de gente pontual.

— Então, trouxe a arma? — indagou Bruno, quase eufórico.

— Trouxe o dinheiro? — redarguiu imediatamente.

— Está aqui comigo.

Ele bateu a mão no bolso da calça, fitando Maciel com ar desconfiado. O outro sentiu a desconfiança, parecendo divertir-se com ela.

— Passe para cá — exigiu Maciel. — Só entrego a arma com o dinheiro na mão.

— Tudo bem — concordou Bruno, sem saída.

Não havia alternativa senão confiar em Maciel. Mas se ele tentasse fugir com o seu dinheiro, iria se arrepender. Bruno nem sequer desconfiava de que aquilo jamais aconteceria. Maciel era pau-mandado, obedecia às ordens dos *amigos* invisíveis de Bruno sem questionar, gabando-se das ideias que não eram suas. Mal acompanhado, não foi difícil para Sayid travar amizade com os espíritos que o cercavam, induzindo-o a vender a arma.

De posse do dinheiro, Maciel retirou um volume do bolso, envolto em um lenço encardido. Desdobrando-o aos poucos, exibiu o revólver calibre .38, velho, porém, em bom estado. Bruno apanhou-o com cuidado, quase com reverência, o olhar brilhante de expectativa e emoção. Passou-o de uma mão a outra, experimentou a mira, alisou o cano, tudo com a maior veneração. Em seguida, Maciel lhe estendeu uma caixa de munição.

— Você não pediu balas, mas achei que iria querer.

— Obrigado — disse Bruno, esticando os dedos para apanhar a caixa.

— Ainda não — objetou Maciel, retirando a mão. — A caixa de balas não está incluída no preço.

— Pensei que, ao comprar a arma, as balas viessem junto. Afinal, para que serve um revólver sem balas?

— Não é bem assim. São produtos diferentes.

— Não tenho mais dinheiro aqui.

— Tudo bem. Quando você arranjar mais duzentas pratas, as balas serão suas.

— Duzentos reais? Não brinque comigo, Maciel. Fiz um trato com você.

Antes que Maciel protestasse, Sayid reclamou com o chefe dos espíritos que o acompanhavam. O espírito achava graça da esperteza de seu protegido, mas resolveu atender ao pedido daquele árabe mal-humorado, para ver se ele ia embora, carregando seus asseclas.

— Dê logo o que ele está pedindo. Você comprou a arma com as balas incluídas. Já se deu bem levando mais do que o triplo do que pagou.

De repente, Maciel achou que já havia ganhado o bastante. Era melhor não forçar a barra com o moleque, que lhe parecia meio feroz. De uma hora para outra, atirou a caixa de balas aos pés de Bruno e concluiu:

— Tudo bem. Vou lhe fazer um favor. Fica por conta da casa.

Rodou nos calcanhares e sumiu na escuridão. Bruno nem se deu ao trabalho de se despedir. Apanhou a caixa com pressa, correndo de volta para seu apartamento. Sozinho em seu quarto, postou-se diante do espelho, apontando a arma para a própria imagem. Piscou um olho, fingindo que atirava. Assoprou o cano, rodou o tambor, acionando o gatilho para ouvir o clique mágico que produziria. Só faltavam as balas.

Ansioso, carregou o revólver, acariciando-o como um gatinho de estimação, para depois descarregá-lo, tornando a guardar as balas na caixa. Queria divertir-se com sua imaginação, sem correr o risco de atirar em si mesmo por acidente. Trocou de roupa, vestindo calça e jaqueta pretas. Alisou os cabelos, passou perfume e ligou a câmera do computador. Ajeitou-se diante dela, seguindo sua imagem na tela. Feito isso, arma em punho, iniciou uma gravação onde declarava ao mundo tudo o que enegrecia sua alma, terminando por detalhar o crime que pretendia cometer.

O dia estava prestes a nascer quando Bruno, enfim, se deu por vencido. O cansaço o dominou, levando-o a cerrar os olhos no exato instante em que o sol batia na janela. Assim que seu físico adormeceu, seu corpo astral, desligado parcialmente, encontrou-se com Omar, Mustafá e Sayid, que o receberam com um forte abraço.

Felicitavam-se pela vitória que, sabiam, estava prestes a acontecer.

CAPÍTULO 31

Nada mais importava para Joyce além de destruir o caso de Ismael e Tamara. Sentia tanta raiva da prima que mal conseguia encará-la. Tamara a vinha evitando, e ela agora sabia o porquê. Mas precisava ter sangue frio. Se quisesse Ismael de volta, teria que obedecer, direitinho, o plano de Bruno.

Engolindo a revolta, apanhou o celular e ligou para Tamara. Quando ela atendeu, com a voz preocupada e pesarosa, Joyce falou:

— Oi, prima. Tudo bem com você?

— Tudo bem, Joyce. E você?

— Não estou nada bem. Será que podemos conversar?

— Não sei se vai dar...

— Por favor, Tamara. Você é a única com quem posso desabafar.

Movida pela culpa, Tamara não discutiu. Aceitou o convite para encontrar-se com Joyce, mesmo sabendo que sentiria ainda mais o peso da traição se ela falasse de Ismael. Foi exatamente o que aconteceu. Ao se encontrarem num barzinho, mais tarde, Joyce não esperou muito para tocar no nome do namorado:

— Não sei mais o que fazer. Estou desesperada. Acho que Ismael tem uma amante.

— Amante? — gaguejou Tamara.

— Sim, amante. Há muito, ando desconfiada.

— E você sabe quem é?

Joyce encarou a prima, começando a divertir-se com aquela história. A cara de espanto dela, o medo revelado em seu olhar, a ansiedade em sua voz, tudo demonstrava a preocupação de Tamara em ser desmascarada.

— Desconfio, mas não tenho certeza.

— Desconfia de quem?

— Jura que não conta a ninguém? — Ela assentiu, receosa, mas quase certa de que não seria seu nome que ouviria. — Acho que é a Simone.

— Que Simone? — surpreendeu-se. — Namorada do Daniel?

— Ela mesma.

— Fala sério, Joyce! Isso é brincadeira, né?

— Tenho cara de quem está brincando?

— Mas de onde você tirou essa ideia absurda?

— Percebi os olhares que trocaram na festa de aniversário de Ismael. A toda hora, ele arranjava um motivo para se aproximar dela e tocá-la sem que ninguém percebesse.

— Não vi nada disso — retrucou, com certo mau humor.

— Você não estava prestando atenção. Para você até que seria uma boa ideia, porque deixaria Daniel livre, mas não vou tolerar isso. Não vou permitir que aquela franguinha roube o meu namorado!

Ela falou com exaltação, direcionando sua raiva para Tamara, apesar de usar o nome de Simone.

— Acho que você está imaginando coisas — ponderou Tamara. — Simone é apaixonada por Daniel.

— E Ismael? Não é apaixonado por mim?

Havia malícia em sua voz, que Tamara tentou não notar, ignorando o alerta interior.

— É... claro que é... — respondeu, insegura.

— Como é que você sabe? Ele lhe disse alguma coisa?

— Não exatamente...

— Então, como você pode ter certeza?

— Eu não tenho certeza. Quero dizer, acho que sim.

— Engraçado. Ao defender Simone, você parecia bem mais convicta. Não vejo essa mesma convicção quando se trata de Ismael.

Era com um tom mordaz de ironia que Joyce falava. Parecia que estava mandando um recado, mas Tamara insistia em não notar.

— Eu não estou defendendo Simone — desconcertou-se. — É que ela sempre fala que é apaixonada por Daniel.

— E Ismael não fala a mesma coisa de mim, não é mesmo? — Tamara não respondeu. — Foi o que imaginei. Mas também, acho que você não tem tanto contato assim com Ismael, a ponto de ele lhe fazer confidências. Ou tem?

— Não... Quase não nos encontramos...

Era uma mentira que ambas conheciam. Tamara sentiu-se extremamente mal em ter que mentir. Sonsice não era uma de suas características.

— Se ele lhe dissesse alguma coisa, você me contaria, não contaria? — prosseguiu Joyce, deixando Tamara cada vez pior.

— Contaria...

— Mas isso não vai ficar assim. Vou dar um jeito naquela lambisgoia.

— Que jeito? — assustou-se. — O que está pensando em fazer?

— Deixe isso comigo. Vou dar-lhe uma lição que ela nunca vai esquecer.

— Eu, hein, Joyce! Simone é só uma menina. Se quer saber, acho impossível que ela seja amante de Ismael.

— Impossível por quê? Por acaso você sabe quem é?

— Claro que não! Só estou dizendo isso porque não tem nada a ver Simone com Ismael. E depois, você nem tem certeza de que Ismael tem outra.

— Tenho, sim. E é por isso que Simone vai se ver comigo.

— Pelo amor de Deus, Joyce, não faça nenhuma loucura! Você pode se arrepender depois.

— Como você disse, se me arrepender, vai ser depois. Por ora, só o que sinto é raiva.

— Pare com essa besteira e seja sensata...

— Estou sendo — e, levantando a mão, fez um gesto para o garçom, pedindo a conta.

Na saída, Tamara não sabia o que dizer. Temendo pela segurança de Simone, quase contou a verdade à prima, porém, não queria fazer nada sem antes falar com Ismael.

— Pense bem, Joyce — ainda tentou contemporizar. — Você pode estar enganada.

— Então, ela não tem nada a temer. E não se preocupe, querida prima. Não vou matá-la nem nada do gênero. Vou apenas dar-lhe um susto, e vai ser agora.

— Não faça isso...

— Até mais — encerrou, dando-lhe dois beijinhos no rosto. — Conversar com você foi de grande ajuda para mim.

Um táxi parou ao seu sinal. Joyce entrou, acenando para uma Tamara perplexa, parada na calçada, sem reação. Do outro lado da rua, Bruno as viu sair. Tamara seguiu até seu carro, estacionado numa rua lateral, e entrou. Na mesma hora, Bruno apanhou outro táxi, mandando que a seguisse.

Tamara pôs o celular no viva-voz, ligando para Daniel no mesmo momento. Ligou várias vezes, mas ele não atendeu a nenhuma. Na certa, ainda estava no estágio.

— Daniel, por favor — ela gravou uma mensagem de voz. — É urgente. Acho que Joyce vai cometer uma loucura. Ela pensa que Simone é amante de Ismael.

Desnorteada, seguiu para o quiosque que costumava frequentar, em frente à praia. A todo instante, ligava para Daniel e renovava as mensagens, tanto de texto quanto de voz, até que, finalmente, ele atendeu:

— Alô, Tamara, me desculpe, mas só há pouco vi suas mensagens. Meu celular ficou sem bateria.

— Onde você está, Daniel? Estou apavorada...

— Tenha calma — ele cortou, em tom tranquilizador. — Acabei de sair da casa de Simone e posso lhe garantir que está tudo bem.

— Mas você não entende! E se Joyce estiver à espreita, só esperando você sair para fazer alguma coisa com Simone?

— Ela não está, tenho certeza.

— Como é que você sabe? Você foi lá conferir?

— Na verdade, é o que estou fazendo agora. Já dei três voltas no quarteirão, e nem sinal de Joyce. Ou ela desistiu, ou estava inventando coisas. De qualquer forma, liguei para Simone e pedi a ela que não abra a porta, caso Joyce apareça por lá.

— Graças a Deus!

— Você ainda está no quiosque?

— Estou.

— Então me aguarde. Estou indo para aí.

De tão nervosa, Tamara não percebeu o vulto sorrateiro que a vigiava a distância. Sem tirar os olhos dela, Bruno não perdia uma só expressão de angústia e desespero que se delineava em seu rosto. Podia apostar que ela havia ligado para Daniel, que talvez estivesse indo ao seu encontro naquele exato momento. Demorou um bom tempo até que, finalmente, Daniel aparecesse. Exultante, Bruno ligou para Joyce e falou de forma sucinta:

— Foi como eu disse. Ele acabou de chegar.

Sem esperar resposta, Bruno desligou. Na mesma hora, Joyce telefonou para Ismael.

— Preciso falar com você agora! — ela quase gritou. — É urgente!

— Boa noite para você também, Joyce — falou ele, em tom de censura. — Agora não posso, ainda estou no trabalho.

— Pois dê um jeito, se não quiser que eu vá até aí e faça um escândalo do qual você nunca irá se esquecer!

— Tudo bem, tudo bem — concordou ele às pressas, percebendo a gravidade da ameaça. — Onde quer que nos encontremos?

— Naquele quiosque da praia. E não demore!

Ela desligou o telefone, não lhe dando tempo de responder. Ismael não imaginava o que estava acontecendo, mas boa coisa não era. Teria Joyce descoberto alguma coisa? Talvez aquele fosse o melhor momento para lhe contar a verdade e acabar com tudo de uma vez. Se ele não gostava mais dela, ela não podia obrigá-lo a ficarem juntos.

Enquanto isso, Daniel e Tamara conversavam, sem desconfiar de nada.

— Muito bem — disse ele. — Que história maluca é essa de que Joyce acha que Simone tem caso com Ismael?

— Pode ser maluca, mas é verdade. Joyce me disse, com todas as letras, que está desconfiada de que a amante de Ismael é a Simone.

— Joyce endoidou de vez, é? Não vê que isso é um absurdo?

— Foi o que eu disse a ela, que era um absurdo, mas ela não quis me ouvir. Saiu daqui tão convicta, que fiquei com medo. E se ela, realmente, fizer algum mal a Simone?

— Sabe o que eu penso? — Ela meneou a cabeça. — Que Joyce é desequilibrada, mas não é estúpida. Para mim, ela está tramando alguma coisa, mas não tem nada a ver com Simone.

— Como assim?

— Não sei... Algo que me passou pela cabeça. E se ela estiver apenas disfarçando, para desviar a atenção de seu real objetivo?

— Não estou entendendo. Você acha que ela usou Simone como desculpa?

— Como isca. Acho que, no fundo, no fundo, ela sabe que Simone não tem nada a ver com essa história.

— Mas por que ela faria isso?

— Não sei. Para pegar você, talvez.

— Me pegar? Será que ela sabe que é comigo que Ismael está?

— É uma possibilidade que me ocorreu. Não faz o menor sentido Joyce desconfiar de Simone. Agora, de você... Existe uma grande possibilidade de que ela tenha descoberto a verdade.

— Mas como? — ela indagou e ela mesma respondeu: — Bruno.

— Exatamente.

— Meu Deus, e agora?

Ela chorou baixinho, e ele apertou as mãos dela.

— Não fique assim — pediu ele, com carinho e amorosidade. — Tudo vai acabar bem.

— Não sei, Daniel. Eu nunca menti na minha vida, e agora me vejo contando uma mentira atrás da outra.

Com as lágrimas se intensificando, ela procurou compensar a agonia se agarrando às mãos do amigo, que apertava entre as suas, em sinal de aflição. Foi nesse exato instante que Ismael apareceu. Já de longe, avistou os dois. Procurou Joyce, mas não a encontrou. Seus olhos se fixaram no casal sentado a uma mesa. Ela, com o rosto contorcido, nitidamente em lágrimas, e ele, apertando suas mãos. Na mesma hora, o sangue subiu-lhe à cabeça. Ismael sentiu vontade de arrancar Tamara dali e dar um murro no irmão. Esqueceu-se até de Joyce, aproximando-se deles com os punhos cerrados.

— Posso saber o que significa isso? — disparou, irado.

— Ismael! — surpreendeu-se ela, imediatamente puxando as mãos. — O que está fazendo aqui?

— Pergunto-lhes a mesma coisa. O que estão fazendo juntos, de mãos dadas? E você, Tamara, por que está chorando?

— Tenha calma, Ismael — pediu o irmão, levantando-se para pôr a mão em seu ombro.

— Não encoste em mim — rugiu o outro, esquivando-se com fúria.

— Por Deus, Ismael, acalme-se — suplicou Tamara. — Não pense besteira.

— Que besteira estou pensando, hein? Que vocês dois estão me traindo?

— Não é nada disso — contrapôs Daniel. — Tamara e eu estávamos apenas conversando.

— Eu vi — desdenhou. — E, pelo visto, a conversa era bastante agradável. Ou não...

— Você acha mesmo que, se estivéssemos traindo você, iríamos nos encontrar justo aqui, tão perto de casa?

Ele hesitou, mas o ciúme é danado para apagar a razão.

— Não me venha com essa — retorquiu, furioso. — Não sou nenhum idiota. Vi bem vocês dois de mãos dadas.

— Nós não estávamos de mãos dadas — Daniel tentou explicar. — Tamara estava chorando, e eu quis apenas confortá-la.

— Chorando por quê? Porque não sabe como me dizer que agora seu interesse é no meu irmão?

— Você está sendo injusto, Ismael — tornou Tamara, magoada. — Daniel é meu amigo. Vim aqui falar com ele sobre Joyce.

— Essa é boa! Desde quando Daniel tem alguma coisa a ver com Joyce? Podia ter arranjado uma desculpa melhor, Tamara.

— Não é desculpa. Joyce me procurou, afirmando que sabia quem era sua amante. — Ele titubeou, dando-lhe a chance de prosseguir: — Disse que desconfiava de Simone, que ia lhe dar uma lição. Eu só quis alertar Daniel e evitar uma possível tragédia!

Observando-os de longe, Joyce achou que já era hora de aparecer. Não ouvia o que diziam, mas Ismael parecia agora hesitar. Mais que depressa, atravessou a rua, indo juntar-se a eles.

— Ora, ora, mas que maravilha! — exclamou, animada. — Encontro de casais!

Foi uma perturbação geral. Ismael sentia tanta raiva que nem notou que a irritação revelada mais cedo na voz da namorada havia desaparecido, dando lugar a uma ironia mordaz. Na mesma hora, Tamara trocou um olhar de compreensão com Daniel. Ele tinha razão. Não era de Simone que Joyce desconfiava, mas dela. Tudo não passara de uma armadilha montada para colocar Ismael contra ela.

— Você não ia ao encontro de Simone? — indagou Tamara subitamente, mal contendo a indignação.

— Eu?! — replicou Joyce cinicamente. — Por que faria isso? Para contar que você e Daniel, finalmente, se acertaram?

Tamara emudeceu. O sentimento de culpa parecia mais forte do que a indignação e a revolta, levando-a a um estado de passividade flagrante. Precisava se defender, contudo, não tinha coragem. No fundo, achava que merecia aquilo, como um castigo pela dupla traição.

— Já disse mais de mil vezes que Tamara e eu somos apenas amigos — contestou Daniel. — E você, Joyce, o que está fazendo aqui? Não falou para Tamara que ia fazer sei lá o que com Simone?

— Preferi conversar com Ismael primeiro — justificou ela, dando uma leve mostra de confusão. — E posso saber por que vocês dois estão sendo tão agressivos comigo? O que foi que eu fiz?

— Não estou entendendo — objetou Ismael, percebendo a contradição. — Você ia ou não ia encontrar-se com Simone?

Ela vacilou, mas respirou fundo e respondeu com uma firmeza forçada:

— Ia, mas mudei de ideia.

— Posso saber por que ia fazer isso? — Ismael quis saber.

— Por nada. Tamara me fez ver que eu estava enganada.

— Enganada por quê? Por achar que Simone era minha amante? Ora, Joyce, francamente!

— Eu sei, foi bobagem minha. Não tenho com que me preocupar, ao contrário da pobre Simone. Ela, sim, é que está perdendo o namorado para Tamara.

— Isso não é verdade! — protestou a outra, já bastante irritada, louca para revelar tudo.

— Não? Não é o que parece.

Ismael não sabia o que pensar. A atitude de Joyce era muito estranha. Ela parecia displicente e irônica demais. Talvez Daniel e Tamara tivessem razão.

— Chega, Joyce, não aguento mais! — explodiu Tamara. — Daniel e eu não temos nada um com o outro, e você sabe disso! Quem está saindo com o seu namorado sou eu!

Foi um choque ouvir aquela revelação. Não era isso que Joyce esperava. Exposta a verdade, ela não tinha mais como fingir. Ismael, por sua vez, ficou mudo de espanto, esperando uma reação bombástica de Joyce, que não veio. Ela, naquele momento, sentia-se confusa, perdida, abandonada. Os olhos transbordaram de lágrimas ressentidas, o peito arfou com a dor daquelas palavras. Não dava mais para enganar. Só o que lhe restava agora era fugir.

CAPÍTULO 32

Do outro lado, oculto entre os carros, Bruno acompanhava tudo, impaciente porque não podia ouvir o que diziam. Pelos gestos e feições, tinha uma ideia. A conversa devia estar fervendo. Se Joyce fizesse tudo direitinho, ele poderia estar presenciando o fim do romance nefasto de Tamara e Ismael.

Foi com espanto que viu Joyce disparar pela rua, abandonando o plano, aparentemente, inacabado. Sem saber se permanecia ou se ia atrás dela, resolveu segui-la. Avistou-a logo à frente, fazendo sinal para qualquer táxi que passasse. Por sorte, vinham todos cheios, dando-lhe tempo de alcançá-la.

— O que deu em você? — esbravejou, segurando-a pelo braço. — Por que saiu correndo daquele jeito?

— Solte-me, Bruno, não adianta! Está tudo perdido.

— Como assim? O que quer dizer?

— Tamara contou a verdade. Agora, não tenho mais como fingir. Perdi Ismael para sempre.

Aquilo não era importante. O que importava era que ele perdera Tamara para sempre. Agora livres, ela e Ismael não tinham mais por que se esconder.

— Judia maldita! — vociferou, dando-lhe um tapa no rosto. — É nisso que dá confiar em mulher, ainda mais judia!

Enquanto xingava, Bruno continuava a bater. Só parou quando alguém gritou que ia chamar a polícia. Assustado, ele a largou no chão, correndo rua abaixo, enlouquecido. Não podia ir preso. Os transeuntes ajudaram Joyce a se levantar, aconselhando-a a ir até uma delegacia.

— Não quero — objetou ela. — Seria humilhação demais.

Arrasada, voltou para casa a pé. Não tinha forças nem para tomar um táxi. Tentou ligar para Ismael, mas ele não atendeu. Pensou em voltar ao quiosque, contudo, a vergonha a impediu. O que faria agora para ter Ismael de volta?

Ainda no quiosque, os três permaneciam estáticos, mudos, assustados. A revelação fora tão rápida que nem tiveram tempo de refletir nas consequências. Quem primeiro falou foi Daniel:

— E agora?

— E agora, nada — respondeu Ismael. — Joyce está ficando louca. Armou tudo isso só para afastar Tamara de mim.

— Isso não faz com que eu me sinta melhor — objetou ela. — Não sei se me precipitei. Talvez devesse ter ficado calada, só que não aguentei mais. Ela estava tentando nos destruir, e eu perdi a cabeça. Perdoe-me, Ismael.

— Não precisa pedir perdão. Você não fez nada de errado. Eu é que não devia ter permitido que as coisas chegassem a esse ponto.

— Foi melhor assim — confortou Daniel. — Joyce vai sofrer, mas vai ter que aceitar.

— Meu medo é que ela faça alguma loucura — considerou Ismael.

— Também tenho esse medo — concordou Tamara.

— Pois eu, não — discordou Daniel. — Joyce gosta de ganhar na base do grito. Já viu que funciona com Ismael, por isso, dá uma de desequilibrada. No fundo, não sei se ela é tão louca assim ou se finge para obter o que quer.

— Para nós, foi melhor — observou Ismael. — Agora podemos assumir que nos amamos.

— Teremos que enfrentar as famílias — afirmou Tamara, desanimada.

— Enfrentaremos. Se nos amamos, os outros vão ter que aceitar. Se não aceitarem, paciência.

Apesar do sofrimento, Ismael e Tamara sentiam-se aliviados. Carregar aquele peso estava se tornando insuportável. Até Daniel ficou satisfeito, pois a desconfiança do irmão também chegara ao fim.

Apenas Bruno se remoía de raiva. Não podia permitir que aquele bando de judeus saísse vencedor. Tamara lhe pertencia por direito, ele podia apropriar-se do que era seu. Sem querer, misturava vidas passadas com a atual, fazendo refletir em Tamara o ódio que carregava desde quando fora traído pelas mulheres de seu harém.

A seu lado, invisíveis, os três espíritos continuavam açulando seu ódio. De tal forma transtornado, Bruno apanhou a arma e ligou a câmera do computador, fazendo poses, gritando frases de ódio, fingindo que atirava em alvos imaginários.

— Vou acabar com toda essa raça — rugiu.

— Isso mesmo — estimulava Sayid. — Vamos logo com isso. O tempo urge. Precisamos nos preparar para o grande dia.

A vibração de ódio era tão intensa, que ergueu uma barreira densa ao redor de Bruno, impedindo a penetração das ondas de paz que Abdul lhe enviava. Era preciso tentar, uma vez mais, demover o rapaz de seu plano sinistro. O malefício que iria gerar causaria repercussão mundial, o que não seria bom para ninguém, principalmente para ele, que carregaria na alma o peso do ódio, da revolta, da indignação.

Decidido a ajudar no que fosse possível, Abdul entregou-se à oração, pedindo forças para, ao menos, fazer-se perceber por Bruno. Aos poucos, seu padrão vibratório foi diminuindo, tornando-se menos intenso, com menos irradiações de luz, até que chegou ao ponto em que ele praticamente se *esvaziou* da sutileza de sua energia. A experiência era-lhe penosa, contudo, necessária.

Sem as ondas próprias da luz que dele irradiava, não houve rejeição de sua presença por parte do ambiente. Não é que sua vibração modulasse com a do local. Ele simplesmente conteve a radiação de seu corpo fluídico, impedindo-a de se propagar e se chocar com a energia espessa que gravitava ao redor de Bruno. Com isso, pôde passar, fazendo-se visível não apenas aos três espíritos das sombras, mas ao próprio rapaz.

— Quem... quem é você? — balbuciou Bruno, aterrado. — Como entrou aqui?

— Você me conhece — disse Abdul. — Já nos encontramos antes, e não faz nem tanto tempo assim.

— Sim... Sua fisionomia não me é estranha. Já o vi por aqui antes. Creio até que falou comigo, mas me esqueci.

— Você se esqueceu porque aqueles que agora vivem com você o ajudaram a esquecer.

— Ninguém vive comigo.

— Isso não importa. Vim até aqui hoje para conversar com você.

— Veio de onde?

— Como você já percebeu, não estou encarnado. Sou um espírito.

— Um fantasma, você quer dizer?

Estranhamente, o temor de Bruno foi aos poucos se dissipando. Havia algo no semblante daquele homem que inspirava confiança, ternura, paz, coisas com as quais não estava familiarizado, mas cujo resultado benéfico podia sentir.

Assustados e magnetizados, os espíritos densos não conseguiam intervir. Nem sequer podiam falar ou se mover. A força invisível de Abdul os induzira a uma prisão temporária, a fim de que ele pudesse conversar com Bruno sem interferências indesejáveis.

— Tornar-me visível para você requer um grande esforço por parte de nós dois — esclareceu Abdul. — Tive que aproveitar uma grande quantidade da sua energia para despertar sua sensibilidade astral, de forma a favorecer a visão mediúnica. E confesso que estou me sentindo enfraquecido, cercado por tamanha rigidez de sentimentos. Por isso, vamos direto ao assunto. Não vejo motivo para delongas.

— Não sei se compreendo bem o que você está dizendo, mas tudo bem. Fale.

— Você está prestes a dar um grande passo. Vai desencadear uma malignidade que não mais poderá conter. Por muitos anos, sua alma irá perambular, perdida, rondando pelos escombros do pior submundo que sua mente é capaz de criar. É isso que quer para você?

— Está dizendo que vou para o inferno?

— Se é assim que você entende...

— Eu não me importo. Acho até que o inferno deve ser um lugar bem legal para um tipo feito eu.

— Está enganado, Bruno. O astral inferior é cheio de sofrimento e amargura. Não é um templo de promiscuidade, onde as almas impuras podem se entregar a seus vícios à vontade. Isso é fantasia criada pela sua mente.

— E daí? O que isso importa a você?

— Quero o seu bem, assim como o de todos que você irá atingir. Eles não precisam passar por isso, se não quiserem.

— Talvez eles queiram. Eles merecem isso.

— Lamentavelmente, é no que acreditam, sim. Mas você quer ser o instrumento que irá lhes causar tanta dor? Por que se disponibilizar como ferramenta para a obra do mal?

— Porque eu sou o mal, gosto do mal e me regozijo no mal. O bem é para os tolos e fracos. O que importa é o poder que nosso povo deve exercer sobre a Terra. É nosso direito.

— Não é, não. O mal nada mais é do que uma ilusão. Ninguém tem o direito de subjugar o seu próximo. Todos os deuses falam de amor. Por que não se mira no exemplo de Alá e se desvia para um caminho de paz e harmonia?

— Suas palavras são muito bonitas, mas, para mim, são vazias, não querem dizer nada. Estou decidido, e ninguém me fará mudar de ideia.

— Você está se deixando levar pelo ciúme e o despeito. Tamara não lhe pertence, não pertence a ninguém. Ela ama outro homem, e você deve se conformar com isso.

— Dá um tempo, velho. Você não sabe de nada.

— Talvez você saiba ainda menos do que eu...

— Tudo bem, mas não estou interessado. E quer saber? Pode dar o fora daqui.

Bruno fechou-se para qualquer conselho ou conversa. Não estava mais acessível. De fato, o rompimento energético provocou um bloqueio na disponibilidade mediúnica, impedindo-o de continuar a ver Abdul, o que lhe deu a impressão de que o espírito havia desaparecido.

Efetivamente, após alguns minutos, Abdul se foi, não sem antes espargir ao redor partículas refrescantes. Quando ele partiu, os três espíritos se soltaram, furiosos com a interferência extemporânea mas, ao mesmo tempo, satisfeitos porque Bruno não se deixara impressionar pela fala macia de Abdul.

O que Bruno sentia era uma tremenda confusão. Ainda atordoado pela mistura energética do ambiente, acreditou que tudo não passara de um sonho esquisito. As palavras de Abdul haviam desaparecido com ele, substituídas pelas sugestões dos outros espíritos.

Os quatro, novamente, voltaram a se unir nos propósitos obscuros, revelando a proximidade da tragédia que, àquela altura, já não havia mais como evitar.

CAPÍTULO 33

Coberto de um ódio descomunal, Bruno despertou, ansioso. Olhou pela janela, pensando se deveria ou não ir trabalhar naquele dia. Estimulado pelos espíritos sombrios, decidiu que não. Tinha coisas mais importantes a fazer.

Seu primeiro passo foi procurar Tamara. Seu plano anterior não dera resultado devido à incompetência de Joyce. Tamara, contudo, iria ouvi-lo. Por bem ou por mal, ouviria o que ele tinha a dizer. Afinal, o relacionamento entre ela e Ismael chegara onde chegou porque Tamara não sabia o que ele, Bruno, sentia por ela. Declarara-se algumas vezes, mas não fora convincente. Tamara não o levara a sério, tinha certeza. Era mais velha, rica, judia. Empecilhos que ele, em outras circunstâncias, consideraria intransponíveis, mas que, no que se referia a ela, não tinham agora importância alguma.

Às sete e meia da manhã já estava postado diante do prédio, esperando que Tamara saísse. Não demorou muito para ela aparecer. Assim que o carro despontou na garagem, Bruno agiu rapidamente. Mais que depressa, abriu a porta do lado do carona e entrou, causando imenso sobressalto em Tamara.

— Meu Deus, Bruno, você quase me mata de susto! — exclamou ela, trêmula. — O que pensa que está fazendo?

— Quero conversar.

— Não temos nada que conversar. Por favor, saia.

— Não. Você não pode me mandar embora.

— Se não sair agora, vou gritar e chamar o porteiro.

— Faça isso e diga adeus à vida.

Foi com terror que ela viu a arma apontada para ela. Sabia que Bruno era um lunático, mas não lhe constava que fosse, também, assassino.

— Você enlouqueceu de vez? — tornou ela, sentindo o pânico recrudescer em seu peito. — Vai agora me ameaçar com uma arma?

— Você não quer me ouvir. Não vi outra solução.

— Abaixe isso, ou alguém pode se ferir.

— Não quero ferir você, mas, se não me der alternativa, não hesitarei em atirar.

— Atire e irá preso.

— Não me importo. Todo mundo sabe que cadeia aqui dura pouco. E vale a pena passar alguns anos preso por sua causa.

— Você é louco.

— Pode ser, mas sou um louco armado. Significa que sou eu quem dá as ordens.

— Muito bem — apressou-se ela, vendo que o porteiro se aproximava, estranhando sua demora em sair. — O que quer que eu faça?

— Dirija.

Ela colocou o carro em movimento, tentando não se deixar intimidar pela arma apontada em sua direção. As reminiscências latentes de vidas passadas tornavam seu medo real, fazendo-a sentir, em seu íntimo, que ele era capaz de matá-la e de muito mais.

— Aonde vamos?

— Ao meu apartamento. — Ela estremeceu, alarmada. — Vou lhe indicar o caminho.

Seguindo as orientações de Bruno, Tamara guiava seu carro coberta pelo terror. Tinha vontade de saltar e gritar, mas o cano do revólver era um obstáculo bastante assustador e real para ela ignorar. Paralisada pelo pavor crescente, seguia o comando dele sem pestanejar, rezando para que ele não a matasse.

Ela parou o automóvel em frente ao edifício dele, numa rua vazia, de aparência miserável e repugnante. Havia lixo jogado na calçada, várias casas em ruínas, além de veículos depenados esquecidos na rua. Olhando para ele com ar interrogador, Tamara hesitou em saltar.

— Você mora aqui? — indagou, tentando disfarçar a repulsa.

— Não é o lugar de luxo ao qual está acostumada, mas você não tem o que temer. Se fizer o que eu digo, nada lhe acontecerá.

— O que você quer de mim? — retrucou ela, agora em lágrimas. — Nunca lhe quis mal, por que está fazendo isso comigo?

— Será que você acredita mesmo nisso? E o desdém com que sempre me tratou?

— Isso não é verdade.

— Você sabe que é.

— Então, me perdoe. Não fiz por mal, não queria ofender você. É que você foi insistente, e eu estou apaixonada por outro homem.

— Sei, o Ismael. Mas isso não vem ao caso. Salte e vamos conversar.

— Só isso? — Ele assentiu mansamente, impedindo a mentira de transparecer. — Depois, posso ir embora?

— É claro.

— Se é só isso, por que a arma?

— É o único jeito de você me ouvir. — Ele cutucou-a nas costelas e acrescentou, impaciente: — Vamos. Está demorando muito.

Assustada, Tamara obedeceu, torcendo para que alguém aparecesse, mas ninguém veio. Desceu do carro, caminhando devagar, sob a mira oculta do revólver. Entrou no edifício, onde não havia ninguém. Apenas uma penumbra sinistra, acompanhada de um bolor ativo, realçando o ar de abandono do ambiente. Ele apontou para a escada, que ela subiu lentamente. No terceiro e último andar, pararam. O corredor era escuro, abafado, guarnecido de portas velhas, descascadas; a imagem da decadência.

Mais adiante, Bruno abriu a porta de seu apartamento, gesticulando para que ela entrasse. Foi preciso controlar o pânico para obedecer. Tamara não sabia o que temia mais: se o lugar ou a arma. Tremendo dos pés à cabeça, ela deu um passo adiante, penetrando na semiescuridão do recinto. Era uma quitinete minúscula, suja, malcheirosa e mal iluminada. Da única janela, fracos raios de sol se insinuavam pelas persianas encardidas, atravessando uma aura de poeira para pousar no chão encardido.

— Não ligue para a bagunça — disse ele, indicando-lhe um sofá puído para sentar.

Mesmo apavorada, ela seguiu suas ordens. Sentou-se o mais encolhida que pôde, passando uma vista rápida pelo ambiente sinistro. Sentiu-se como num filme de terror, nas garras de um psicopata assassino. Para relaxar a própria tensão e sensibilizá-lo, tentou sorrir.

— É aconchegante — dissimulou, para agradá-lo.

— Sua piranha mentirosa — revidou ele, rangendo os dentes de raiva. — Pensa que pode me enganar com suas bajulações?

— Por favor, Bruno, se viemos aqui para isso...

— Eu não a trouxe aqui para lhe mostrar o meu palácio — esclareceu, transbordando ódio. — Queria apenas que ficássemos sozinhos.

Para desespero de Tamara, ele sentou-se rente a ela, roçando as coxas nas dela. O contato dele a repugnou amargamente, e ela se encolheu o máximo que pôde.

— Continua me evitando — censurou ele, cada vez mais irritado. — Sou tão horrível assim?

— Não... Não se trata disso. É que você está me assustando.

— Coitadinha — ironizou. — A garota rica e poderosa está com medo do pobretão nojento.

— Por que está fazendo isso, Bruno? Por que não diz logo o que quer e me deixa ir embora?

— Porque o que eu quero é justamente não a deixar ir embora.

— O quê?! Não compreendo. Você prometeu...

— Não prometi nada. Disse que, após conversarmos, eu a deixaria ir. Mas mudei de ideia. Não quero que você vá. Na verdade, gostaria que ficasse aqui para sempre.

— Isso só pode ser brincadeira — protestou ela, aterrorizada. — Você quer se vingar de mim, fingindo que está me sequestrando.

— Não estou fingindo. E, caso ainda não tenha percebido, eu realmente sequestrei você.

Depois dessas palavras, ele se ajoelhou diante da moça, sentindo, com um prazer indescritível, a tremedeira do corpo dela. Lentamente, se aninhou entre as pernas dela, tentando puxar seu rosto.

— Por favor, Bruno, não... — ela gemeu, agora mais aterrada do que nunca.

Sem prestar atenção a suas queixas, Bruno investiu contra ela. O revólver, pousado no chão ao lado dele, aguardava o desfecho da situação. Tamara se debatia, lutando para libertar-se de seu agressor.

— Você é minha, ouviu? — rugiu ele, desfigurado pelo ódio. — Minha e de mais ninguém.

— Solte-me, Bruno, está me machucando! — implorava ela, chorando. — Pelo amor de Deus, deixe-me ir! Prometo que não direi nada a ninguém.

Sem dar ouvidos às súplicas dela, Bruno deitou-a no sofá, tentando arrancar-lhe as roupas com uma agressividade desmedida.

— Não adianta lutar — vociferou ele. — Vou ensiná-la a me respeitar. A respeitar o seu homem!

— Você não é o meu homem! — rebateu ela, a despeito do terror. — Não é nem nunca vai ser o homem de ninguém! Você não passa de um covarde, um despeitado, um brocha que depende da violência para se excitar. Você não é homem, e eu tenho nojo de você!

As palavras dela o feriram de uma tal maneira, que ele a soltou abruptamente. De repente, todo o desejo de possuí-la se consumiu na vergonha. Era verdade. Não sabia como ela descobrira, mas ele só conseguia se excitar causando dor à mulher. Do contrário, permanecia impotente, alvo fácil das pilhérias femininas.

Embora aliviada por se ver livre, Tamara não se atreveu a se mover. As lágrimas embaralhavam sua visão; ela sentia a raiva que emanava dele. Inadvertidamente, fora longe demais. Dissera coisas que ninguém nunca deveria dizer a um psicopata com tendências homicidas. Provocara ainda mais a ira dele, e agora só lhe restava aguardar a explosão que poria fim àquele martírio. Estava certa de que aquele era o dia em que caminharia de encontro à morte.

De súbito, Bruno apanhou a arma, voltando-a para o peito de Tamara, que o fitava entre o choque e o terror. Um toque estridente de campainha desviou, momentaneamente, a atenção dele, que hesitou por alguns segundos. Era o telefone. Tamara torceu para que ele fosse atender, dando-lhe a chance de tentar escapar. Não foi o que ele fez. Esperou até que o aparelho silenciasse para novamente apontar a arma para ela.

Era agora. Ela fechou os olhos, à espera do tiro. Em sua mente, uma infinidade de situações se sucedia; seus prazeres, arrependimentos, desejos, tudo embaralhado na alternância entre o que ela viveu e o que ainda poderia viver. Agora, sozinha com aquele psicopata, só lhe restava Deus.

Pensar em Deus lhe trouxe calma. Ela rezou fervorosamente, pedindo a Ele que viesse buscar sua alma. A oração a tranquilizou, embora quase não produzisse efeito em Bruno. Todavia, como ele não estava bem certo se desejava mesmo matá-la, a influência daquele benefício, embora não lhe diminuísse o ódio, fez arrefecer sua ânsia assassina. Ao menos naquele momento.

— Saia daqui — ordenou ele, com rispidez. — Nunca mais quero vê-la.

Aturdida com a surpreendente mudança, Tamara permaneceu imóvel, com medo de que aquela reação não passasse de um artifício para alvejá-la. Sem coragem de virar-lhe as costas, ela se sentou, olhando para ele com pavor e dúvida.

— O que está esperando? — prosseguiu ele. — Vá embora, antes que eu me arrependa e descarregue minha fúria contra você.

O cano do revólver virado para ela fez nascer novo ânimo. Se ele quisesse matá-la, muito provavelmente, já o teria feito. O abatimento genuíno dele era mostra de que, de alguma forma, ela conseguira atingi-lo. Sem esperar nova ordem, Tamara se levantou de um salto, correndo porta afora sem olhar para trás, temendo ouvir o estampido do revólver e sentir a trajetória da bala em busca de seu corpo.

Nem se lembrava de ter apanhado a bolsa. Na certa, o fizera maquinalmente, mas como a sorte lhe favorecia, não ia discutir nem questionar. Abriu-a com mãos trêmulas, em busca da chave do carro. Seus dedos a reconheceram, jogada entre vários pertences. Ela puxou o chaveiro, em pânico, abriu a porta, entrando numa velocidade espantosa. Poucos segundos depois, o carro disparava pela rua, deixando no asfalto as marcas dos pneus, que cantaram para revelar toda a sua agonia.

CAPÍTULO 34

Inconformado com a sua estupidez, Bruno andava de um lado a outro, balançando a arma e apontando-a para sua imagem no espelho. O que Tamara fizera com ele não era certo. Mulher alguma tinha o direito de humilhar um homem daquela maneira. E ele, o otário, a mandara embora, para que ela não testemunhasse sua vergonha.

— Idiota — rosnou Omar a seu lado. — Perdeu a oportunidade da vingança. Agora fica aí, choramingando diante do espelho.

— De que adiantou tanto sacrifício? — acrescentou Mustafá. — Tivemos o maior trabalhão para ajudá-lo a trazer a moça aqui, e para quê? Para ele soltá-la só por causa de umas palavrinhas de mau gosto.

— Vocês é que são dois imbecis — contrapôs Sayid. — Não veem que isso tudo veio bem a calhar? Bruno está com tanto ódio, que vai ser muito mais fácil instigá-lo a cumprir sua sagrada missão.

— Será? — duvidou Omar, agora com a atenção presa em Sayid.

— É claro! Conheço essas coisas. Regra básica na influência espiritual é o magnetismo. Para o bem ou para o mal, a pessoa tem que criar um elo, que funciona como ímã. Casando sua energia com a de quem está do lado de cá, podemos dominar o vivo. Bruno tem feito isso muito bem, tanto que recebe, com facilidade, os nossos conselhos. Mas ainda não estava preparado. Agora, porém, amadureceu. Podemos aproveitar toda essa energia de frustração e ódio para que ele faça o que está predestinado a fazer.

— Boa ideia. Vou cuidar disso agora mesmo.

— Não. Deixe comigo. Tenho mais experiência. — Colando-se a Bruno, Sayid gritou em seu ouvido: — Ei! Camarada! Chegou a sua hora. Que tal extravasar esse ódio em quem realmente merece?

Uma tonteira perpassou a mente de Bruno, como uma espécie de bebedeira. Era um torpor delicioso, ao qual ele se entregou passivamente, abrindo, cada vez mais, o seu campo áurico para facilitar a entrada das influências malignas.

— Vamos logo! Você tem a arma, tem um motivo. O que está esperando?

Instintivamente, Bruno olhou para o revólver em sua mão, desejando, mais do que nunca, experimentá-lo de verdade. Queria muito apertar aquele gatilho, sentir no dedo a pressão do instrumento de morte. Como devia ser boa a sensação de poder, de ser um deus no reduto dos mortais. Sim, aquele era o momento pelo qual vinha esperando há tanto tempo. Tinha que mostrar a si mesmo que era capaz, que não era um covarde sentimental. Deixara Tamara escapar devido a um momento de fraqueza que não iria se repetir.

— Ande! — insistiu Sayid, com veemência. — Ainda dá tempo!

Como se ouvisse as palavras do espírito, Bruno consultou o relógio. Passavam poucos minutos das nove e meia. Ainda em dúvida sobre o que deveria fazer, sentou-se na cama, olhos presos na arma através do espelho.

— Mas é um moloide mesmo, hein! Será possível que não sabe fazer nada sozinho?

Com um movimento rápido, Sayid esvaziou de energia as células nervosas de Bruno, inibindo o neurotransmissor do hipotálamo. Isso provocou no rapaz um sono irresistível, levando-o a adormecer quase que instantaneamente. Mais que depressa, Sayid puxou seu corpo astral, sacudindo-o pelos ombros.

— O que foi que deu em você? — bradou. — Quer perder essa oportunidade?

— Que oportunidade? — replicou ele, aturdido.

— Chegou a hora de colocar aquele plano em prática, lembra? Aquele, para o qual você vem se preparando há tempos. Esqueceu?

— Não, não esqueci.

— Não acha que agora seria um ótimo momento? Depois do que aquela vadia lhe fez, não seria bom se vingar de todos os seus inimigos?

— Seria ótimo...

— Então, o que está esperando?

— Nada. Quero dizer, não sei bem o que fazer. Estou confuso.

— Que confuso, que nada! Vamos com isso! Está na hora de agir!

Bruno encarou Sayid com uma certa desconfiança, superada pela presença de Omar e Mustafá.

— O que você acha? — indagou ao irmão de outra vida.

— Acho que Sayid tem razão. A hora é agora. Tudo o que Tamara lhe fez você pode descontar nos seus inimigos.

Serão eles que vingarão as injustiças que você vem sofrendo ao longo dos séculos.

— É isso mesmo — concordou Bruno, agora com um brilho de maldade no olhar. — Eles serão o instrumento da minha vingança. Preciso agir, e rápido. Tenho que acordar!

— É pra já!

Bruno sentiu o tapa que Sayid lhe deu na cabeça, liberando a passagem do neurotransmissor. Ao abrir os olhos, veio uma gana irrefreável de matar. O revólver ainda estava em sua mão, preso entre dedos indolentes. Sentindo a frieza do metal, Bruno apertou a arma, experimentando uma sensação de euforia ao imaginar os corpos que faria tombar com aquele pequenino objeto.

Encorajado pelos espíritos que o ladeavam, Bruno deu início aos preparativos. A excitação que sentia era tão intensa que ele mal conseguia colocar suas coisas na mochila, tamanho o tremor de suas mãos. Por último, apanhou a arma. Estudou-a por alguns segundos, considerando o grau de importância que ela teria na execução de sua vingança. Seria ela o instrumento sagrado do extermínio daqueles que lutavam contra os desígnios de Alá. Esse era o motivo consciente de seu projeto, pois não guardava, na memória recente, os fatos que, no passado, desencadearam todo o seu ódio e a necessidade de um revide sangrento.

Tudo pronto, saiu, com os espíritos atrás dele. Enquanto isso, o bom Abdul, que dele havia se aproximado, tentava encontrar um meio de alcançar o rapaz. Não conseguia acesso a seus comparsas invisíveis, nem a Omar, que também fora seu irmão em vida. O jeito era tentar outra maneira.

Assim que Bruno pôs o pé para fora de casa, o telefone começou a tocar. Os espíritos se entreolhavam, desconfiados, e Sayid pressionou o encarnado, soprando-lhe com veemência ao ouvido:

— Deixe isso para lá. Não atenda!

De onde estava, sem ser visto, Abdul conseguiu imprimir, na mente de Bruno, a imagem de Tamara, induzindo-o a crer na possibilidade de ser ela ao telefone. Movido por essa esperança, correu para o aparelho, levantou o fone e perguntou com euforia:

— Alô? Quem fala?

— Bruno, sou eu — era a voz da mãe do outro lado da linha, a única em quem Abdul reconheceu uma possibilidade remota de demovê-lo daquele intento. — Tudo bem com você, meu filho?

— Tudo... — foi a resposta vaga e decepcionada.

— Ligaram do seu trabalho para mim. Telefonaram para sua casa, mas ninguém atendeu. Disseram que você não foi trabalhar hoje.

— Não fui.

— Por quê? Está doente?

— Não.

— Então, o que aconteceu?

— Nada. Foi apenas uma dor de barriga.

— Quer que eu vá até aí? Posso preparar um chazinho para você.

— Não preciso de chazinho, mãe. Estou bem.

— Você devia tomar cuidado com essas faltas ao trabalho. O patrão não há de gostar, certamente.

— Ele não tem do que se queixar. Faço meu serviço direito.

— Mas você não pode faltar assim. Ele pode mandá-lo embora.

— Pois que mande! Eu não me importo.

— O que você tem, meu filho? Isso não é atitude de um rapaz sério como você. Se está com algum problema, fale comigo. Talvez eu possa ajudar.

— Não tenho o que falar, mãe — irritou-se. — E estou com pressa. Depois a gente conversa.

— Com pressa para quê? Vai sair, mesmo com dor de barriga?

— Já passou.

— Você está muito estranho. Olhe, espere um instante que vou dar uma passada aí.

— Não! — ele praticamente gritou. — Já disse que estou de saída. Olhe, mãe, não precisa se preocupar comigo. Eu estou bem, mas agora tenho algo importante a resolver.

— Você não me engana. Alguma coisa de ruim está acontecendo, sinto isso.

Bruno começava a se desesperar. A hora ia avançando, deixando todos aflitos, com medo de perderem a oportunidade.

— Livre-se dela — ordenou Sayid, usando o tom mais autoritário que conseguiu. — Invente uma desculpa qualquer.

— Não se preocupe, mãe — tornou ele, a voz mais amena. — Na verdade, estou de saída para o médico. Não falei antes porque não queria preocupá-la.

— Está tão mal assim?

— Acho que peguei uma infecção intestinal.

— Está com febre?

— Agora passou, e é por isso que resolvi ir ao médico. Fique tranquila, pois não é nada sério. Na volta, ligo para você para lhe dar notícias.

— Está bem. Ficarei aguardando. Cuide-se bem, viu?

— Pode deixar.

Desligou apressadamente. Era só o que faltava, perder aquela chance por causa das idiotices da mãe. Olhou para o relógio novamente. Onze horas. Precisava ser rápido, mas sem correr. Tinha tempo de sobra para agir.

CAPÍTULO 35

Era hora de Ismael sair para o estágio. Sem saber por que, amanhecera com uma espécie de nó na garganta, resultado, talvez, dos episódios do dia anterior. Joyce não voltara a telefonar, o que era preocupante. Do jeito que estava transtornada, era bem capaz de cometer alguma loucura. Por mais que ela houvesse agido levianamente, ele conseguia compreender. Sentia-se mesmo responsável por tudo o que acontecera. Se tivesse sido mais corajoso e sincero, podia ter evitado que as coisas chegassem ao ponto que chegaram.

Terminou de se aprontar, satisfeito com sua aparência. Apanhou as chaves do carro e já ia sair quando ouviu o toque da campainha, seguido de uma voz desesperada, que ele conhecia bem. Assim que o viu, Tamara se atirou em seus braços, chorando copiosamente. A empregada se afastou discretamente, deixando os dois a sós.

— Meu Deus, Tamara, o que foi que houve? — assustou-se ele, logo pensando em alguma reação agressiva de Joyce.

Ela não conseguia falar. Agarrou-se a ele, em prantos, soluçando desesperadamente. Ismael gritou algo para a empregada, que logo apareceu com um copo de água com açúcar.

— Tome, minha querida, beba isso.

Conduzindo-a até o sofá, Ismael fez com que ela se sentasse, estimulando-a a beber o líquido devagarinho. Enquanto isso, observava seu estado. Os cabelos estavam em desalinho, a maquiagem borrada, as roupas amassadas. Ele engoliu em seco e esperou até que ela terminasse de beber para perguntar:

— O que aconteceu, Tamara? Foi a Joyce?

As palavras não vinham. Tamara queria contar tudo, mas a voz permanecia embargada. O pranto não a abandonava de jeito nenhum, tornando a expressão mais difícil.

— O que foi que ela lhe fez? Por favor, diga-me.

Ela apenas meneava a cabeça, levando-o a pensar que ela não queria falar sobre o ocorrido. Mas ele não conseguia vê-la naquele estado sem fazer nada. Uma revolta foi tomando conta dele. Poucos minutos atrás, pegara-se com pena de Joyce, preocupado com seu sofrimento, com as loucuras que ela podia cometer. Compreendia sua dor, mas aquilo fora longe demais. Joyce não tinha o direito de agredir Tamara.

— Tenha calma, meu bem — prosseguiu ele, tentando confortá-la. — Joyce não está aqui, não pode mais atingi-la. E vou tomar providências, falar com os pais dela. Joyce precisa crescer, assumir a responsabilidade por seus atos. Não pode sair por aí agredindo os outros. Alguém precisa tomar uma atitude e vou fazer isso agora.

Antes que ele pudesse se levantar para alcançar o telefone, ela segurou o seu braço, ainda em lágrimas.

— Não... — conseguiu balbuciar, entre um soluço e outro. — Não foi a Joyce.

— Não foi? — ele surpreendeu-se mais ainda. — Mas então, o que é isso? Você foi assaltada? Precisa de um médico?

Ele agora a examinava mais detidamente, procurando sinais de feridas em seu corpo. Não encontrando nada, abraçou-a, aflito.

— Minha querida, eu não suportaria se algo lhe acontecesse. Tenha calma, você está segura agora.

Sentindo o amor que emanava dele, Tamara foi se acalmando. Ele permaneceu abraçado a ela, apenas transmitindo-lhe segurança, até que ela, finalmente mais controlada, conseguiu contar o ocorrido:

— Não foi a Joyce — começou, ainda um pouco trêmula. — Foi o Bruno.

— O Bruno, irmão de Simone? — Ela assentiu. — Mas como... por quê? O que ele lhe fez?

— Ele tentou me estuprar — revelou dolorosamente. — Pensei mesmo que fosse me matar.

— O quê? — indignou-se. — Mas que absurdo! Quem ele pensa que é? Ah! Mas isso não vai ficar assim. Não vai mesmo! Ele vai ter que se entender é comigo.

— Ele é louco. Totalmente insano e mau...

Retomado o equilíbrio, Tamara conseguiu contar tudo o que acontecera, deixando Ismael cada vez mais revoltado.

— Esse cara pode ser doido, mas quero ver ele apontar uma arma para mim — desafiou Ismael, enfurecido. — Fez isso com você só porque é mulher. Duvido que ele me enfrente de homem para homem.

— Deixe-o — suplicou ela. — Ele é perigoso. Não sei do que é capaz.

— Ele é que não sabe do que eu sou capaz. Não, Tamara, não posso deixar passar esse crime. Sim, o que ele fez é crime. Esse garoto devia ir para a cadeia!

— Ele é irmão de Simone.

— E daí?

— Simone é uma boa pessoa e não tem culpa de ter o irmão que tem.

— Exatamente por ser diferente dele é que não tem nada a ver com isso. Não posso permitir que esse criminoso ande solto por aí. O que ele não conseguiu com você pode conseguir com outra garota. Acho que devemos ir à delegacia e dar parte desse sujeito.

— Espere um momento. Não sei se é isso que quero. Se for à delegacia, vou ter que contar tudo de novo, e é constrangedor.

— Tamara, o cara sequestrou você, levou-a para o apartamento dele, contra a sua vontade, tentou estuprá-la e ainda lhe apontou uma arma. Acho que tem, pelo menos, dois crimes aí. E dos mais graves.

— Eu sei. — Ela voltou a chorar. — Só não sei se conseguiria passar por tudo isso de novo. E não suportaria ter que dar de cara com ele novamente.

— Não precisa ter medo dele. — Ismael a abraçou, beijando seus cabelos. — Estou aqui para protegê-la.

— Não podemos simplesmente esquecer o que aconteceu?

— E se ele for atrás de você novamente? Quem garante que, depois desse fracasso, ele não irá tentar de novo?

— Ele não se atreveria...

— Você está sendo ingênua. Ele se atreveria, sim, porque é um covarde. Mas a cadeia pode dar um jeito nele.

— Será? Não sei até que ponto nossas leis penais são eficientes. Todo bandido que é preso acaba logo na rua.

— Isso lá é verdade. Infelizmente, as leis penais do nosso país parecem ter sido feitas para beneficiar os bandidos. Ninguém permanece muito tempo na cadeia, independentemente do crime que tenha cometido. Sem falar nos que fogem.

— E imagine o ódio que Bruno sentirá de nós quando sair. Vai querer se vingar a qualquer preço.

— Você não deixa de ter uma certa razão, mas não fazer nada é permitir que ele saia impune, confiante para agir novamente.

— E o que faremos?

— Acho que a solução seria falar com os pais dele.

— Será que adianta?

— Talvez. Pelo que Daniel fala, eles são pessoas direitas e decentes. Aposto como nem sabem que o filho anda aprontando das suas.

— Verdade. Bruno mora sozinho, de forma que os pais não devem ter a menor noção do que ele faz.

— Mas vão saber, e logo. Vou ligar agora mesmo para o Daniel. Ele precisa ficar a par do que está acontecendo.

— Seria melhor que ele preparasse a Simone. Não acho justo que ela seja surpreendida com a revelação de que o irmão dela é um canalha criminoso.

Ismael ligou para o estágio, avisando que faltaria naquele dia. Tinha que cuidar de Tamara. Acompanhou-a até em casa, recomendando que ficasse lá e esperasse o seu retorno. Em seguida, ligou para Daniel, que se surpreendeu imensamente com o tom preocupado do irmão. Ismael não quis adiantar o assunto, informando apenas que era algo muito grave, que requeria a participação dele e de Simone.

— Tem a ver com a gente? — questionou Daniel.

— Mais ou menos. Tem a ver com o irmão dela.

— Bruno? O que foi que ele aprontou?

— Você vai saber mais tarde.

— Está certo. Nos encontraremos à noite, então.

Tudo combinado, Ismael aguardava ansiosamente a reunião da noite. Estava doido para pôr as mãos em Bruno e dar-lhe uma lição. Mesmo que todos fossem contra, ele iria se entender com o rapaz. Não podia simplesmente fingir que ele não tinha tentado estuprar sua namorada, apontando um revólver para seu peito. Ele desistira de ir à polícia, mas um confronto com o cafajeste ele iria ter.

Ao menos era o que ele pensava. O que Daniel não sabia era que aquele encontro jamais iria acontecer.

CAPÍTULO 36

Quando Bruno chegou à porta do colégio, ainda não havia se encerrado o turno escolar. Consultando o relógio, viu que dispunha de poucos minutos até ouvir o toque do sinal anunciando o horário da saída. Durante algum tempo, permaneceu parado do outro lado da rua, fitando o portão de entrada praticamente vazio. Por ali, poucas pessoas passavam.

Havia apenas um inspetor patrulhando a entrada e os corredores. Aquela escola pública era bastante sossegada, localizada em uma rua residencial tranquila. Os alunos, em sua maioria, eram filhos de trabalhadores de baixa renda, pessoas honestas, de boa família. Alvos perfeitos.

Bruno aguardou até que a porta de entrada ficasse deserta. Não viu sinais de pessoas trafegando por ali, o que significava que o inspetor estava em algum lugar lá dentro. Com a mochila pousada em apenas um dos ombros, entrou. O tremor que sentia quase o fez desistir ao dar de cara com o inspetor, que, logo que o viu, veio caminhando em sua direção, ostentando um ar cansado.

— Pois não? — indagou ele, com monotonia.

— Bom dia, seu Aníbal — cumprimentou Bruno. — Não se lembra mais de mim?

— Hum... Você é estudante?

— Fui. Preciso ir à secretaria ver se meu histórico escolar já está pronto. É que deu um probleminha no ano passado e teve que ser refeito.

— Tudo bem, vá. Sabe onde fica, não sabe?

— Sei, obrigado.

A facilidade com que Bruno adentrou o colégio renovou seu ânimo. Mais confiante, apertou a mochila e seguiu em direção à secretaria. Olhando de relance, percebeu que o inspetor se afastara, dando-lhe a chance de mudar de rumo e subir as escadas que conduziam às salas de aula. As poucas pessoas com quem cruzava mal prestavam atenção a ele, algumas até lhe sorriam. À medida que galgava os degraus, seu coração acelerava, enchendo-o não apenas de coragem, mas de uma fúria sanguinária que não podia mais dominar.

Orientado pelo trio de sombras, que vibrava numa excitação sanguinária, Bruno alcançou o segundo andar quase sem perceber. Faltavam poucos minutos para o término das aulas, como ele esperava. De pé, debruçado sobre a mureta que dava para a escada, iniciou a ação, de costas para o corredor que conduzia às salas de aula. Apoiou a mochila no parapeito e sacou o revólver, ocultando-o entre ela e o peito, sentindo o suor escorrer pelo rosto numa ânsia fria.

Uma professora passou por ele e acenou a cabeça, na certa reconhecendo a familiaridade de seu rosto. Ele respondeu ao aceno com nervosismo, que ela não percebeu. Olhou de novo para o relógio. Faltavam menos de cinco minutos para ouvir o sinal. A euforia o foi dominando ainda mais, percorrendo cada veia de seu corpo com um choque, a exemplo de um fio condutor de eletricidade.

Quando, por fim, o sinal anunciou o término das aulas, ele sentiu como se o mundo fosse explodir em agonia e, toda a agonia do mundo fosse se acabar, mergulhada na sombra de sua coragem. O mundo todo seria não apenas testemunha de seu triunfo, mas o herdeiro natural de sua vitória. Seus atos e seu sacrifício embalariam as gerações do futuro, que se lembrariam dele como o paladino da fé, agindo no Brasil em nome de Alá. Ele era o instrumento; suas vítimas, a matéria-prima com que moldaria sua vingança e sua glória.

Aquela era a loucura que os espíritos, em especial Sayid, incutiam em sua mente doentia, já agora praticamente dominada pelo intuito maligno dos três. Bruno não raciocinava mais por si mesmo. Tudo em que pensava agora era sugerido pelos seres das sombras e acatado, sem qualquer tipo de questionamento, pelo seu espírito, ligado às teias da escuridão.

Enquanto ouvia o burburinho dos adolescentes, que saíam das salas envoltos na alegria descompromissada e ingênua própria da juventude, Bruno se enchia mais e mais de ódio. O riso dos jovens o atormentava, fazia-o despojar-se de qualquer raciocínio lógico para mergulhar por completo nas brumas espessas da perversidade insana.

Conectados às hordas inferiores, tanto o encarnado quanto os desencarnados não dispunham de matéria sutil suficiente para diferenciar a qualidade do ambiente nem se davam conta de que, a distância, espíritos iluminados oravam em silêncio, fosse para que eles desistissem daquele plano obscuro, fosse para encorajar os que haviam escolhido submeter-se àquela experiência e libertar os que dela não necessitavam, fosse para receber com amorosidade os espíritos prestes a desencarnar.

A atmosfera tensa não permitia a aproximação dos espíritos amigos, muito embora os efeitos de suas preces fossem vagamente sentidos pelos quatro, revelando-se na momentânea hesitação de Bruno. Mas os três perturbadores, alimentados por cordões energéticos ligados ao astral inferior, deixaram passar, rapidamente, essas impressões benéficas, delas nada registrando além de um indiscernível tremor.

As vozes foram se aproximando, misturadas à algazarra dos estudantes. Alguns passaram por Bruno, mal notando sua presença, descendo as escadas em despreocupada conversa. Vendo-os passar, Bruno hesitou novamente, incerto sobre sua coragem. Contudo, mais atrás, uma voz feminina se elevou entre as demais; um gritinho agudo, seguido da maliciosa gargalhada de um rapazinho. Na certa, uma brincadeirinha de mau gosto, um beliscão nas nádegas da garota, revelando a falta de vergonha e o desejo sexual reprimido de ambos.

— É ela — sussurrou Omar em seu ouvido, despertando em sua mente a recordação de uma mulher desconhecida e seu amante.

Bruno recebeu a imagem, contudo, não lhe identificou o significado. A sensação, porém, o estimulou. Um sentimento de que havia sido traído e, por isso, merecia aquela vingança, tomou conta de todo seu corpo, como um invasor invisível a se infiltrar por cada um de seus poros.

— Faça isso e estará agindo em nome de Alá — segredou Sayid. — Adultério é crime!

Não foi preciso mais nada. Completamente dominado pelo ódio irracional, Bruno empunhou a arma e virou-se para a *horda* de jovens[1]. A primeira pessoa que viu foi a dona do gritinho agudo, uma garota de quatorze anos, de nome Marina, alvejada instantaneamente. A seu lado, Ricardo recebeu o segundo tiro antes mesmo que pudesse compreender o que estava acontecendo.

Daí em diante, tudo aconteceu muito rápido. Depois do primeiro tiro, a insegurança e a hesitação de Bruno foram embora. Direcionado pelos espíritos do submundo astral, ia atirando, aparentemente a esmo, acertando justamente as pessoas que haviam se programado para aquele triste reencontro. Mesmo

---

1 Ver Capítulo 6.

após as reuniões no astral superior, muitas não conseguiram perdoar a si mesmas e acabaram se entregando ou atraindo aquele desfecho funesto.

Foi uma correria geral. Alguns tentavam retornar às salas, mas Bruno foi atrás deles, acertando exatamente os envolvidos na trama do destino. Escondida embaixo de uma carteira, Ana levou um tiro no peito, desencarnando na hora. Na carteira ao lado, Joana, que havia desistido da experiência, protegida por seu mentor, levou um tiro de raspão.

Mais atrás, Helena tentava se ocultar atrás de um armário, mas a bala a encontrou antes que conseguisse sair das vistas de Bruno. A menina desencarnou de imediato, logo acolhida no plano espiritual, como acontecera com os três que a haviam precedido. Ao tiro que ele disparou em Helena seguiu-se outro, mais para o lado, que encontrou o crânio de Janaína, tendo sido seu espírito acolhido antes mesmo que seu corpo tocasse o chão.

As outras crianças não despertaram o interesse de Bruno, que retornou ao corredor, envolvido pela gritaria e o corre-corre. No exato momento em que ele se virou, João passou correndo por ele e tropeçou nas próprias pernas, tamanha a pressa com que tentava fugir.

— Não, por favor — suplicou ele, mas Bruno não lhe deu ouvidos.

A arma disparou novamente, contudo, Bruno não ficou para ver o resultado. Já mirava uma outra menina, que chorava encostada à parede.

— Não me mate, por favor — implorou ela. — Nunca lhe fiz nada.

Por alguns segundos, a mão de Bruno titubeou. Ao mesmo tempo em que aquela menina, de nome Emília, implorava por sua vida, algo em seu tom de voz lhe dizia que ela mesma achava que merecia morrer.

— É isso mesmo — confirmou Omar. — Ela tomou parte no seu assassínio. Olhe bem para ela. No fundo, ela sabe que merece o que vai lhe acontecer.

Era verdade. Por mais que Emília não quisesse morrer, sua consciência, de tão culpada, vibrava de forma contrária. Num lugar próximo, seu mentor tentava ajudá-la, enviando vibrações de perdão não para Bruno, mas para ela mesma. Se Emília, naquele momento, conseguisse compreender sua imaturidade e se perdoasse, Bruno também o faria e, inexplicavelmente, perderia a vontade de atingi-la.

Não foi o que aconteceu. A vibração de culpa chegou até Bruno de forma tão intensa, que ele se decidiu e disparou contra ela, que tombou sem vida. Instantaneamente, rodou nos calcanhares, agora disparando a esmo, visando qualquer um que lhe cruzasse o caminho. Contudo, os que cruzavam seu caminho eram aqueles que, a exemplo dos demais, haviam se tornado prisioneiros da própria culpa.

Dois tiros certeiros tiraram as vidas de Vera e Sarita, ao passo que Lauro conseguiu escapar por um milagre, fingindo-se de morto. Seguindo em sua insana jornada, Bruno continuou atirando. Acertou Lúcia pelas costas, quando ela tentava descer as escadas, e correu para alcançar Laís, mas o tiro chegou tarde, no momento em que a garota dobrava o patamar para descer o segundo lance de escadas.

Furioso, Bruno saltou os degraus de par em par, iniciando uma perseguição furiosa. Queria aquela menina, precisava matá-la para completar sua vingança. Laís, porém, desistira de participar daquela chacina, optando por outras formas de devolver à vida o equilíbrio que um dia lhe tirara. Escolhera a carreira de médica e se comprometera a participar do *Médicos sem Fronteiras*[2], em que se dedicaria a salvar a vida de pessoas em lugares onde não havia acesso à medicina.

---

2 **Médicos Sem Fronteiras (MSF)** é uma organização humanitária internacional criada em 1971, na França, por jovens médicos e jornalistas. Desde então, MSF leva cuidados de saúde a pessoas afetadas por conflitos armados, desastres naturais, epidemias, desnutrição ou sem qualquer acesso à assistência médica. Informações adicionais, acesse: msf.org.br.

Encerrada a vingança sanguinária, Bruno não alcançou Laís. Em vez disso, defrontou-se com dois policiais armados que, avisados por um dos alunos, imediatamente acorreram ao local. O susto fez Bruno parar e retroceder, na tentativa de fugir ao tiro que um deles disparara. Alvejado na perna, tombou nos degraus, protegido pela mureta que servia de corrimão.

— Jogue a arma e saia — ele ouviu a voz do policial. — Você não tem como escapar.

— Você tem como escapar, sim — Sayid sugeriu ao seu ouvido. — Se sair, você vai preso. Tem dúvida da sua condenação? Quer passar a vida na cadeia?

— O que ele pode fazer, Sayid? — questionou Mustafá.

— Ele pode vir para o lado de cá, juntar-se a nós.

— Você quer dizer, se matar? — horrorizou-se Omar.

— Sim, qual o problema? Ele está perdido mesmo. Já fez o que tinha que fazer. Deu o seu recado ao mundo. E morrer por Alá é uma grande glória.

— Isso lá é verdade — concordou Mustafá.

— Vamos logo com isso — estimulou Sayid. — Sua perna está sangrando, você não tem chance contra eles. Junte-se a nós e lhe prometo um lugar de destaque na nossa organização. Podemos voltar para o Oriente. É isso que você sempre desejou, não é?

— Até que não seria má ideia — conjeturou Omar.

— É claro que não. Vamos, o que está esperando? Acabe logo com isso. Não permita que os impuros conspurquem seu corpo. Ou você acha que vão lhe dar um funeral digno de um herói muçulmano?

Bruno ouvia a voz do policial, assim como as sirenes que alardeavam a tragédia do lado de fora. Não tinha chance. Sabia que seria morto, ainda que se entregasse. A polícia daria um jeito de acabar com ele, revoltada com o que fizera. Eles eram ignorantes, não conheciam a verdade. Cegos pelas heresias do Ocidente, desrespeitavam o nome de Alá, troçando de seus ensinamentos. E era nas mãos dessa gente que ele estava prestes a cair.

— Vamos, não tenha medo. O Santo Profeta o aguarda no paraíso e reservou para você os mais doces prazeres celestiais, como recompensa pelo seu sacrifício.

Omar e Mustafá o encararam em dúvida.

— Que paraíso? — questionou Omar. — Que profeta? Isso não existe.

— Eu sei — concordou Sayid. — Mas ele não precisa saber agora, não é?

A ideia penetrou nos pensamentos de Bruno, que se imaginou rodeado de virgens, em meio a um jardim perfumado, comendo e bebendo as maiores delícias.

— Será que é assim? — imaginou.

— É assim mesmo — Sayid respondeu mentalmente. — Ande logo. Seu tempo está acabando. Não permita que o peguem com vida. Não lhes dê esse prazer.

— Não vou dar a nenhum ocidental o gostinho de me apanhar com vida — ele quase repetiu. — Morro, mas é por uma boa causa.

Ele já não ouvia mais os gritos nem a voz dos policiais, nem as sirenes. Em seus ouvidos, ecoavam os pensamentos dos desencarnados, preenchendo sua mente com o heroísmo de ideias suicidas. E como o tempo não espera que se tomem decisões ou decidam incertezas, os episódios foram acontecendo de forma muito rápida. O tempo vai, segue adiante, e quem quiser que o acompanhe. Foi o que Bruno fez. Deixando de lado o medo, a dúvida e a dor, virou o revólver para sua própria cabeça e, dessa vez, sem qualquer hesitação ou mesmo emoção, atirou.

CAPÍTULO 37

Foi com horror que Ileana acompanhou o noticiário. Mais horror ainda sentiu ao reconhecer o corpo do filho quando as câmeras da reportagem se fixaram no rosto de Bruno. Não podia ser. Seu filho não podia ser o autor daquela chacina. Nem vítima. Ele não estava morto. Devia haver algum engano. Na certa, era alguém muito parecido com ele.

A campainha lhe causou um sobressalto. A contragosto, saiu de frente da televisão para atender. Ao ver dois policiais parados à sua porta, compreendeu tudo, ou parte de tudo. O primeiro pensamento que lhe veio foi de que aquele corpo estendido no chão era realmente de seu filho.

— A senhora é a mãe de Bruno Roberto de Souza Belizário?

Ela simplesmente assentiu. Não conseguiu fazer mais nada. Um torpor a dominou, fraquejando suas pernas. Certa de que a presença daqueles policiais só podia significar uma coisa, não resistiu. A imagem do filho morto na televisão retornou, bem próxima da realidade, uma realidade da qual precisava fugir. Era ele, sim, e os policiais estavam ali para lhe contar que ele havia sido assassinado. Quem sabe, Simone também?

Acordou no sofá, com um dos policiais batendo levemente em seu rosto. O outro policial permanecia parado junto à porta, observando uma menina que caminhava de um lado a outro. Aos poucos recobrando a noção das coisas, Ileana percebeu que era Simone ao telefone. Ver a filha ali, ilesa, foi como um choque de ânimo. Ela deu um salto do sofá e gritou em lágrimas:

— Simone! Minha filha, graças a Deus!

A menina desligou o telefone e abraçou-a. Também estava chorando.

— Mãe, foi horrível — começou a falar. — O Bruno ficou louco... Matou toda aquela gente...

— O que está dizendo, Simone? Seu irmão jamais faria uma coisa dessas! Onde ele está? Quero vê-lo!

— Por favor, senhora, acalme-se — aconselhou o policial mais velho, aparentemente, o chefe.

— Vocês vieram aqui trazer a minha filha, não foi? E o meu filho? Não é verdade o que está falando dele. Ele está vivo, não está?

— Infelizmente, seu filho se matou depois de cometer vários crimes. — O policial engoliu em seco, maldizendo-se por ter que dar à mulher aquela notícia tão funesta. — Trouxemos sua filha e estamos aguardando seu marido, para tomarmos as devidas providências.

— Providências? Que providências?

— Alguém precisa fazer o reconhecimento do corpo.

— Achamos que seria melhor papai fazer isso — comentou Simone. — Já liguei para ele.

Ileana abaixou a cabeça, soluçando amargamente. As lágrimas eram tantas que pingavam no chão. À medida que despencavam de seu rosto, traziam à memória dela a lembrança do filho morto, estirado na calçada em frente à escola. De nada adiantava se enganar, pois a realidade não deixava dúvidas.

— Então é verdade — sussurrou de maneira sofrida. — Meu filho... morto... um assassino...

— Não pense nisso agora — sugeriu o policial. — Pense em sua filha. Ela está bem.

Ileana a interrogou com o olhar.

— Ele não chegou até o andar em que eu estudo — esclareceu ela. — Parou no segundo e saiu atirando. Ouvimos os tiros e os gritos. Quem ficou onde estava não foi atingido. Parece que Bruno estava concentrado no pessoal do segundo andar, que foi onde ele estudou por último.

— Meu Deus, por quê?

Havia tanta dor nas palavras dela, que todos silenciaram. Bruno podia ser um louco assassino, mas Ileana era mãe, e a dor de uma mãe é sempre pungente e verdadeira.

A campainha soou novamente, mas não era Valmir. Daniel entrou correndo, abraçando Simone com desespero.

— Graças a Deus, você está bem! O que foi isso, Simone? É verdade o que estão dizendo? Que foi seu irmão que cometeu aquele massacre?

Ela assentiu:

— Infelizmente.

— Mas isso é uma loucura! Nosso país não tem histórico de crimes desse tipo.

— Mesmo assim, ele fez. Não sei o que deu nele, mas Bruno sempre foi esquisito.

— Não fale assim de seu irmão — censurou Ileana, os lábios crispados pela tortura interior. — Se foi ele quem fez isso, a culpa é minha.

— Não diga uma coisa dessas, senhora — objetou o policial. — Ninguém pode ser culpado pelos desatinos de outro.

— Eu devia ter feito alguma coisa, devia tê-lo levado a um psiquiatra, um psicólogo, sei lá. Ao invés disso, preferimos fingir que estava tudo bem, que era só uma fase, coisa de criança, sabe?

— Isso agora não importa, mãe — consolou Simone. — E não foi culpa sua, não foi culpa de ninguém. Bruno era desequilibrado.

— Pode ser. Mas sempre que vejo esses filmes sobre psicopatas e *serial killers*, Bruno me vem à mente. Ele sempre foi diferente, sabe? Esquisito, maquiavélico, mau... Seu pai e eu notávamos, mas sempre arranjávamos uma desculpa. Bruno sempre gostou de fazer maldades. Quando pequeno, divertia-se torturando gatos e insetos. Isso é sinal de psicopatia, não é? Ao menos é o que dizem os filmes, que é assim que começa. Por que não acreditei, por quê?

— Ileana! — Valmir chamou da porta.

Ela estacou e olhou para ele, sem saber o que dizer. Seu olhar era de censura, ao mesmo tempo em que carregava um fardo de amargura.

— Nosso menino está morto, Valmir. Ele matou todas aquelas crianças e se matou em seguida.

Havia soluços misturados às palavras. Seu pranto era tão intenso, tão sofrido, que Valmir chorou também. O homem forte que procurava parecer cedia lugar à dor da tragédia. Ele e o filho nunca se deram muito bem. No entanto, reconhecia que falhara com ele. Ouvira grande parte do que Ileana dissera e concordava com ela. Se tivessem buscado ajuda profissional logo da primeira vez que perceberam as esquisitices no comportamento do filho, talvez Bruno não tivesse se tornado o que se tornou.

— Dona Ileana está em choque — comentou Daniel.

— Todos estamos — concordou ele.

— O senhor é o pai? — indagou o policial.

— Sim.

— Então, o senhor precisa vir conosco. Alguém tem que fazer o reconhecimento do corpo.

Valmir assentiu lentamente e, olhar carregado de sofrimento, pediu a Daniel:

— Cuide delas por mim. Voltarei o mais rapidamente que puder.

— Deixe comigo, seu Valmir. Elas ficarão bem.

— Obrigado.

Havia agora repórteres do lado de fora, todos querendo falar com alguém da família. Valmir não falou com ninguém. Saiu, escoltado pelos policiais, sem dar atenção à imprensa. Simone fechou a porta rapidamente, para que ninguém a visse ou tentasse lhe fazer perguntas. Não sabia o que responder.

— É melhor fechar as janelas também — disse Daniel, correndo a cerrá-las.

— Estou com medo — Simone confessou. — Não há apenas repórteres lá fora. Vi os rostos de pessoas furiosas, pessoas com raiva do que Bruno fez.

— A indignação é natural. Mas não se preocupe, nada vai lhes acontecer.

Nem bem Daniel terminou de falar, uma pedra acertou a janela, estilhaçando um dos vidros acima das frestas de madeira. Simone se encolheu toda ao lado dele, mas Ileana parecia não se importar.

— É assim que começa, não é? — choramingou a menina, agarrando-se a ele.

— Vou fechar os postigos — avisou ele. — Vai ficar meio escuro e quente, mas é mais seguro.

Simone não protestou. Estava apavorada. Sentia pela morte do irmão, mesmo sem compreender o que o levara àquela loucura. E agora, sua vida estaria marcada para sempre, pois todos a conheceriam como a irmã do psicopata assassino.

— Não tenha medo — Daniel procurou tranquilizar. — Não permitirei que nada lhes aconteça.

A presença dele lhe transmitia segurança. Do lado de fora, ouvia-se o bulício da pequena multidão que se aglomerara diante da porta. Vozes de protesto e revolta atravessavam a janela fechada, provocando-lhe tremores de pavor. Ela olhou para a mãe, que parecia alheia, presa em suas lembranças e culpas.

Simone chorou novamente. Sentia medo e vergonha, mas nada podia fazer além de chorar.

CAPÍTULO 38

Gritos à distância davam-lhe a impressão de que estava sonhando, ou melhor, mergulhado em um pesadelo medonho porque, associadas aos gritos, imagens distorcidas da realidade lhe chegavam à mente. Pessoas mutiladas caminhavam a esmo, procurando os membros amputados em meio à carnificina que se estendia pelo chão tingido de sangue. Aqui e ali, espocavam ruídos ensurdecedores de tiros e bombas, como se uma guerra invisível estivesse sendo travada ao seu redor, embora ninguém conseguisse precisar onde.

Espantado com a cena de barbárie, Bruno julgou, a princípio, que houvesse adormecido vendo um filme de terror. Lembrava-se vagamente de pessoas correndo, disparos de armas e gritos, além de muito sangue. Com essa imagem fixa na mente, forçou os olhos a se abrirem. Como não conseguiu, tentou se mexer na suposta cama, mas, assim que virou para o lado, foi impedido por argolas que, aparentemente, lhe atavam os punhos.

Aos poucos recuperando o domínio dos sentidos, experimentou uma aspereza sob o corpo dorido, dobrado na cintura como se estivesse sentado. Puxou as mãos com força, mas a única resposta que obteve foi um tilintar de correntes. Remexeu-se, agora com um pouco mais de vontade, enquanto uma fricção lancinante nas costas e nas nádegas indicava que seu corpo todo jazia de encontro a uma superfície dura, áspera e fria.

Ainda tentando se mexer, finalmente se deu conta de que se encontrava, realmente, sentado em um chão de pedras rústicas, as costas de encontro a uma parede composta da mesma substância. Quando tentou puxar as mãos novamente, buscando apoio para tentar se levantar, percebeu que elas estavam presas a grilhões de ferro cravados na parede.

O susto o fez recobrar os sentidos. Abriu os olhos de uma só vez, procurando, na escuridão que o envolvia, reconhecer o local em que se encontrava. A única coisa visível era uma singular criatura que, sentada diante dele, olhava-o com um sorriso sarcástico nos lábios descarnados. O homem parecia uma caveira, de tão magro. Bruno pensou mesmo estar diante de um esqueleto, já que não conseguiu vislumbrar resquícios de carne em suas feições. Os olhos encovados eram como duas tochas de fogo, rubras, malignas.

Sentado em uma pedra, trajava uma roupa cinza-escuro, da cor do chumbo derretido. Uma espécie de cartola brilhante adornava-lhe a cabeça, ou melhor, o crânio, pois o que se via, por debaixo da aba larga, era um pedaço de osso. As mãos postas à frente juntavam-se sobre o castão de uma bengala negra, uma peça esculpida em ônix, na forma de um demônio embebido em fogo.

— Eu sou Abaddon — esclareceu o estranho, com voz rouca e profunda —, o Rei do Abismo, senhor absoluto das profundezas onde se encontram presas as almas perdidas feito você.

Abaddon fez uma pausa, fixando aquelas enormes bolhas de sangue nos olhos amedrontados de Bruno.

— Onde é que estou...? — Bruno conseguiu balbuciar, mas foi interrompido pela voz retumbante do outro:

— Você está, exatamente, onde deveria estar. Este é todo o meu domínio.

— Você é uma pessoa?

— Sou o que você quiser que eu seja, porque posso ser qualquer coisa e várias coisas ao mesmo tempo. Mas estou falando por charadas, não é mesmo? Tudo balela, só para impressionar a sua mente delirante. Sou como uma criatura híbrida, alguém cuja vida foi gerada a partir de duas tradições fortes no mundo, que são a cristã e a hebraica. — Percebendo uma sombra de pânico anuviar ainda mais o semblante de Bruno, Abaddon prosseguiu: — Como pode ver, não tenho relação alguma com a religião muçulmana. Não que, para mim, isso faça alguma diferença. É que não sou preconceituoso, sabe? Aceito qualquer um aqui, em meus domínios.

— Nunca ouvi falar em você...

— É claro que Abaddon não é o meu nome verdadeiro. Tomei emprestada essa alcunha em face das similitudes entre o demônio religioso e minha própria condição. E caiu-me bem, você não acha?

Bruno sentiu ainda mais medo. Não compreendia bem o significado daquelas palavras, mas ficou bem claro que se encontrava diante do inimigo.

— O que estou fazendo aqui? — indagou, hesitante. — Que lugar é esse?

— Este é o paraíso que lhe foi prometido como recompensa pelo seu sacrifício. Não se lembra?

O olhar de Bruno foi de puro assombro.

— Não estou entendendo... — balbuciou. — Quem me trouxe até aqui?

— A questão não é quem, mas o quê.

O estranho ser de nome Abaddon se levantou de forma majestosa, caminhando até ele com o dedo ossudo em riste. Ao tocar sua fronte, Bruno sentiu um choque percorrer sua cabeça, estimulando as células de seu corpo mental. Imediatamente, a lembrança da chacina que empreendera preencheu seus pensamentos.

— Compreendeu agora? — continuou Abaddon.

— Eu morri? — foi a pergunta incrédula.

— Não se lembra de ter se matado?

— Vagamente. Mas... não era esse o lugar para onde eu esperava ir. Não foi isso que me foi prometido.

— Seu tolo execrável! — vociferou. — Ainda não percebeu? Você foi enganado pelas bobagens que lia e pelos espíritos que o acompanhavam, três sujeitos iludidos e burros.

— Quer dizer que não existe paraíso?

Abaddon soltou uma gargalhada cavernosa, fazendo eriçarem-se os pelos astrais de Bruno.

— Depende do que você entende por paraíso e, principalmente, das coisas que fez para merecer um lugar melhor ou pior no chamado mundo invisível.

— Por que você me trouxe para cá? — soluçou Bruno, aproximando-se cada vez mais do desespero. — Eu não mereço isso. Não quero estar aqui. Quero ser livre.

— Não merece? Se não merecesse, não estaria aqui. Ninguém recebe o que não merece. E ninguém trouxe você para cá, se quer saber. Muito menos eu. Foi a sua consciência que o atirou nos meus domínios. Não fui eu que fui buscá-lo. Não propriamente. Você magnetizou o meu poder e foi atraído para cá, ignorando o espírito iluminado que tentou salvar você. Quem foge da luz só pode ser acolhido pelas sombras.

— Mas por quê?

— Você ainda pergunta? Não sabe o que fez?

— Fiz o trabalho de Alá...

— Não diga besteiras! — cortou o espírito, irritado. — Não meta Alá ou qualquer outro deus na sua barbárie.

Bruno começou a chorar. Esperava desencarnar e ser recebido pelo Santo Profeta, conduzido ao paraíso onde viveria eternamente rodeado de prazeres. Lembrava-se mesmo de ter ouvido a voz do próprio Profeta, encorajando-o ao ato extremo, para não ser preso nem condenado simplesmente por ter cumprido a sua missão, que os homens comuns não compreendiam.

— Você não entende — sussurrou, amedrontado. — Você não é como eu, não é muçulmano.

— Sabe por que estou aqui? — Bruno meneou a cabeça. — Porque, há muitos anos e muitas vidas, assumi o papel de anjo vingador. Matei muita gente em nome da minha fé. Primeiro foram os cristãos. Como judeu, durante muito tempo os persegui, considerando-os traidores de Israel. Cheguei mesmo a reencarnar como romano para poder caçá-los com mais liberdade. Séculos depois, a fim de tentar dissolver essa desavença, renasci como cristão. Mas a vingança e o ódio faziam parte da minha natureza e ingressei nas Cruzadas, onde matei muitos de Israel. Inúmeras reencarnações foram desperdiçadas pela ilusão da separação e da superioridade de um povo e de outro. Como disse, foi pura ilusão. Ao descobrir que havia, em vidas distintas, matado tanto cristãos quanto judeus, povos aos quais havia jurado lealdade em épocas e lugares diferentes, compreendi que, no final das contas, o que eu havia feito fora apenas matar pessoas. Só pessoas. Nem judeus, nem cristãos, mas seres humanos, porque todos sangraram e morreram exatamente da mesma forma. É por isso que estou aqui, aprisionado pela minha consciência, magnetizando aqueles que, como você, são maus e matam por puro instinto de vingança.

— Eu não matei por vingança...

— Não se engane, meu caro. Foi por vingança que você engendrou toda essa selvageria. Você pode pensar que esqueceu, mas está tudo bem vivo aí, dentro de você. Você tem instinto assassino e não é nada além de um assassino. Um frio, cruel e sanguinário assassino. Ponto final.

— Eu não me arrependo... — murmurou Bruno, tão baixo que ouvidos físicos não poderiam ouvi-lo, mas Abaddon, sim.

— Chega de falar do passado — concluiu o espírito, reassumindo o ar assustador que, por instantes, havia sido substituído por uma aparência cansada e dolorosa. — Normalmente não venho dar as boas-vindas a nenhum prisioneiro. Deixo isso a cargo dos meus subordinados. Mas você atingiu alguém que me interessa, em particular.

— Quem? — perguntou, sem pensar.

— Não adianta lhe dizer quem, pois você não conhece pessoalmente nenhuma de suas vítimas. Ao menos nessa encarnação. Mas acontece que uma das meninas que você matou foi minha filha há muitas vidas. Dela quase me esqueci, mas sua morte me trouxe de volta algumas lembranças. Ela não está aqui, graças a Deus! — Ele mesmo hesitou ao dizer isso, mas se recompôs e prosseguiu: — Nenhuma daquelas crianças veio para o astral inferior.

— Não — protestou Bruno, olhos cerrados, meneando a cabeça com nervosismo. — Eu estou sonhando. Nada disso é real. Vou abrir os olhos e você vai sumir.

Assim ele fez. Estreitou a vista com força e tentou se convencer do que dissera. Pouco depois, abriu os olhos lentamente, para fixá-los diretamente nos olhos flamejantes de Abaddon.

— Surpreso? — debochou ele. — Ainda estou aqui, não é? A mente é uma coisa poderosa, sabia? Tem a capacidade de criar e aprisionar com a maior facilidade, mas depois não sabe se libertar. Torna você escravo daquilo que você mesmo criou.

— Não estou entendendo. Fui eu que criei esse inferno?

— Foi e não foi. O inferno está aqui — revelou ele, batendo com o dedo no chacra frontal de Bruno. E você pode sair no momento que quiser.

— Como? — retrucou Bruno, ansioso. — O que preciso fazer?

Abaddon gargalhou e concluiu:

— Essa é uma mágica que você ainda não sabe que tem.

Dito isto, aprumou o corpo, apoiou-se na bengala e, com passos firmes, saiu. Bruno ficou sozinho na escuridão, chorando. Sabia que estava perdido.

CAPÍTULO 39

Tamara e Ismael assistiam juntos ao jornal da noite, estarrecidos ante a notícia do massacre empreendido por Bruno. Sabiam que ele era estranho, mau, mas jamais poderiam imaginar que fosse um doente.

— Ele só pode ser psicopata — afirmou Ismael, indignado. — Bastava ver como ele agia, o que tentou fazer a você.

— Não vamos falar dele. No momento, seu irmão e Simone precisam de todo apoio.

— É mesmo. Coitada da Simone. Ninguém merece um irmão como aquele.

— Fico só imaginando como estarão os pais deles.

— E os pais das crianças que morreram? Devem estar muito pior.

— Não sei. Todos devem estar sofrendo. Não temos como avaliar a dor de cada um. Só pedir a Deus que lhes dê forças neste momento tão penoso.

Estavam assim conversando quando ouviram o interfone tocar.

— Quem será? — indagou Ismael. — Não estou esperando ninguém.

Com um pressentimento desagradável, atendeu. Era o porteiro, avisando que Joyce se encontrava na portaria, pedindo para falar com ele. Ismael dera ordens expressas para que não a deixassem subir sem antes lhe interfonar. De repente, a própria Joyce pegou o interfone, falando apressadamente:

— Por favor, Ismael, deixe-me subir. Preciso falar com você.

— Não acho que seja boa ideia, Joyce. Tamara está aqui, e não quero confusão.

— Não vou criar confusão, prometo.

Vendo que ele demorava para voltar, Tamara se aproximou.

— Quem é? — perguntou.

— Joyce — respondeu, apenas movendo os lábios e, em seguida, falando em voz alta: — Acho melhor deixarmos essa conversa para depois. A hora é complicada, acabamos de passar por um choque terrível.

Tamara se aproximou, dividindo com ele o fone, para poder ouvir o que Joyce dizia.

— Eu sei — afirmou ela. — E isso me fez refletir. Por favor, Ismael, ao menos ouça o que tenho a dizer a você e a Tamara.

Olhando para ele, Tamara fez que sim com a cabeça.

— Está bem — concordou ele, finalmente. — Mas vou logo avisando: se fizer algum escândalo, eu mesmo a porei para fora.

— Não vou fazer escândalo. Você vai ver.

— Deixe-me falar com o porteiro. — O rapaz apanhou o interfone. — Pode deixá-la subir.

— Sim, senhor.

Minutos depois, Joyce estava à porta. Trazia no semblante um ar de arrependimento que parecia sincero. Ela sorriu sem jeito e aceitou o lugar que Ismael lhe oferecia no sofá.

— Não quero ser grosseiro — começou ele —, mas diga logo o que tem a dizer e vá embora.

— Você *está* sendo grosseiro — censurou Tamara. — Tenho certeza de que Joyce quer apenas conversar. Não é, Joyce?

— Sim. Na verdade, não é bem conversar que desejo. O que quero mesmo é me desculpar.

— Desculpar?! — Ismael repetiu, incrédulo.

— É, desculpar. Não devia ter agido como agi.

— Não devia mesmo — concordou Ismael, seguido pelo olhar de reprovação de Tamara.

— Nem sempre a gente faz só o que deve. O ciúme é grande inimigo da verdade. Por causa dele, mentimos para nós mesmos e tentamos forçar a vida a ser do jeito que queremos. Só que a vida não se deixa iludir, e a verdade corre como um rio que não se pode represar. Ainda que seja contido ou desviado em alguns momentos, a força das águas sempre faz com que a verdade venha à tona.

— Bonita metáfora — desdenhou Ismael. — Mas, partindo de você, não me convence.

— Ismael — censurou Tamara, dando-lhe um beliscão de leve.

— Deixe, prima — pediu Joyce. — No fundo, Ismael tem razão. O que fiz justifica sua desconfiança.

— Você está enrolando, enrolando e não diz nada — considerou Ismael. — Por que não é sincera e não fala, realmente, por que veio aqui?

— Para me desculpar, já disse. Sei que agi mal com vocês, deixei-me iludir pelas ideias de Bruno, fiz o que ele mandou...

— Perdão, Joyce — intercedeu Tamara. — Mas não acho justo, agora que Bruno morreu, querer culpá-lo pelo que você fez. Se ele lhe sugeriu alguma coisa, você acatou porque quis.

Joyce sentiu o rosto arder. Devia ter enrubescido, porque o calor em suas faces era quase insuportável. A tragédia de Bruno dera-lhe, sim, essa ideia. Pretendia colocar nele a culpa pela sua insanidade, a fim de reaproximar-se de Ismael e reconquistá-lo.

— Não estou culpando Bruno por nada — defendeu-se. — A verdade é que eu estava desesperada, fora de mim, e ele me pegou num momento de fraqueza. Estivesse eu em meu juízo perfeito, não teria cedido aos seus conselhos.

— Ele não lhe deu conselhos — objetou Ismael. — Ele planejou, juntamente com você, destruir meu relacionamento com Tamara.

— Ainda bem que não deu certo — mentiu. — Agora compreendo que não adianta tentar pressioná-lo para ficar comigo, já que você não me ama mais.

— É isso mesmo.

Ouvir essa confirmação dos lábios dele deixou-a profundamente perturbada. Esforçando-se ao máximo para se conter, deu continuidade a suas desculpas:

— Tudo bem que eu concordei, mas não sabia o que estava fazendo. E vocês não sabem como Bruno podia ser convincente. Tinha uma lábia...

— Você não devia mais falar de Bruno — ponderou Tamara. — Ele acabou de matar várias pessoas e se suicidar. Não é o momento mais oportuno de lhe fazer acusações das quais não poderá se defender.

— Mas que droga, Tamara! — descontrolou-se. — Vim aqui lhes pedir desculpas, e tudo o que vocês fazem é defender o Bruno? Ele era um psicopata, um assassino, *serial killer*, sei lá. Ainda bem que está morto. Não vai fazer falta para ninguém mesmo.

Tamara e Ismael emudeceram, encarando Joyce com uma certa irritação. Estava claro agora que ela justificava suas atitudes culpando um morto. Será que pretendia, com isso, ganhar a simpatia dos dois para continuar seu plano de separação?

— Creio que nossa conversa acabou — disse Ismael. — Já ouvimos suas desculpas. Agora, pode ir.

— Espere um pouco — pediu ela. — Isso não é tudo. É importante, para mim, saber que vocês me perdoam. Quero que voltemos a ser amigas, Tamara. Podemos continuar a sair todos juntos.

— Não podemos, não — discordou Ismael. — Tamara e eu estamos namorando. Não acredito que você queira nos acompanhar como testemunha de nosso amor. Não você.

Ela quase o fulminou com o olhar. Apesar de sincera, Tamara era mais maleável. Ismael, porém, era duro como diamante bruto. E nada bobo. Não se deixava iludir facilmente.

— Tenha calma, Ismael — pediu Tamara. — Vamos dar uma chance a Joyce. Suas atitudes, daqui para a frente, é que demonstrarão se ela está mesmo arrependida e conseguiu superar o que aconteceu.

— A traição de vocês, quer dizer — Joyce deixou escapar.

Por mais que tentasse, era-lhe difícil manter a aparência de um sentimento que realmente não tinha. Esforçava-se para superar com a única finalidade de reconquistar a confiança dos dois para separá-los na primeira oportunidade que tivesse.

— Agora chega — avisou Ismael. — Já ouvimos o suficiente.

— Perdoem-me — tornou ela, forçando as lágrimas. — Não foi isso que eu quis dizer. Mas é que, às vezes, é tão difícil...

— Isso só mostra o quanto você ainda está ressentida — afirmou Tamara. — Como pode pensar em sair conosco se ainda ama o meu namorado?

— Ele só é seu namorado porque você o tirou de mim — afirmou, entre dentes.

— Não é bem assim — protestou Tamara, magoada. — Nós nos apaixonamos, ninguém pode nos culpar por isso.

— Já ouvi essa história e não foi para ouvi-la de novo que vim. Só queria me desculpar, mas se vocês não conseguem me perdoar, então, nada mais tenho a fazer aqui.

— Ainda bem que se convenceu — retrucou Ismael. — E agora, se nos der licença, queremos assistir à novela.

Olhando de um para outro, Joyce quase explodiu. Foi preciso muito esforço para dominar seu ímpeto. Mais uma ironia ou rispidez acabaria para sempre com sua esperança de se reaproximar de Ismael. Tinha que fazer o jogo dele, levá-lo a acreditar que ela, realmente, havia mudado.

— Já estou de saída — avisou ela. — Fiz a minha parte pedindo-lhes desculpas. Fui sincera, mas se vocês vão acreditar em mim ou não, se vão me perdoar ou não, é problema de vocês.

— Na verdade, nós não precisamos perdoá-la, porque não temos nada contra você — esclareceu Ismael.

— Estou vendo...

— Sua pessoa não nos incomoda nem nos desagrada, nem nos aborrece, nem nos causa qualquer tipo de transtorno, porque hoje você não representa mais nada para nós. O que você foi no passado, tanto para mim quanto para Tamara, acabou no dia em que você resolveu se aliar a Bruno para nos destruir.

— Se eu lhe fosse tão indiferente, você não falaria dessa forma tão ressentida.

— Engano seu. Não estou ressentido. Um pouco irritado, talvez, diante da sua cara de pau de vir até aqui mentir para nós tão descaradamente.

— Chega disso, Ismael — Tamara intercedeu. — Joyce já deu o seu recado. E se é tão importante para você o nosso perdão, apesar das palavras de Ismael, quero que saiba que a perdoamos. Não guardamos raiva nem ressentimento. Só queremos viver a nossa vida em paz e gostaríamos que você fizesse o mesmo. Com certeza, em algum lugar, existe um homem maravilhoso esperando por você. Vá e seja feliz, mas deixe-nos encontrar a felicidade também.

— Muito bem — finalizou ela, mordendo os lábios para não gritar. — Considero então que está tudo resolvido. Podemos ser amigos?

— Resolvido, está — repetiu Ismael. — Ser amigos? Acho que não.

— Não foi bem isso que Ismael quis dizer — retrucou Tamara. — É só que, para sermos amigos de novo, vai depender do tempo. Não é isso, meu bem?

Ele assentiu, apenas para não a desagradar, evitando olhar para Joyce. Não sabia como Tamara aguentava tanta falsidade. Ele era diferente. Não suportava mentiras nem pessoas dissimuladas.

Relutantemente, Joyce foi embora. Não tinha mais o que fazer ali. Tamara acompanhou-a até a porta, ao passo que Ismael nem se moveu. Depois que ela saiu, ele fitou a namorada com ar carrancudo:

— Não acreditei em uma só palavra do que ela disse.

— Ela está tentando. Temos que ser mais tolerantes.

— Você pode ser tolerante. Quanto a mim, prefiro ser realista.

Para encerrar a questão, Tamara o abraçou com carinho, tentando imaginar o que se passava pela cabeça de Joyce. Esta, por sua vez, saiu da casa de Ismael remoendo a raiva e a frustração. Nada do que planejara deu certo. Ismael era esperto, não acreditara nela. Pela reação dele, viu afastarem-se suas chances de reconquista. E agora não sabia se conseguiria viver sem ele.

CAPÍTULO 40

Era um pôr-do-sol lindo se ver. O mar se estendia, sereno, até o horizonte, cristalino como um tapete de espelhos reluzente. No reflexo das águas, a luz rubra do poente, aos olhos de Simone, parecia chorar pequeninas lágrimas de sangue, como se o céu, naquele momento, derramasse sobre o mundo o pranto de sua dor. A seu lado, Daniel segurava sua mão, contemplando o infinito de cores, cuja graça se perdera na obscuridade da tragédia.

— Tão lindo... — comentou ela, pesarosa. — Pena que não dá para sentir alegria. Só dor...

— Não fique assim — Daniel procurou confortar. — Com o tempo, isso irá passar. Tudo passa.

— Eu sei. Mas, no momento, é tão dolorido! Não entendo o que deu na cabeça de Bruno.

— Acho que ninguém vai entender. A polícia encontrou vídeos no computador dele, exaltando o islamismo. Acho que ele enlouqueceu. Só pode ser isso. Ninguém, em sã consciência, faz o que ele fez. Ainda mais aqui no Brasil, onde não temos histórico desses massacres.

— Eu sei. E é isso o que mais me choca. Imagine só o que as famílias estão passando, Daniel! Devem nos odiar.

— Vocês não têm culpa. Não podem ser responsabilizados pela loucura de Bruno.

— Difícil é convencer as pessoas disso. Muitos atiram pedras em nossa casa, você viu. Nos apontam na rua, estamos sendo hostilizados. Como convencê-los de que, mais do que todos, estamos chocados com os acontecimentos? Todo mundo chora a dor das vítimas, o que é certo, pois foram os que mais sofreram. Mas ninguém para pra pensar no sofrimento da família do assassino. Além da dor, fica-nos o estigma. Ou será que pensam que compactuamos com o assassínio? Ou talvez achem que nos orgulhamos dele ou que somos iguais? Ou que é culpa nossa Bruno ter feito o que fez?

— Quem vai saber o que se passa na cabeça das pessoas, Simone? Mas tente se colocar no lugar das famílias. Se Bruno estivesse entre as vítimas, talvez você se sentisse da mesma forma. Ninguém além daquelas pessoas pode avaliar o que estão sofrendo.

— Eu sei. E não pense que não simpatizo com a dor delas. Não tenho nem como comparar o que nós sentimos com o que elas sentem. Mas eu gostaria, apenas, que as pessoas compreendessem que também estamos sofrendo e que não queríamos que nada disso tivesse acontecido.

— A verdade é que estão todos revoltados, indignados, e vocês, que ficaram, são os únicos representantes vivos do causador da desgraça.

— Viramos bodes expiatórios, não foi? Bruno mata toda aquela gente, se mata e deixa as consequências para nós. Por quê?

— Não sei bem, mas tudo tem um porquê. Podemos não compreender os motivos de tudo isso, mas que existe um, isso existe.

— Não é justo. Não fizemos mal a ninguém e agora estamos todos na mira do ódio das pessoas. Não é fácil receber tanta energia negativa em cima, por algo de que não participamos e que jamais aprovaríamos. Se soubéssemos antes, teríamos mandado internar o Bruno.

— Não fique assim, meu amor. As pessoas estão confusas, indignadas, desnorteadas. Ninguém está acostumado com isso.

— Imagine nós! De uma hora para outra, de pessoas de bem passamos a ser a família do assassino. Meu pai está até pensando em se mudar.

Daniel calou-se, contemplando os últimos momentos de vida do sol, que recolhia seus raios à medida que parecia esmaecer no horizonte. Aos poucos, o crepúsculo foi descendo sobre o mar, substituindo o espelho de fogo por uma luminosidade gris, enquanto luzinhas coloridas se acendiam na cidade, feito lanterninhas distribuídas no pavilhão da noite.

Ao redor deles, várias pessoas se deliciavam com o espetáculo do sol, que transformava o Arpoador no palco natural de sua performance mais requintada. Nem sequer desconfiavam de que ali, bem pertinho deles, estava a irmã do monstro, como Bruno passara a ser chamado. Era melhor que permanecessem em sua ignorância, para que Simone não corresse o risco de ser apontada nem agredida em público.

Em silêncio, observavam as primeiras estrelas, cintilantes como luzinhas de natal que se acendiam ao mesmo tempo. À tristeza de Simone, somava-se a de Átila, que agora os acompanhava meramente por costume. Desde que Bruno se matara, não sentia mais vontade de ficar ao lado de Simone nem lhe incomodavam tanto as cenas de amor entre ela e Daniel.

Que Bruno era louco e assassino, ele já sabia. Mas que era um psicopata fundamentalista fora uma novidade deveras chocante. Até ele, que já não dispunha mais de matéria física, sentira no peito uma comoção sem igual, ao descobrir o que acontecera. Sua própria morte já nem lhe parecia mais tão horrível assim.

— Ficou um vazio aqui dentro — observou Simone, apontando para o coração. — Não sei o que será de nós daqui para a frente.

— Case-se comigo — pediu Daniel apaixonadamente.

— Casar? Agora você endoidou de vez. Eu só tenho dezessete anos.

— E daí? Tenho certeza de que a amo e gostaria de saber se você sente o mesmo por mim.

— É claro que sinto.

— Então, vamos nos casar. Diante das circunstâncias, é claro que, se você pedir, seus pais consentirão.

Ela permaneceu algum tempo em silêncio, sob a influência da tristeza de Átila e de sua própria tristeza.

— Tenho medo — confessou após alguns minutos. — Tenho medo de não conseguir fazê-lo feliz.

— Isso seria impossível. Você me faz feliz só por existir e estar ao meu lado.

— E se eu não corresponder às suas expectativas?

— A única expectativa que tenho com relação a você é que me ame pelo resto da vida.

— Mas eu tenho medo de... sexo.

— Porque é muito nova. Mas você perderá esse medo. Depois que nos casarmos, tudo irá se modificar. Como minha mulher, você não terá mais o que temer.

— Ah! Daniel!

Beijaram-se com paixão, e, de repente, toda a noite parecia espocar como estrelinhas de fogos de artifício. Até Átila sentiu a emoção. Inesperadamente, fitou o céu de um marinho profundo, com matizes de turquesa nos pontos onde as luzes da cidade ofuscavam o brilho dos astros. Tudo nele irradiava uma comoção sem igual, como se a noite recém-nascida trouxesse com ela a esperança de um novo começo. Mas como? Fitou o casal apaixonado, sentindo, nos próprios olhos, as lágrimas derramadas por Simone.

Ela se afastou do namorado, olhando-o com estranheza.

— O que foi, meu bem? — ele quis saber.

— Estranho. De repente me lembrei de Átila.

Ao ouvir seu nome, pronunciado pelos lábios doces de Simone, Átila teve um sobressalto. Sem que ambos soubessem, ela captava as impressões do espírito, percebendo, inclusive, seus pensamentos atormentados.

— De Átila? — repetiu Daniel. — Por quê?

— Não sei. Até hoje não descobriram quem foi que o matou. Mas... não sei...

— O que foi? O que está pensando?

— Nada... Foi só uma ideia maluca. De repente, me... — calou-se, com medo das próprias palavras.

— De repente você... — Daniel insistiu.

Depois de muito lutar contra a dúvida, ela acabou por confessar:

— De repente eu me dei conta de que Bruno pode ter matado Átila também.

— O quê?! Acha isso possível?

— Acho. Não compreendo, mas essa ideia me veio à cabeça. É quase uma certeza.

— Mas Átila e Bruno não eram amigos?

— Você acha mesmo que Bruno era amigo de alguém? Pense bem. Ele não demonstrou emoção alguma ao receber a notícia da morte de Átila. Agia feito um robô, fazendo as coisas maquinalmente, como se tudo houvesse sido ensaiado.

— Agora que você falou, concordo com você. Mas se fosse assim, a polícia não teria desconfiado?

— A polícia não o conhecia nem tinha motivos para desconfiar dele. Para todos os efeitos Átila e Bruno eram melhores amigos.

Daniel silenciou. Apesar de estarrecedora, a ideia fazia sentido. Mesmo assim, restava a dúvida do motivo que teria levado Bruno a matar o amigo, se é que fora ele.

— Foi ele! — Átila gritou ao lado deles. — De forma traiçoeira e covarde, foi ele!

— Coitado do Átila — prosseguiu Simone. — Se estivesse vivo, o que pensaria disso tudo?

— Eu estou vivo — afirmou Átila, mas ela não ouviu. — Pena que você não pode me ver...

Daniel abraçou Simone gentilmente. O pôr-do-sol convidava ao romance de forma tão intensa que ele a beijou novamente nos lábios. Ela correspondeu de mansinho, agora sem paixão, mas com um sentimento profundo e verdadeiro.

Naquela mesma noite, Daniel fez o pedido de casamento. Como Simone era menor de idade, necessitaria de autorização dos pais para casar.

— Não acha esse pedido meio fora de hora? — indagou Valmir. — Acabamos de cremar nosso filho.

Devido à forte comoção provocada nas pessoas, a cremação foi a melhor alternativa para manter afastados os revoltosos. Contando apenas com a presença da família, o corpo de Bruno despediu-se do mundo. Suas cinzas jaziam agora dispersas na montanha, onde Ileana as espargira enquanto subiam a serra Rio-Petrópolis.

— Pelo contrário — afirmou Daniel, convicto. — Vocês têm sofrido muita pressão e Simone está sendo hostilizada por todos. Nós podemos nos mudar para um lugar onde ninguém nos conheça e teremos uma vida normal.

— Essa seria uma boa ideia — concordou Ileana, preocupada com o bem-estar da filha. — Mas Simone ainda é muito nova para se casar. Quem garante que, amanhã ou depois, não mudará de ideia?

— Eu garanto — assegurou ela. — Amo Daniel.

— Você diz isso agora, mas não tem maturidade suficiente para saber. E se descobrir, mais tarde, que não era isso que realmente queria?

— Perdão, Dona Ileana, mas não creio que isso seja empecilho — objetou Daniel. — Mesmo as pessoas maduras podem mudar de ideia no futuro. Idade não é garantia de nada. Para um casamento dar certo, só precisa de amor. Se o amor acaba, ou se era apenas uma ilusão, o casamento se acaba também. E isso pode acontecer com qualquer um. Quantos casais divorciados a senhora conhece?

— Isso lá é verdade — concordou Valmir. — Contudo, quando se é mais jovem, o risco é bem maior.

— Estou disposto a correr o risco assim mesmo.

Ileana e Valmir se entreolharam em dúvida. Naquele momento, tirar Simone dali seria uma bênção. Ela era jovem, merecia uma vida melhor do que aquela de discriminação que se lhe apresentava.

— Por favor, pai, consinta — implorou ela. — Amo Daniel de verdade. Quero passar o resto dos meus dias com ele.

Ao suspiro, seguiu-se a resignação. Buscando com o olhar a concordância de Ileana, Valmir perguntou:

— O que você acha?

— Acho que Simone é muito jovem, mas, diante das circunstâncias, creio que é o melhor. Daniel é um bom rapaz e tenho certeza de que cuidará dela direitinho.

— Também penso assim — admitiu ele. — Muito bem, vocês conseguiram nos convencer. O que temos que fazer?

— Amanhã, vou ao cartório dar entrada nos papéis — avisou Daniel, eufórico. — Sei que vocês terão que comparecer para assinar o Termo de Consentimento.

— Certo. Então, prepare tudo e nos avise quando precisaremos ir até o cartório.

— Enquanto isso, podemos ir vendo igreja, não é, mãe? E o vestido também?

— Vamos providenciar tudo — disse ela.

Ileana sorriu, lembrando-se de seus sonhos de juventude. Ao menos a felicidade de Simone vinha derramar um pouco de luz naquele momento sombrio. Estranhamente, a felicidade deles foi também a de Átila, cujo ciúme havia se dissolvido diante da tristeza.

CAPÍTULO 41

A polícia estava à porta de Ileana. Ao abri-la, ela percebeu várias pessoas paradas na calçada, olhando para dentro de sua casa com ar curioso. Aquilo estava virando um inferno. Quando as pessoas iam compreender que eles também estavam sofrendo?

A visita da polícia não fora das mais agradáveis. O detetive encarregado do caso, por consideração a ela, resolvera contar-lhe pessoalmente as últimas descobertas.

— Descobrimos coisas interessantes no computador de Bruno — iniciou ele, mas ela teve até medo de perguntar o quê. — A senhora sabia que ele estava assediando uma moça chamada Tamara?

— Não. Sabia que ele estava interessado nela, mas não que a assediava.

— Pelo que descobrimos, ele pretendia sequestrá-la para forçá-la a viver com ele.

— Forçá-la? Mas como?

— Mantendo-a em cárcere privado, provavelmente. Já descobrimos quem é e conversamos com ela. No mesmo dia em que ele cometeu os crimes, havia antes sequestrado a moça.

— O quê?

— Ela nos contou que ele entrou em seu carro e, ameaçando-a com uma arma, forçou-a a seguir até o apartamento dele. Lá, ele tentou estuprá-la, mas desistiu, mandando-a embora. Não sabemos se ele ficou impotente ou com raiva das coisas que ela lhe disse. De todo modo, foi a sorte dela. Ele a mandou embora para, dali a poucas horas, invadir a escola. Desconfiamos que esse foi o motivo acionador de sua fúria e que o levou a agir naquele dia específico.

Com olhos úmidos, Ileana retrucou, a voz embargada:

— Compreendo que o senhor está fazendo o seu trabalho, mas tem ideia da dor que está me causando? Imagine como me sinto, descobrindo que meu filho era um monstro, em vários aspectos.

— Peço que me perdoe, mas achei que seria melhor a senhora saber por mim do que pelos jornais. Eu estou lhe contando as coisas do jeito como as descobrimos, sem o sensacionalismo próprio da imprensa em casos como esse.

— Tem razão, me desculpe. É que é tão difícil!

— Posso imaginar. — Ele ficou olhando para ela, até que prosseguiu: — E tem mais uma coisa.

— O que é?

— Essa, talvez, seja ainda mais difícil. — Ileana ergueu as sobrancelhas, visivelmente espantada. — A senhora, na certa, se lembra do homicídio de um rapaz chamado Átila, não lembra?

— É claro. Era o melhor amigo de Bruno. Mas espere um instante... O senhor não está insinuando que Bruno teve alguma coisa a ver com a morte do menino, está?

— Na verdade, há uma confissão completa. Ele descreve, em detalhes, o antes e o depois.

— Não acredito! Por que Bruno faria uma coisa dessas ao seu melhor amigo?

— Porque queria saber se tinha coragem suficiente para matar e descobriu que sim. Átila foi sua primeira experiência. Bruno começou a planejar a invasão da escola depois que o matou.

O detetive evitava usar palavras como *chacina* e *massacre*, a fim de não provocar ainda mais sofrimento em Ileana. Contudo, não tinha como explicar a ela que o filho era um assassino antes mesmo de cometer aquela barbárie.

— Não é possível — ela tornou, agora aos prantos. — Meu Deus, eu não conhecia o filho que criei!

— Não se culpe. A senhora e seu marido não são responsáveis por isso.

— Será que não? De uma maneira ou de outra, os pais não são sempre responsáveis?

— É claro que não — confortou o espírito de Abdul, invisível a seu lado. — Você fez o melhor que pôde. Não fossem os valores que passou para ele, Bruno podia ter sido muito pior. Ao invés de matar dez pessoas, podia ter matado cem. Em outros tempos, teria feito isso.

Recebendo as impressões do espírito, aliadas a uma poderosa energização de seus chacras, Ileana sentiu-se melhor. Abdul aguardou até que ela adormecesse para só então deixá-la. Saindo para o ar da noite, não precisou aguardar muito, até que três outros espíritos surgiram a seu lado. Seriam seus auxiliares na tarefa que tinha a executar.

Assim como fizera tantas outras vezes, em que fora obrigado a baixar seu foco energético para que os espíritos das trevas conseguissem assimilar sua presença, deram início ao processo de remodelação vibracional de seus próprios corpos fluídicos, a fim de torná-los mais densos.

Manipulando devidamente os átomos astrais, conseguiram alcançar a densidade desejada. A exemplo dos demais, Abdul sentiu como se uma veste grosseira cobrisse todo seu corpo, que se tornou pesado, opaco, um manto espesso para conter a luminosidade natural que já era parte dele mesmo.

Assim *disfarçados*, partiram em direção ao astral inferior, onde Abaddon estendia seus domínios. Seria uma caminhada penosa, passando por vales de sofrimento e dor. Abdul tinha que ter muito cuidado para não chamar a atenção nem despertar a raiva dos que ali habitavam. Muitos, ao descobrir os *truques* dos espíritos mais iluminados para adentrar, despercebidos, o território das sombras, voltavam-se contra eles, tentando atacá-los e fazê-los prisioneiros. Por isso é que somente espíritos muito preparados tinham autorização para descer até ali. Qualquer um que se deixasse consumir por um mínimo de sentimento ou pensamento de desequilíbrio, por menor que fosse, corria o risco de formar um elo com o submundo astral e dele não conseguir sair.

Abdul, porém, tinha preparo suficiente, além da humildade e do amor necessários ao encontro com seres obscuros. Olhava-os não com pena, mas com amor. Compreendia suas dores, seus motivos, suas frustrações.

À medida que iam passando pelo meio deles, oravam em silêncio, causando inexplicável bem-estar a alguns, mais impressionáveis pelas vibrações superiores, enquanto outros se ressentiam, fugindo espavoridos ou tentando *farejar* de onde provinham as indiscerníveis ondas benéficas.

Protegidos pela camada energética que só um coração iluminado pode promover, Abdul e seus companheiros seguiam seu caminho, despertando pouca ou nenhuma atenção dos demais. A descida não era das mais agradáveis, mas era algo que ele tinha que fazer, um sacrifício em nome de todos os seres que habitavam a Terra e do próprio Bruno.

Chegando às cercanias do reino de Abaddon, Abdul sentiu o cansaço que a densidade do lugar lhes infligia. Mesmo assim, manteve-se firme e passou os portões da cidade, que parecia uma fortaleza erguida em meio a um deserto de ossos. Era impressionante o que muitas mentes vibrando juntas eram capazes de fazer. Tudo aquilo não passava do somatório da criação mental de incontáveis espíritos empedernidos, que associavam formas-pensamento para plasmar um único lugar de sofrimento, reflexo dos tormentos que lhes iam na alma.

Alguns espíritos estranharam sua presença, já que eles não eram conhecidos por ali. Uma sentinela correu a avisar Abaddon de que quatro estranhos haviam chegado. Experiente como era, Abaddon logo percebeu que não se tratava de iguais, mas, provavelmente, de seres de luz que teriam um motivo muito forte para descer até ali.

— Só pode ser por causa de Bruno — disse para si mesmo.

Mesmo dominando todo aquele território, Abaddon não era uma criatura voltada para o mal. Era vingativo, mas sabia reconhecer um bom coração. Aos justos, como ele chamava, dedicava todo o seu respeito. Aos ímpios, sua ira. De posse de sua bengala, saiu do castelo em que vivia, caminhando ao encontro dos desconhecidos. Mesmo toda camuflagem astral não impedia que ele identificasse os traços de espíritos muito superiores a ele. Um respeito natural pelos seres dedicados à luz forçou-o a baixar a cabeça, numa reverência espontânea que atendia ao reconhecimento. Rapidamente, contudo, se empertigou, a fim de não parecer fraco nem humilde diante dos visitantes.

— Alto lá, Mestre — falou ele, com voz firme, porém, amistosa. — Podem identificar-se, por favor, e dizer a que vieram?

Abdul sorriu. Mesmo com toda aquela capa de maldade, conseguiu discernir um pontinho bem fraco de luminosidade brotando na altura do coração de Abaddon. Aos olhos despreparados dos habitantes locais, não havia nada ali, pois aqueles seres, há muito habituados às sombras, tinham dificuldade de enxergar a luz, por mais fraca que fosse. E quando acontecia de a perceberem, sentiam arder os olhos, cegados por uma visão que estava muito além do que podiam suportar.

— Salve, chefe — respondeu ele, em tom humilde e, ao mesmo tempo, seguro. — Por acaso, é o senhor deste reino?

Abaddon sorriu de volta. Conhecia as gentilezas dos iluminados, algo que o agradava, porque eram sinceras.

— Sou eu mesmo. E vocês? Quem são e por que estão aqui?

— Chamo-me Abdul, e estes são meus companheiros Jonas, Mário e Cecília. Viemos em paz, por causa de alguém que você capturou recentemente.

— Refere-se a Bruno? — Ele assentiu. — Venha comigo, por favor.

Abdul seguiu-o sem medo. Gostara de Abaddon, sabia que estava diante de um espírito vingativo, poderoso e, ao mesmo tempo, verdadeiro. À medida que iam caminhando, Abaddon usou do poder de sua mente para amenizar um pouco a sobriedade da sala em que pretendia receber os recém-chegados. Fez o que pôde, tingindo-a com uma luminosidade purpúrea que mais lembrava um bordel. Mesmo assim, era melhor do que a escuridão a que seus olhos estavam acostumados.

Abaddon foi o mais cortês possível. Ofereceu a todos poltronas limpas, perto de uma janela por onde passava uma brisa suave, quase insignificante. Os corpos dos espíritos, que se ressentiam um pouco da densidade sufocante, receberam o ar ameno como um banho de frescor.

Embora Abaddon respeitasse os espíritos de luz, não estava disposto a abrir mão de Bruno. Pretendia, da forma mais elegante que conseguisse, dissuadi-los da intenção de levá-lo. Para não parecer desrespeitoso, pigarreou e, tentando imprimir à voz uma entonação reverente, indagou:

— Posso saber qual o seu interesse no rapaz? Espero que não esteja aqui para levá-lo.

— Na verdade, vim aqui para lhe pedir um favor.

— Um favor? — surpreendeu-se Abaddon, a quem nenhum espírito de luz havia pedido favor algum antes. — Que tipo de favor?

— Antes, gostaria de fazer-lhe uma pergunta. Já pensou em sair daqui?

— Eu?! — espantou-se Abaddon, certo de que estava diante da figura mais singular que já havia conhecido. —

Quem sou eu para pensar em tamanha honra? Meu lugar é aqui, entre os condenados e perdidos. Sou um deles.

— Condenados e perdidos também podem se modificar.

— O que não é o meu caso. Perdoe-me a sinceridade, mas gosto do que faço.

— Eu sei. Contudo, você não é um ser maléfico. É justo, embora dê muito valor à vingança.

— Não sei se este seria bem o termo. Vivo pela vingança, mas não dou valor a ela. Para falar a verdade, trago até aqui os espíritos que agem movidos pela vingança.

— E não é a mesma coisa? Você não se julga vingador dos que foram vingados?

— É... — confundiu-se. — Não deixa de ser.

— Pense nisso. Bom, não vim até aqui para convencê-lo a abandonar seu posto ou seus súditos. Quero apenas deixar aberta uma porta, pois acho que está chegando o dia em que você irá se cansar dessa vida. Quando isso acontecer, chame por mim. Virei ajudá-lo.

— Fico-lhe muito grato — retrucou, verdadeiramente emocionado. — Mas, deixando isso de lado, retornemos ao favor que você queria me pedir.

— Onde se encontra Bruno, neste momento?

— Preso em uma de minhas masmorras, e é lá que pretendo que ele fique por um bom tempo.

Com um aceno de cabeça, Abdul concordou. Esperou alguns segundos para introduzir novo rumo à conversa:

— Você sabe que o mundo está mudando, não sabe?

— Só um idiota não perceberia isso. E daí? Bruno não tem nada de bom a acrescentar a essas mudanças.

— Bruno fez o que sua ilusão lhe permitiu. Mas sim, você tem razão. No atual estágio da humanidade, Bruno não tem com o que contribuir para a melhora do planeta.

— Foi o que eu disse. Pelo visto, estamos de acordo. Sendo assim, devo dizer que ainda não entendi qual o seu interesse nele.

— Justamente esse: As transformações do mundo. Desse ponto em diante, as coisas vão melhorar na Terra. Há muito, uma última chance foi dada a espíritos altamente empedernidos, que se recusam a enxergar o caminho do bem. Alguns, após muito esforço, estão conseguindo melhorar. A maioria, contudo, permanece ainda cega pela ilusão do poder, do egoísmo, da ambição e da vaidade, cometendo crimes que o senso comum rotula de hediondos.

— E são mesmo. Veja o que o Bruno fez, por exemplo. Por mais que aquelas crianças houvessem feito a ele algum mal em outra vida, nada justifica a vingança que ele empreendeu.

— Exatamente. Já é hora de pararmos com isso, de retirarmos do mundo pessoas que se disponibilizam como instrumento do mal. Você não concorda?

— Acho que sim.

— E é aí que entra o favor que vim lhe pedir. Para que o mundo realmente alcance uma modificação significativa, tornando-se o lugar de reconstituição humana pela via do amor, é preciso que alguns obstáculos sejam removidos. — Antes que Abaddon falasse, Abdul esclareceu: — Remover obstáculos não significa simplesmente extirpá-los do ambiente, mas dar a eles condições de prosseguir em sua jornada de crescimento através de outros meios, conquistando novos planetas onde a nova vida se inicia.

— Você quer dizer, em suma, que ele não vai mais fazer parte da humanidade terrestre.

— Isso mesmo. Os espíritos que não conseguirem se melhorar não terão mais essa chance aqui — fez uma pausa significativa e olhou profundamente nos olhos do outro antes de prosseguir: — A exemplo do que aconteceu em outros mundos, eles serão levados a planetas que estão iniciando o povoamento através das primeiras raças dotadas de corpos físicos, a fim de, com os seus conhecimentos, impulsionarem o progresso tecnológico, ao mesmo tempo em que, fatalmente, acabarão descobrindo também a necessidade do progresso espiritual. Foi assim com a Terra e com vários outros planetas. Será assim com este para o qual tais espíritos serão redirecionados, conduzidos até lá pelo planeta astral que se aproxima de nós.

— Planeta astral?

— Sim. É por isso que muitos não acreditam na proximidade de um outro planeta, porque não podem vê-lo. Ele não se apresenta visível a nenhum telescópio humano, porque tem somente massa astral. Isso possibilitará que os corpos astrais desses espíritos sejam magnetizados pelo cinturão energético que o envolve, funcionando como uma espécie de nave capaz de conduzi-los, a todos, a esse novo mundo.

— Compreendo bem o que está falando — tornou Abaddon, após alguns minutos de reflexão. — Só não entendo onde eu e Bruno entramos nisso tudo.

— Os espíritos que estão sendo selecionados para partir... — Ante o olhar de espanto de Abaddon, Abdul explicou: — Não precisa me olhar assim. Essa seleção é natural. Todo mundo tem a chance de ficar, mas quem não mudar suas atitudes, não passar a ver o bem como objetivo da humanidade, estará, automaticamente, posicionando-se na linha de partida. Ninguém seleciona os espíritos que vão. São eles que selecionam o lugar para onde desejam ir. Bom, como eu ia dizendo, os espíritos selecionados não podem mais reencarnar na Terra. Precisam ficar aguardando o momento de partir. É aí que entra o favor que venho lhe pedir.

— Continue.

— A fim de que essa partida aconteça de forma ordenada, sem revoltas, precisamos manter os espíritos num estágio, digamos de letargia, que assegure que essa passagem não seja precedida de nenhuma reação violenta.

— E como pretendem fazer isso?

— Adormecendo alguns espíritos que desencarnam, colocando-os em estado de sono profundo, como um coma induzido, até que surja o momento do despertar, já no novo mundo.

— E é isso que você quer que eu faça com Bruno? Que o adormeça?

— Na verdade, estamos aqui para isso, se você assim o permitir.

— E ele poderá continuar aqui?

— Se você preferir. Aqui, sei que estará vigiado por você. Quando chegar o momento, nossos encarregados virão buscá-lo.

— E terei que entregá-lo?

— Seria o desejável. Você irá nos prestar um grande favor mantendo Bruno aqui, mas a hora da partida é inadiável.

— Compreendo. Bem, se é assim, deixe comigo. Farei o que você me pede.

— Gostaríamos de vê-lo agora, se isso não for incômodo.

— De modo algum. Venham comigo.

Enquanto seguiam juntos para a enxovia de Bruno, Abaddon ia pensando em tudo o que Abdul lhe dissera. Suas palavras faziam sentido; eram, para ele, espírito habitante do astral inferior, verdades incontestáveis e temíveis.

Parados defronte à pesada porta de madeira que dava acesso ao cárcere, Abaddon fitou Abdul com olhos chamejantes. Por alguns instantes, pareceu hesitar, mas logo se recompôs. Antes de abrir a porta, segurou gentilmente o braço do outro e indagou, tentando não revelar a preocupação que lhe trespassava a mente:

— E quanto a mim? Irei partir ou ficar?

Abdul fitou-o com olhar cheio de compreensão. Já sabia que sobreviria aquela pergunta. Ele segurou as mãos do interlocutor com afeto e afirmou:

— Como eu disse, é o espírito que escolhe o lugar para onde vai.

Deu a ele um sorriso bondoso, benzeu-se com o sinal da cruz e entrou.

CAPÍTULO 42

Todas as palavras do mundo não seriam suficientes para traduzir o que Simone sentia naquele momento. Enlevada, feliz como uma musa encantada que acabara de tingir de cor-de-rosa os sonhos de uma criança. Mãos entrelaçadas com Daniel, suspirou e encostou a cabeça em seu peito, certa de que não haveria no mundo momento mais mágico do que aquele.

— Você ainda quer se casar comigo? — indagou, em um átimo de insegurança.

— Que pergunta é essa, Simone? — tornou ele, meio zangado, meio extasiado. — Pois se isso é tudo o que mais quero na vida!

— Desculpe, foi bobeira minha, eu sei. É que, de repente, me bateu um medo...

— Medo de eu só querer transar com você e depois me mandar? — Ela não disse nada. — Ora, Simone, francamente! Com tanta mulher no mundo, acha mesmo que eu ia segurar essa barra toda só para dormir com você? Se não a amasse, já teria dado o fora. Mulher é o que não falta.

— Não precisa ficar zangado nem se exibir. Sei o quanto você é desejado pelas mulheres.

— Não foi isso que eu quis dizer — gracejou ele, apertando-a contra o peito.

— Eu sei. Mas estou tão feliz, que tenho medo de estar sonhando.

— Esse é o sonho mais real que já tive. E não quero nunca mais acordar.

Beijaram-se de novo, sentindo uma alegria tão grande que as estrelas que luziam no céu lá fora pareciam também luzir dentro deles. A não ser pelo estranho visitante, que contemplava o céu marinho pela janela da sala, tudo era perfeito.

Daniel apanhou no bar uma garrafa de champanhe e duas taças. Na cozinha, encheu um balde de gelo, pôs morangos em um pote de cristal e levou tudo para o quarto. Tencionava fazer daquela uma noite inesquecível para ambos.

— Isso não está certo — reclamou Átila, sem nenhuma convicção. — Vocês ainda não se casaram.

Alheios à presença de Átila, o casal se preparava para sua primeira noite de amor. Simone ainda sentia medo, mas nada que não conseguisse enfrentar. Cercado de uma emoção genuína, Daniel a beijou com um ardor emocionado, injetado de uma carga de amor tão grande que até Átila sentiu. Ele alisou seus cabelos, enxugou as minúsculas lágrimas que denunciavam sua insegurança. Ela ia falar alguma coisa, mas Daniel pôs o dedo em seus lábios e a abraçou.

De mãos dadas, seguiram para o quarto com Átila atrás, agora, estranhamente estimulado pela energia de paixão que fluía dos corpos do casal. Com gentileza, Daniel a puxou para dentro, fechando a porta com o pé assim que ela passou. Átila, para quem portas fechadas não representavam mais nenhum obstáculo, seguiu-os de perto, pronto para acompanhá-los até o quarto. Mas o que ele encontrou pela frente o deixou confuso. Era inusitado. Quando Daniel fechou a porta, literalmente, em seu nariz, Átila não conseguiu atravessá-la. Ergueu os punhos cerrados para atirá-los contra a madeira, esperando que isso resolvesse o problema. O resultado que obteve, contudo, não foi satisfatório. Ainda se encontrava do lado de fora, como se a porta do quarto, subitamente, tivesse se tornado sólida.

Sem compreender bem o que se passava, Átila experimentou a fechadura, porém, sua mão atravessou o mecanismo sem qualquer resultado físico. Indignado, correu as mãos pela parede, na esperança de atravessá-la, mas o resultado ali não foi diferente. Com a dificuldade veio a raiva, levando-o a esmurrar a porta e a parede, só que nada se moveu. Sequer um ruído foi escutado pelo casal lá dentro. Ele, ao revés, ouvia os sussurros de prazer que partiam dos lábios de Simone.

Não entendia o que estava acontecendo. Talvez Daniel houvesse descoberto algum truque para manter os desencarnados do lado de fora. Mas será que Daniel sabia que desencarnados podiam dividir com ele o mesmo espaço físico[1]?

De qualquer forma, não conseguiria passar por ali. Alguém devia ter erguido uma muralha ao redor do quarto de Daniel só para não permitir que ele entrasse. Será que esse alguém havia pensado em cobrir também o teto?

A ideia lhe pareceu boa. Átila atravessou o teto da sala, encaminhando-se para o quarto do apartamento de cima. Uma senhora dormia tranquilamente, as pernas esparramadas sobre a cama, deixando à mostra suas partes mais íntimas.

---

1 Na verdade, não há, propriamente, uma divisão de espaço físico, mas uma superposição de dimensões. Como os planos superiores interpenetram os inferiores, o mundo astral, que é o dos espíritos, acaba interpenetrando uma parte do físico, permitindo o contato entre encarnados e desencarnados, perceptível àqueles dotados de sensibilidade específica.

Átila abaixou os olhos, envergonhado, experimentando uma leve culpa por invadir assim a intimidade de uma desconhecida, mas tinha um propósito maior que não poderia ser abalado pelo constrangimento. Afinal, não estava ali pela mulher.

Evitando olhar para a cama, Átila procurou um canto por onde pudesse atravessar. Deu um salto, julgando que cairia bem em cima da cama do casal, mas nada aconteceu. Saltou outra vez, e outra, e outra, até que, quando deu por si, pulava feito um canguru por todo o quarto da mulher.

— Que ridículo — censurou a si mesmo. — Não está dando certo. Por quê?

Sem obter resposta, Átila voltou ao apartamento de Daniel. Tentou novamente passar pela porta, mas não conseguiu. Era como se seu corpo houvesse adquirido massa física. Remoendo a frustração, encostou o ouvido na porta, na esperança de ouvir alguma coisa. Apenas um gemido ou outro, seguido de palavras sussurradas, chegaram até ele. Não havia nada que fizesse que lhe permitisse entrar. Desapontado, rosto colado na parede, seguiu alisando-a. Quem sabe seus dedos não encontrariam uma fenda?

Ao invés de fenda, o que Átila encontrou foi uma fina camada de luz rosa envolvendo todo o quarto. A luminosidade, que se intensificava à medida que o tempo avançava, parecia ser a responsável por mantê-lo do lado de fora. Seguindo-a com o olhar, percebeu que ela atravessava desde o teto até o chão, cobrindo totalmente o aposento onde o casal se amava.

— Mas o que é isso? — foi a pergunta que fez a si mesmo e, dentro de seu coração, a resposta brotou instantaneamente:
— Amor.

Agora sabia que o amor que unia Daniel e Simone era suficientemente forte para criar aquela fortaleza energética. Desanimado, Átila pensou em ir embora. Uma parte dele, porém, ainda resistia. Era uma tortura, ele sabia, mas precisava ver a cara de Simone depois do ato consumado. Resolveu esperar. Foi para a janela, de onde se descortinava uma noite límpida e tépida, com estrelas cintilantes que pareciam acenar para a Terra.

Átila perdeu-se na contemplação. Em vida, nunca reparara que poderia haver tantas estrelas no céu. Não sabia que seus olhos astrais viam além da matéria, alcançando a cintilação dos astros por detrás das luzes da cidade. Era realmente uma coisa bonita de se ver. Tão bonita que Átila, por uns momentos, se pegou distante de Simone, imaginando como deveria ser bom poder viver rodeado de cintilações tão vívidas, em algum lugar onde as estrelas fossem a luz natural do mundo.

De repente, Átila se assustou. As estrelas no céu, de uma hora para outra, pareceram ganhar vida! Ele as observava, fascinado com uma em particular, que crescia à distância, enquanto se aproximava, engordando como um balão inflável. Era uma luz esquisita, que não projetava sombra, nem quente, nem fria. Contudo, transmitia uma sensação agradável só de se olhar para ela. Era envolvente, embora não o tocasse, mas parecia que raios miudinhos faziam cócegas em seu corpo, como se ali injetassem um ânimo restaurador.

Aos poucos, a luz foi ganhando forma, até que a imagem de uma mulher de extraordinária beleza se plasmou frente a seus olhos estupefatos. Boquiaberto, Átila acompanhou a materialização daquele ser diáfano, banhado por um azul translúcido, cintilante feito o mar em dia de sol. Era graciosa, suave como uma fada. Átila estava verdadeiramente hipnotizado, certo de que se tratava de um ser sobrenatural, saído de algum mundo fantástico e surreal.

— Vamos embora — chamou a fada. Sua voz era tão doce que dava vontade de segui-la só para poder saboreá-la mais de perto. — Não sou nenhuma fada. Sou apenas um espírito, como você.

A fada lera seus pensamentos. Era de uma simplicidade incrível, pois tivera a humildade de se comparar a ele.

— Quem é você? — conseguiu ele perguntar, vencendo o mutismo causado pelo enlevo.

— Você não me conhece, mas estou encarregada de auxiliar todos os espíritos que, de uma maneira ou de outra, foram atingidos pela vingança de Bruno.

— Como é o seu nome?

— Me chamo Nabilah.

— Nabilah... — repetiu ele, sonhador, como se o nome lhe evocasse alguma lembrança há muito perdida nos meandros da mente.

— Você não me conhece — repetiu ela —, embora já tenha ouvido falar de mim. Como disse, recebi a tarefa de reunir os espíritos que padeceram pela mão de Bruno. Você foi o primeiro. Não gostaria de se juntar aos demais? Estão todos em uma estação perto daqui.

— Estação de quê?

— De luz. Lá, seus corpos astrais estão sendo tratados, a fim de eliminarem os vestígios das feridas. Depois, reequilibradas as energias, daremos início à terapia conjunta, para que todos consigam superar o trauma e se adaptar à nova vida. E os que estiverem em condições, poderão reavivar a memória para compreender os motivos por detrás da tragédia. Não gostaria de saber quais são?

— Bem que eu gostaria — ele considerou. — Até hoje não entendo por que Bruno fez aquilo comigo. Eu era amigo dele.

— Tudo tem uma razão de ser. Conhecendo-a, fica mais fácil desfazer os elos de ódio através do perdão.

— Perdoar Bruno? Acho difícil.

— Por que se prender ao ódio e à vingança? O perdão liberta. Você não quer ser livre?

— Ser livre é uma coisa. Perdoar é outra bem diferente.

— Engano seu. Perdão e liberdade estão intimamente ligados.

— Você está me confundindo. Não sei se compreendo bem o que diz.

— No fundo você compreende. Só não quer se desapegar.

Ela irradiava uma aura tão límpida, que seria impossível não acreditar nela. Átila acreditava. Só não sabia se estava pronto para deixar Simone e Daniel.

— Deixe-os — aconselhou Nabilah, seguindo seu olhar e seus pensamentos. — Você não faz mais parte do mundo deles.

— Mas eu queria tanto estar com ela!

— Por quê? Você nem sequer a ama. Ela nada mais é do que a ponte entre você e a matéria física. Desapegue-se disso. Você não tem mais um corpo de carne.

Nabilah abriu os braços diáfanos, convidando-o a aninhar-se neles. Foi irresistível. Havia tanta bondade ali, que Átila se sentiu atraído, entregando-se por inteiro àquele abraço reconfortante. Era como estar nos braços de Nossa Senhora, acobertado pelo seu manto de luz. Sentiu-se protegido, amado, querido, como nunca antes sentira em vida, a não ser quando a mãe o abraçava. A lembrança da mãe o emocionou, despertando-lhe o pranto. Ele aconchegou o rosto no seio da fada, dando às lágrimas liberdade para fluir.

Em poucos segundos, não havia mais nada ali além da vibração intensa e benfazeja de Nabilah, agora adentrando, com Átila em seu colo, a imensa estação de luz.

CAPÍTULO 43

Perdidos nas sombras de seus próprios pensamentos daninhos, Sayid, Omar e Mustafá ainda tentavam compreender o que havia acontecido a Bruno. Após o suicídio, Sayid estava certo de que poria as mãos nele, incrementando seu bando de discórdias e levando-o a cometer mais crimes em nome de Alá.

Inexplicavelmente, contudo, Bruno fora arrancado do corpo, como se estivesse preso a uma polia por uma corrente imaterial. À medida que Bruno se embrenhava mais e mais em seus projetos de matança, sua mente adoecia, fazendo ligarem-se a seu corpo fios negros de energia astral nociva. Para Sayid, aqueles fios eram a reação natural do submundo das sombras às ondas magnéticas de Bruno, que a ele se ligavam como tentáculos invisíveis, por onde era transmitida a força que alimentava seus propósitos malignos. Agora, porém, não tinha tanta certeza.

— Como é possível que o tenhamos perdido? — questionou Omar, inconformado com o sumiço de Bruno.

— Não sei, não entendo — disse Sayid. — Acho que ele estava sendo monitorado por alguém além de nós.

— Por quem? — surpreendeu-se Mustafá. — Com certeza, não era alguém lá de cima, era?

— É claro que não. Talvez algum outro ser da treva tivesse interesse nele e o tenha capturado antes de nós.

— Mas como, se nós estávamos ao lado dele? — duvidou Omar.

— Sei lá. Mas de uma coisa tenho certeza: não foi nenhum ser de luz que o pegou. A modulação de Bruno não estava conectada a vibrações superiores. Se alguém o apanhou, foi algum chefão das trevas.

— Que coisa! — irritou-se Mustafá.

— E agora, o que faremos? — tornou Omar.

— Não sei quanto a vocês — respondeu Sayid. — Mas eu vou voltar para a minha terra, que é de onde nunca devia ter saído. Ao menos por lá existem hordas e mais hordas dispostas a aceitar mais um trabalhador. O trabalho com Bruno deu um excelente resultado, mas, além de nós, quem por aqui está disposto a investir na defesa da fé islâmica?

— Sempre haverá outros — afirmou Mustafá.

— Com a morte de Bruno, não temos mais nenhum encarnado para influenciar — ponderou Omar.

— Vamos celebrar o sucesso da nossa missão e levar para o outro lado do mundo a notícia de que fomos nós os responsáveis pelo acontecido — sugeriu Sayid.

— Você acha que, no Oriente, já sabem o que aconteceu?

— É claro. Essas notícias voam. Vamos ser recebidos como heróis por lá. E então? Vocês vêm comigo?

— Não sei se quero desistir de Bruno. Afinal, ele foi meu irmão.

— Foi, não é mais. Ele já nos serviu, mas agora está inacessível. Vamos nos engajar em outra missão.

— Não sei — Omar ainda não se decidira.

— Soube que alguns espíritos estão sendo adormecidos — contou Sayid.

— Adormecidos? — estranhou Mustafá. — Como assim?

— Não sei direito que processo é esse, mas ouvi falar que os espíritos de luz recolhem os mais perigosos para colocá-los numa espécie de coma, a fim de aguardarem não sei o quê.

— Credo! Será algum castigo?

— Não sei e nem quero descobrir. Só o que sei é que não vou me deixar apanhar. E se alguém estiver de olho na gente, para nos adormecer também?

— Você acha isso possível? — tornou Mustafá, olhando ao redor. — Acha que foi isso que aconteceu com Bruno?

— Acho. Acho e não vou dar mole. Vou é dar o fora daqui. Na minha terra, eles não terão como me encontrar.

— Sabe de uma coisa? — retrucou Mustafá. — Vou junto. E você, Omar? Não vem?

Omar ainda hesitava em abandonar o irmão. Contudo, se fosse verdade o que Sayid dissera, a probabilidade de Bruno estar adormecido era bem grande. E ele não estava disposto a terminar seus dias embalado por sonhos ruins. Já bastava o que fora obrigado a viver e presenciar.

— Acho que vou com vocês — afirmou ele. — Mas antes, quero dar uma última olhada na responsável pelo declínio de Bruno.

— Refere-se a Tamara?

— Ela mesma.

— Por quê? Para quê?

— Quero que ela saiba que foi a culpada por todas aquelas mortes.

— Mas não foi — objetou Sayid. — Não exatamente.

— Ela teve uma grande participação em tudo o que aconteceu. Foi a raiva que Bruno sentiu dela que nos permitiu convencê-lo a agir. Quero que Tamara guarde para sempre a dor da culpa.

— Tudo bem — suspirou Sayid, desanimado. — Se é o que você quer... Mas depois vamos embora.

— Vamos.

Dali, os três partiram diretamente ao encontro de Tamara. Não foi difícil localizá-la na casa do namorado. Encontrá-la foi uma coisa, mas aproximar-se dela, mais do que difícil, tornou-se impossível. Quando a acharam, ela dormia ao lado de Ismael. Seu corpo fluídico não se encontrava presente. Ambos, ela e o rapaz, haviam se ausentado.

— Vamos seguir o cordão — sugeriu Omar, apontando para os finos cordões prateados que trespassavam a parede.

Os cordões se separavam. Ismael fora para um lugar, e ela, para outro. Sayid não gostou daquilo. Tinha quase certeza de que eles estavam em companhia de espíritos iluminados.

— Acho bom a gente se mandar — avisou. — Eles não estão sozinhos.

Era verdade. Ao longe, avistaram Tamara envolta em uma aura luminosa, acompanhada de um espírito diáfano, responsável por toda aquela luz. Era uma mulher. As duas entraram no quarto, mas Tamara não se deu conta da presença dos outros. O dia estava quase amanhecendo, de forma que a mulher ajudou-a a voltar ao corpo. Minutos depois, Tamara despertou.

— O que vocês desejam com a minha filha? — indagou o espírito, tão logo a moça saiu da cama.

Os três permaneceram mudos. Era só o que faltava, encontrar a garota sob a proteção de um ser iluminado.

— Seja o que for, não vão conseguir, pois Tamara está protegida. — Ela encarou Omar com olhos penetrantes e acrescentou: — Eu conheço você. Foi irmão de Ibrahim, que hoje se chama Bruno. Não foi? — Ele assentiu, estarrecido. — Deixe tudo isso de lado e procure um lugar melhor. Os três. Se quiserem, posso ajudá-los.

Nessa hora, outro espírito se aproximou. Era Nabilah que, percebendo a vibração de proximidade dos três em Tamara, partiu para lá, a fim de ajudar a demovê-los de seus intentos e levá-los com ela. Aquele, normalmente, seria um trabalho para Abdul, mas ele se encontrava ainda no astral inferior, em missão junto a Bruno. Nabilah cumprimentou a mãe de Tamara com um sorriso cordial:

— Pode deixá-los comigo, se quiser. Eu os conheço.

— Muito bem. Deixo-os em boas mãos.

— E não se preocupe com a sua filha. Nenhum mal eles farão a ela.

— Eu sei. Com você aqui, não estou preocupada.

Os três estavam assombrados. Tudo o que não queriam era ter contato com espíritos de luz, ainda mais com dois, e no mesmo dia! Nabilah, contudo, era conhecida de Omar e Mustafá, que a olhavam com uma reverência indizível.

Finalmente vencendo o mutismo, Omar se adiantou, hesitante:

— Nabilah... Há quanto tempo...

— Muito tempo, realmente — respondeu ela. — Por que, após todos esses anos, vocês ainda estão vagando por aí?

Omar e Mustafá sentiram-se envergonhados, ao contrário de Sayid, que já começava a se impacientar.

— Eu... — balbuciou Omar. — Só queria encontrar meu irmão. Por acaso sabe onde ele está?

— Você não veio aqui para encontrá-lo — corrigiu o espírito. — Veio para causar transtornos a Tamara. Quanto a seu irmão, ele está sob o poder de seres bem mais poderosos do que vocês.

— Ele está na luz?

— Não. E nem poderia, já que a escuridão que se alastra dentro dele o torna incompatível com ambientes mais límpidos.

— Eu não falei, Omar? — argumentou Sayid. — Vamos embora. Não temos mais nada que fazer aqui.

— Só mais uma coisa — insistiu Omar. — É verdade que alguns espíritos estão sendo adormecidos?

— Sim.
— Por quê?
— O que você acha?
— Não sei. Por isso estou perguntando.
— Você sabe, mas vou responder mesmo assim. A Terra está se preparando para um grande salto energético, que a transformará em um planeta de compreensão, deixando para trás a necessidade de sofrimento. Só que não poderá fazer isso enquanto ainda houver pessoas para quem a ambição, o orgulho e o poder estejam acima dos valores reais do espírito.
— Bruno não é o único — contrapôs Mustafá. — Há muitos piores do que ele.
— Tem razão, ele não é o único, assim como não será o único a passar pelo processo de adormecimento.
— Não é possível lhe dar uma chance? — quis saber Omar.
— Ele teve várias chances, assim como cada um dos que hoje vivem está tendo. Desperdiçou todas, e essa agora foi a última.
— Quer dizer então que Bruno é um caso perdido?
— Se é assim que você prefere chamar...
— E nós? — Sayid agora se interessou.
— Isso, somente vocês poderão dizer.
— Vão nos adormecer também?
— Depende.
— Do quê?
— Do equilíbrio entre luz e sombra dentro de vocês.
— Não quero ficar dormindo — revoltou-se Sayid, andando para trás a fim de se afastar do espírito. — Sou livre, quero continuar assim.
— Por que essa raiva toda? — rebateu ela. — Foram vocês que escolheram esse caminho.
— Mentira! Eu não escolhi virar zumbi de estrelinha alguma!
— Quando se escolhe a causa, o efeito é só consequência.
— E se eu reencarnar agora? — sugeriu Mustafá. — Se me derem mais uma chance, prometo que vou mudar.

Nabilah suspirou e endereçou a ele um olhar que era só compaixão. Pacientemente, continuou a explicar:

— Infelizmente, essa chance já se acabou. A questão agora é quem vai e quem fica.

— Não quero ir — choramingou Omar. — Todos os meus entes queridos estão aqui.

— Me desculpe a franqueza, moça — retorquiu Sayid —, mas isso não me parece justo. O que vocês querem é nos forçar ao exílio.

— E por acaso lhe parece justo matar em nome de uma fé que nem prega o que vocês defendem?

O silêncio caiu sobre os três. Sayid pensou em inúmeros coisas para dizer a Nabilah, mas não teve coragem. Naquele instante, suplantando a revolta, começou a sentir medo.

— Você pode me tirar de tudo isso? — sondou Omar.

— Tirá-lo, não — considerou ela. — Mas posso ajudá-lo a sair.

— Como?

— Mostrando-lhe o caminho.

— Você vai comigo?

— Vou.

— Não seja burro, Omar! — bradou Sayid. — Não vê que ela o está enganando? Que é mais um truque para desviá-lo de sua missão? Somos muçulmanos. Morremos em defesa de Alá!

— Nabilah também é muçulmana — observou ele. — E não se parece nada conosco. Parece estar muito bem.

— Não sou muçulmana — corrigiu ela. — Nem judia, nem espírita, nem católica, nem protestante. Sou apenas um espírito que não necessita de rótulos para merecer o amor do Pai.

— De que pai você está falando? — zombou Sayid.

— Do único Pai que existe. O Pai que apenas é.

— É o quê?

Ela fez um gesto que abarcava todo o universo. Não respondeu. Não era preciso.

— Leve-me com você — pediu Omar. — Não vejo mais sentido em continuar aqui.

— Seu traíra! — vociferou Sayid. — Pediu-me para vir até aqui só para apunhalar-me pelas costas? Logo a mim, que o considero meu melhor amigo!

— Não existe amizade nas trevas — acrescentou ela. — Só interesses. Você se fez de amigo de Omar e Mustafá apenas para aproximar-se de Bruno e instigá-lo a cometer aqueles crimes.

Sayid se calou novamente. O espírito daquela mulher conseguia lê-lo como se ele fosse a legenda de um filme. Sentiu-se desvendado, sem ter como ocultar sua real essência.

— Vou embora — anunciou ele, de má vontade. — Não vim aqui para ser insultado por uma desconhecida. Quem quiser que me acompanhe.

Ele estacou por uns instantes, avaliando o efeito de suas palavras. Mustafá demonstrou-se mais indeciso do que Omar, que parecia mesmo decidido a partir com Nabilah. Sayid ameaçou desaparecer, percebendo que Mustafá hesitava, pedindo, com os olhos, que não o deixasse ali.

— Você vem comigo ou não vem? — insistiu, com ar intimidativo.

Mustafá não se atrevia a encarar Omar ou Nabilah. Gostava de Omar, mas não pretendia colocar-se à mercê dos caprichos de nenhum espírito de luz.

— Adeus, Omar — despediu-se, de cabeça baixa. — Desejo-lhe sorte.

— Adeus...

A resposta de Mustafá ficou incompleta, pois Sayid sumiu com ele às pressas, rumo às terras árabes, onde se veriam mais à vontade para agir. Omar, por sua vez, temia pelas consequências de seus atos, mas não sabia mais o que fazer. Sem o irmão, sentia-se perdido. De olhos baixos, segurou as mãos de Nabilah e, evitando chorar, questionou:

— Eu vou dormir?

— Não creio que será preciso.

— Vou para o tal planeta selvagem?

— Não quero enganar você, Omar. É bem provável que vá, mas pense que nem todo mundo é selvagem. Alguém tem que ajudar os mais ignorantes a sobreviver.

— Como assim?

— Quando os exilados de outros planetas chegaram aqui, encontraram a humanidade dando os primeiros passos rumo à evolução. Paralelamente ao homem primitivo, surgiram grandes civilizações, que muito contribuíram para o avanço tecnológico do planeta. Pense nos incas, nos egípcios, nos babilônios e outros povos que hoje já não existem mais. Eles tinham uma cultura avançada, muito além da maioria rústica que começava a popular o mundo, embora de moral duvidosa. Alguns, porém, já demonstravam uma certa evolução nas ideias espirituais, e foi graças a esses que a humanidade, embora a passos mais lentos, iniciou sua trajetória rumo ao aperfeiçoamento moral. Se você, realmente, está tomando consciência de suas atitudes, é bem possível que integre uma casta mais esclarecida, a fim de auxiliar e orientar seus irmãos mais ignorantes.

— Sério isso, Nabilah? Quer dizer então que nem tudo está perdido?

— Nada nunca está perdido. Mas cuidado, porque lá, assim como aqui, as paixões, os desejos e os prazeres são elementos de grande poder na derrocada humana. Se você estiver consciente da marcha do espírito em direção ao progresso imaterial, usará a inteligência de forma a alcançar a iluminação verdadeira e atrairá menos sofrimento.

— E se acontecer o contrário? Quero dizer, se eu me deixar seduzir pelas paixões, os desejos e os prazeres e me perder novamente? Vou sofrer, não vou?

— Tudo isso vai depender de você, de como reagir aos seus instintos e às emoções. Sofrimento é magnetismo, é atração ou repulsão.

— Será que Deus, um dia, perdoará meus pecados? — indagou ele, a voz, um fio pungente de arrependimento e medo.

— Deus não perdoa. Ele não precisa. Ele é o próprio perdão. Quem precisa se perdoar é você.

Com essas palavras, encerrou sua estada ali. Nabilah afagou os cabelos de Omar, sentindo que ainda vibravam nele muitas sensações enganosas, mas havia também um frágil sinal de mudança, ao qual ele se apegaria se quisesse vencer a si mesmo e progredir. Ela sabia que a caminhada dele não seria fácil, contudo, ele possuía um grande potencial de determinação que ela poderia tentar estimular. Com a vontade direcionada no caminho da razão altruísta, ele despertaria o amor que sufocara dentro de si para dar início à nova vida que o aguardava, com todas as possiblidades de sucesso a curto ou médio prazo.

Porque, ela sabia, nada, nunca, estava perdido.

CAPÍTULO 44

O mundo parecia ter saído do eixo. Tudo com que Joyce sempre sonhara se perdera ao despertar de sua fantasia. Ismael não a amava. Nunca a amara. Todo o seu coração pertencia a Tamara, não havia sobrado nem um pequenino recanto onde ele pudesse abrigar sua lembrança. Sequer havia acreditado em suas desculpas que, apesar de insinceras, tinham requerido uma boa dose de coragem para que ela pudesse expressá-las.

Para piorar ainda mais a situação, descobrira que Bruno, a quem se aliara e em quem confiara para lhe trazer de volta a felicidade, não passava de um psicopata assassino. Era demais. Realmente, o céu estava desabando sobre ela numa avalanche de decepções difíceis de conter.

Sentada sozinha à mesa de um bar, ia desfiando o rosário de seu infortúnio. Bruno era louco, mas ao menos tivera a decência de se matar, coisa que ela não se atrevia a fazer. Amava Ismael e morreria por ele... Não, não morreria. Gostava da vida, gostava de viver, mas a vida seria melhor com Ismael ao lado dela.

Na mesa ao lado, um senhor bem-apanhado, de terno e gravata, olhava-a fixamente. A princípio, ela o ignorou, mas depois, ante a insistência dele, arriscou umas olhadelas. Ser paquerada, àquela altura, só faria bem ao seu ego.

O homem devia ter por volta de quarenta anos. Pela aparência, tinha boa situação financeira. Ele deu um sorriso e levantou a tulipa de chope para ela, que ergueu a sua em resposta. Percebendo que ela correspondia ao seu galanteio, o homem arriscou um convite. Na verdade, convidou a si mesmo para sentar-se com ela.

— Posso? — indagou ele, parado ao lado dela com o copo na mão.

Ela deu de ombros, mas fez um gesto, indicando a cadeira em frente. Assim que ele se sentou, ela notou a aliança em sua mão esquerda. O homem era casado. Teve vontade de mandá-lo embora, mas um espírito de vingança se apoderou de seu orgulho. Não faria mal descontar na vida o que a vida lhe havia roubado.

— Você vem sempre aqui? — prosseguiu ele, e ela assentiu. — Como se chama?

— Emanuelle — mentiu.

O homem deu uma risada significativa, acrescentando com malícia:

— Como no filme?

— Como no filme — repetiu ela.

Por mais que o homem soubesse que aquele não era o nome verdadeiro dela, achou divertida a brincadeira. Ela escolhera um nome bastante significativo, que dispensava qualquer tipo de indagação. Não havia dúvidas de que estava diante de uma moça pronta para o sexo.

Pela cabeça de Joyce passava a mesma coisa. A escolha do nome não fora casual, embora houvesse despontado em sua mente sem que ela precisasse pensar. Fora uma escolha instantânea, reflexo do que ela gostaria de ser naquele momento.

— Muito bem, Emanuelle — tornou ele. — O que você faz para viver?

— Filmes eróticos — foi a resposta impensada.

Ele soltou uma gargalhada espontânea, mostrando o quanto se divertia com aquela encenação. Tinha os olhos de um castanho claro, brilhantes, onde se refletia o desejo que ia crescendo a cada palavra que ela dizia.

— E você já fez muitos filmes? — continuou, estimulando a brincadeira.

— Alguns.

— Diga o nome de um. Pode ser que eu já o tenha visto.

— Duvido muito. Não são filmes para se assistir com a família.

Ela era, realmente, espirituosa. Cada vez mais interessado, o homem continuava dando corda ao teatrinho que ela encenava. Joyce, por sua vez, divertia-se também. Aquele joguinho de sensualidade a estava estimulando, fazendo crescer seu amor-próprio, seu orgulho, sua vaidade. O homem, nitidamente, a desejava. Era um desejo real, explícito, sem qualquer tipo de subterfúgio.

— Você é casada? — perguntou ele. — Tem namorado?

Agora foi a vez de ela rir. Se Ismael ainda fosse seu namorado, ela jamais estaria naquela situação. Sequer haveria olhado para a mesa ao lado e ainda fecharia o cenho ao perceber o flerte.

— Não tenho ninguém. Sou livre, desimpedida e totalmente disponível.

— É mesmo? Se é assim, por que perdermos tempo? Podemos subir ao meu quarto de hotel.

Joyce desconfiava mesmo de que ele não era carioca. Pelo sotaque, parecia do sul. Se estivesse ali a negócios seria ainda melhor, pois não correria o risco de encontrar-se com ele novamente. Era perfeito.

— Acho uma boa ideia — concordou ela, e ele estalou os dedos, chamando o garçom para pedir a conta, ao mesmo tempo em que ela prosseguia: — Só que isso tem um custo.

Ele já imaginava. Uma mulher bonita e elegante, sozinha em um bar, com aquela conversa erótica não podia ser nada além de uma garota de programa de luxo. Mas não fazia mal. Estava longe de casa havia duas semanas. Precisava mesmo de alguém que o ajudasse a superar a saudade.

— E qual seria esse custo?

— Quinhentos reais a hora.

Ele soltou um assobio, erguendo as sobrancelhas em sinal de indignação.

— Quinhentos reais? E por hora?

— É pegar ou largar.

— Mas é muito dinheiro!

— O material é diferenciado — justificou ela, com ar maroto. — E depois, não fui eu que o procurei. Foi você quem veio atrás de mim.

Ninguém mais levaria nada dela de graça. Dera todo seu amor a Ismael sem cobrar nada em troca além de reciprocidade de sentimentos, e o que recebera? Uma dupla traição e um chute no traseiro. Quem quisesse sentir o seu corpo, agora, teria que pagar. E caro.

— Olhe aqui, Emanuelle, gostei muito de você, mas, quinhentos reais, não dá. Não tenho toda essa grana.

— Tudo bem. Não estou morrendo de fome. Iguais a você, há muitos por aí.

— Você não podia fazer um abatimento? Até duzentos reais ainda dá.

— Não dou abatimento. Ou você paga o que eu pedi, ou pode ir embora. Eu não me importo.

— A brincadeira já está ficando sem graça.

— Não estou brincando.

A resistência dele a estava irritando. Ela não precisava passar por aquilo, não era objeto de barganha. Nem sequer precisava de dinheiro. Pusera um preço em seu corpo para valorizar a si mesma, ainda que de uma forma totalmente equivocada que, depois, lhe traria a famosa *ressaca moral*. Mas, com o tempo, se acostumaria.

— Vamos lá, gata — insistiu ele. — Que tal *trezentinhos*?

— Quinhentos, já disse. Nem um tostão a menos. E quer saber? Não preciso ficar aqui regateando com você. Não sou uma mercadoria e não gosto de homem pão-duro.

Irritada, ela se levantou para ir embora, mas ele a segurou. Ela era linda demais para que ele a deixasse partir.

— Espere um instante — retrucou ele, segurando-a pelo punho. — Você venceu. Quinhentos reais.

— Pagamento adiantado.

— O quê? E se você me tapear?

— Como, posso saber? Você é maior e mais forte do que eu. O risco é todo meu, não seu.

Ela tinha razão. Ele poderia passar o tempo que quisesse com ela e depois tomar-lhe o dinheiro de volta. Ela, com certeza, não iria à polícia. Joyce pensou a mesma coisa, maldizendo-se por ter-lhe dado a ideia.

— Tudo bem — disse ele, apanhando a carteira e contando as cédulas. — Aqui está. Tudo o que tenho: quinhentos reais.

Ela apanhou o dinheiro, fechando-o na mão.

— Vamos? — chamou ela.

Ele assentiu e se levantou. Esperava que valesse a pena. Se não, lhe tomaria o dinheiro de volta. Temendo que ele fizesse isso, Joyce resolveu levar o dinheiro para o carro. Ele não parecia o tipo de homem que usaria de violência, e o carro seria um ótimo lugar para refugiar-se. Pena que ele não permitiria que ela fosse sozinha. Efetivamente, ele a acompanhou até o veículo, aguardando que ela guardasse o dinheiro no porta-luvas.

— Esse negócio deve dar muito dinheiro — avaliou ele, frente ao carro importado dela. — Também, com o que você cobra!

— Vai valer a pena — assegurou ela. — Sempre vale.

Uma coisa é falar, outra, bem diferente, é cumprir o prometido. A sós com um desconhecido, Joyce percebeu a insensatez do que estava fazendo. Não tinha nem uma camisinha na bolsa! Pensou em desistir. O homem ficaria furioso, talvez até lhe batesse, mas ela devolveria o dinheiro e iria embora. Ao menos, era o que pensava.

Quando ela abriu a boca para dizer-lhe o que pretendia, ele não a deixou falar. Cobriu seus lábios com um beijo sôfrego, empurrando-a contra a parede e alisando todo seu corpo. Ela quis resistir, mas sentiu que ele a puxava pelos cabelos, forçando-a a corresponder. Não a machucou, embora fosse agressivo.

— Faça valer a pena — sussurrou ele.

Aos poucos, Joyce se deixou envolver pelo momento de sensualidade extrema. O homem era viril, másculo, ao mesmo tempo em que a tratava com carinho, quase com veneração. Estimulada pelas mãos dele, finalmente, ela correspondeu. Entregou-se com vontade, sentindo a excitação crescente. Por sua cabeça, a imagem de Ismael insistia em transitar. A princípio, tentou afastá-la, mas depois percebeu que a excitava. Pensar que transava com Ismael, ao invés de com um total estranho, aumentou seu desejo, tornando a relação, mais que suportável, prazerosa.

Daquele dia em diante, Joyce assumiu uma vida dupla. Não fazia ponto, escolhendo bares onde ninguém a conhecia, normalmente frequentados por executivos. Comprou um celular pré-pago, reservando aquele número para os clientes de Emanuelle que, aos poucos, iam aumentando. Alguns se tornavam fixos, ligando para ela sempre que vinham ao Rio a negócios.

De todos, Joyce, ou melhor, Emanuelle, queria a mesma coisa: dinheiro. Não porque precisasse dele, mas porque era o símbolo de seu valor, um valor que Ismael havia menosprezado e que os outros sabiam reconhecer. Ela cumpria bem o seu papel. Fazia o que esperavam dela, cada vez com mais habilidade.

Todos os homens eram estranhos para ela. Sabia seus nomes e só. Não permitia que lhe contassem particularidades de suas vidas. Assim conseguia mantê-los a distância, sendo-lhes totalmente indiferente. Homens de muitos rostos que não representavam nada para ela e que, por isso mesmo, podiam facilmente ser substituídos pela imagem de Ismael.

Ao final, sentia-se feliz. Se essa era a única maneira de estar com ele, era assim que faria. Não era com estranhos que ela dormia. Cada um deles representava seu sonho mais profundo, seu desejo machucado, porém, inolvidável. Ao deitar-se com homens desconhecidos, podia ao menos fingir, acreditar e sentir-se amada pelo único homem que amaria por toda sua vida.

Muito mais do que fugir, Joyce buscava conforto na ilusão.

CAPÍTULO 45

Depois de tudo por que passaram, Ismael e Tamara podiam, enfim, desfrutar da felicidade. Os sonhos que planejavam juntos iam, aos poucos, ganhando forma. Tamara saíra da casa dos tios e alugara um apartamento perto da casa do namorado. Agora investiam em seu próprio espaço. Comprariam seu primeiro apartamento juntos, para depois acertar o casamento.

De Joyce, não tinham mais notícias. Sequer desconfiavam da vida dupla que ela assumira. A existência de Emanuelle era, para eles, desconhecida.

As lembranças ruins começavam a esmaecer na memória. Durante um tempo, Tamara guardou o trauma que Bruno lhe deixara. Tinha medo de sair sozinha à rua, tremia só de ver alguém parecido com ele. Aos poucos, porém, principalmente devido ao amor de Ismael, o terror foi se dissipando. Bruno estava morto, porém, deixara uma triste lembrança. Seu nome estaria, para sempre, impresso na memória coletiva, como uma mancha negra na história do país.

Olhando para Ismael, Tamara deixou Bruno de lado. Ismael estava lindo em seu terno azul-marinho, quase pronto para o casamento do irmão. Percebendo que ela o olhava através do espelho, Ismael deu o último nó na gravata e piscou para ela. Virou-se e ajoelhou-se ao seu lado.

— Mal posso esperar para chegar o nosso dia — disse, com ar apaixonado.

— Calma, não precisamos ter pressa. Nosso caso é diferente do de Simone.

— Eu disse a Daniel que ela é muito jovem para se casar. Os dois são, mas ele não quis me ouvir. No fundo, dá para compreender os motivos dele e a pressa.

— Penso que, para Simone, foi a melhor saída. Ela ficou estigmatizada, a família vem sofrendo ameaças até hoje. Ligam para xingá-los, atiram pedras nas janelas, picham os muros da casa deles. É um inferno.

— E eles não têm nada a ver com o que Bruno fez. As pessoas deviam aprender a separar as coisas. Ninguém pode ser responsabilizado pelos atos de outro, ainda que seja seu filho.

— É verdade.

— Daniel disse que eles estão pensando em se mudar.

— É o melhor que eles fazem. Aliás, já deviam ter feito.

— Parece que estão encontrando dificuldade em vender a casa. Ninguém quer comprar a casa de um assassino.

— Que coisa, hein! E Bruno nem morava mais lá quando tudo aconteceu.

— Daniel vai ajudá-los, tenho certeza. É muito apegado à família de Simone.

Pronto para sair, Ismael ergueu Tamara. Ela estava muito bonita num vestido verde-água com pequenas cintilações douradas. Parecia uma princesa que acabara de descer de seu castelo encantado.

— Você está linda — elogiou ele, embevecido. — Corrigindo, você é linda.

Beijou-a apaixonadamente. Nunca duvidou que ela fosse a mulher de sua vida. Amava-a tanto que morreria por ela. Agora, porém, não era hora de falar em morte. O irmão, em breve, se casaria, e ele tinha todos os motivos para pensar em viver com Tamara.

— Você está tirando meu batom — censurou ela, em tom gracioso. — Acho melhor irmos embora. Os padrinhos do noivo não podem se atrasar.

— Vamos então.

De mãos dadas, saíram para apanhar o carro. Era estranho como, ao longo daquele ano, as divergências que ele e Daniel possuíam haviam sumido. Tornaram-se amigos.

Do lado invisível, muitos espíritos amigos acompanhavam os acontecimentos, felizes com o enlace de Daniel e Simone. Juntamente com eles, Abdul também apareceu para dar suas bênçãos ao casal. Foi rápido, porém, amoroso.

Abdul saiu dali pensando em Bruno, mergulhado em profundo sono. Embora o sono adormecesse seu corpo astral, o mental continuava ativo, o que significava que Bruno seguia pensando. Achou melhor dar uma passada para ver como ele estava. Bruno agora não se encontrava mais sob a influência de Abaddon, mas num sanatório astral especialmente construído para esse fim.

Antes de conduzi-lo ao sanatório, Bruno permanecera algum tempo no castelo de Abaddon, que fora especialmente preparado para acolhê-lo. A primeira coisa que tiveram que fazer fora modificar o ambiente astral que circundaria o corpo adormecido de Bruno. Abdul e seu grupo seguiram Abaddon e seus soldados até uma câmara contígua ao calabouço em que Bruno estava preso. Ali, havia apenas um catre enxovalhado encostado na parede. Abdul vistoriara o ambiente sujo e escuro. Tinha que servir.

— Você me permite fazer algumas mudanças? — ele pedira, respeitosamente, a Abaddon. — Preciso remodelar o ambiente, a fim de torná-lo mais acolhedor e sereno.

— À vontade — respondera Abaddon, satisfeito pelo reconhecimento de sua autoridade.

— Então, se não for pedir demais, gostaria que se retirassem. Para trabalhar no ambiente, necessitamos de energias que vocês ainda não podem fornecer.

Sem discutir, todos haviam se retirado, deixando os quatro espíritos iluminados a sós. Juntos, pensamentos e corações unidos no bem e no propósito comum, deram início à reconstrução daquela câmara. Cada um deles posicionou-se defronta a uma parede, por onde escorriam larvas astrais de cheiro nauseante. Ali, a força do pensamento atuou. Vibrando intensamente energias cristalinas, as larvas foram aos poucos se dissolvendo. As crostas por detrás dela surgiram, carregadas ainda de miasmas astrais. Volatizaram-se gradativamente, sendo envolvidas por nuvens brancas que substituíam as emanações deletérias por partículas do mais puro frescor. Depois foi a vez do teto e do chão, que seguiram o mesmo processo.

Desaparecendo as substâncias tóxicas, tornou-se possível clarear o ambiente. A pequena abertura, guarnecida por grades negras, dera lugar a uma janela por onde passava uma claridade branda. Pouco a pouco, toda a sala se inundou de suave luz azulada, que abaixou a temperatura a um frescor agradável. O catre foi colocado bem no meio do aposento onde, mais tarde, uma pirâmide energética se ergueria sobre ele. Ao final de tudo, perfumaram o ar com incensos trazidos pelos auxiliares.

É impressionante o que a mente é capaz de fazer. Do mesmo modo como muitos pensamentos deletérios se reúnem para plasmar formas lúgubres, dando origem a locais sombrios no astral inferior, a força do pensamento positivo magnetiza o fluido cósmico, reorganizando-o para modelar ambientes saudáveis, com aproveitamento máximo das energias dispersas no universo.

— Gostaríamos que só você entrasse aqui — Abdul pedira a Abaddon, quando se reencontraram, após encerrada a limpeza astral da câmara. — E, assim mesmo, somente quando for estritamente necessário.

Mesmo do lado de fora da sala, Abaddon sentia o poder energético que os espíritos de luz haviam depositado ali. Ainda não se decidira se aquela vibração lhe fazia bem ou mal, em todo caso, assentiu ao pedido de Abdul.

— Fique tranquilo. Farei como me pede.

— Obrigado.

— Me responde uma pergunta? — tornou Abaddon, ar arguto e curioso.

— Se estiver ao meu alcance...

— Vocês fazem o mesmo por todo espírito maligno ou isso é privilégio de Bruno?

— Não é um privilégio. E são os mesmos, o amor e o respeito que temos por todos.

Ante o assombro de Abaddon, os espíritos de luz se foram. Somente uma semana depois retornaram para o processo de adormecimento. O esgotamento causado pela remodelação energética do ambiente fez com que permanecessem alguns dias em repouso, a fim de refazer as próprias energias. Por fim, retornaram.

A tarefa se demonstrara complexa. Bruno resistira, não queria perder a consciência. Tinha esperanças de sair dali e reencarnar, para prosseguir com seus planos de vingança.

— Vocês não podem me impedir — dissera ele. — Um dia, vão ter que me soltar.

— Já lhe expliquei por que isso não vai acontecer — observou Abdul. — Você não tem mais condições de prosseguir na Terra.

— Você não é Deus para decidir isso!

— Não. Mas nossas decisões obedecem ao comando dele.

Abaddon presenciava tudo sem emitir nenhum comentário. Aquele era o domínio de Abdul, não dele. Naquele momento, estava ali para executar ordens, e faria isso de bom grado. Seria até bom adormecer aquele idiota, para que parasse de gritar e espernear. Quando Abdul se aproximou para tentar dominar o rapaz, que se agitava freneticamente, Bruno pôs-se a suplicar:

— Por favor, Abdul, tenha piedade. Nós já fomos irmãos, nos amávamos. Não é possível que você não se lembre.

— Parece-me que foi você quem se esqueceu disso, já que nunca quis me escutar.

— Não é bem assim. Eu estava furioso, queria me vingar. E depois, apareceu aquele tal de Sayid, que dominou todos nós, inclusive Omar e Mustafá. Foi por culpa dele que cometi aqueles crimes. Ele me possuiu.

Abaddon não resistiu. Sua ruidosa gargalhada ecoou pelas paredes da enxovia, retumbando nos ouvidos de Bruno, que se encolheu todo de medo. Tinha pavor de Abaddon e sua bengala demoníaca.

— Não seja ridículo — grunhiu, com a voz mais cavernosa que conseguiu entoar. — Você sabe muito bem que agiu por vontade própria. Não tente pôr nos outros a culpa que lhe pertence.

— Por Deus, Abdul, não dê ouvidos a ele. Eu estou arrependido. Vou mudar, você vai ver. Prometo reencarnar e me tornar uma pessoa melhor. Vou ajudar o próximo, talvez até entre para alguma igreja...

— Por quem nos toma? — rugiu Abaddon, aproximando o rosto cadavérico do dele. — Pensa que somos tão burros como você?

— Eu... não quis dizer isso...

— Não é digno colocar no próximo a responsabilidade pelos nossos atos — acrescentou Abdul, mansamente.

— E quem foi que disse que esse verme é digno? — prosseguiu Abaddon, cada vez mais assustador.

Sem querer interferir na autoridade de Abaddon, mas desejoso de fazer cessar aquele espetáculo de intimidação gratuita, Abdul considerou:

— Se ele não é digno, nós temos que ser e lhe ensinar o que é a verdadeira dignidade. Isso começa pelo despertar da consciência, com o reconhecimento de tudo o que fez em vida, seja de bom ou ruim. Passa depois pelo perdão, pela tolerância e pela compaixão. Precisamos ser firmes, sim, mas sem esquecer da amorosidade, pois é ela que faz introjetar valores verdadeiros, ao contrário do medo, que apenas superficialmente impõe a mudança. Cessada a causa do medo, toda a transformação aparente desmorona, ao passo que o amor compreendido e conquistado permanece para sempre, servindo de exemplo e freio às atitudes futuras.

Abaddon sentiu que eram para ele aquelas palavras. Envergonhado, calou-se, limitando-se a acompanhar os acontecimentos. Bruno chorava baixinho, ainda com medo, mas sentindo-se reconfortado pelas palavras do irmão.

— Tenha piedade, Abdul — implorou ele. — Não quero dormir. Deixe-me voltar à Terra...

— Se isso fosse permitido, você daria seguimento a toda sua loucura. O mundo não precisa de mais violência. Precisa de paz, precisa de amor. E você não está pronto para vibrar nessa harmonia. Tudo em você exala ódio, violência, vingança. A reencarnação não vai mudar isso. Você pode até se iludir, pensando que se modificará, mas, ao se ver de volta à matéria, todas as promessas que fez a si mesmo serão esquecidas e você retomará os velhos caminhos.

— Tem muitos criminosos por aí. Aqui mesmo, você poderá encontrar vários. Por que isso só está acontecendo comigo?

— Não se compare a mais ninguém. Cada um tem os seus motivos, tem o seu tempo. Todos os que se distanciam do caminho da verdade, um dia, acabam retornando a ele. No seu caso, esse dia está ainda muito distante. Você não está arrependido, não sente remorso nem culpa, não tem a menor vibração de amor ou desejo de mudança. Não há qualquer resíduo de luz em você. Todo o seu corpo é denso, opaco, obscuro. A energia que irradia de você é totalmente negra, espessa, sufocante. Nada em seu corpo brilha, nem sequer um pontinho microscópico. — Ele olhou de soslaio para Abaddon, que, instintivamente, examinou o próprio peito. — Por ora, você não apresenta a menor chance de recuperação, por mais que minta para si mesmo.

Bruno soluçava. Perder contato com o mundo seria muito doloroso. Ainda mais para despertar anos à frente, em um planeta desconhecido, vivendo como selvagem, no meio de selvagens.

— Vai doer? — choramingou ele.

— Não.

— Vou sonhar?

— Algumas vezes, sim.

— Por quê?

— Seus sonhos poderão refletir a intoxicação de seu corpo mental. São visões da memória, que permanecerá latente e viva.

— Algo poderá me atingir?

— Não. Ao contrário dos sonhos dos encarnados, que refletem, muitas vezes, o contato com o invisível, seus sonhos serão apenas lembranças, imagens retidas no pensamento, que não se dissolve. Além das sensações, nada lhe fará mal.

— Quer dizer que dormirei e terei pesadelos por anos a fio?

— Isso depende de você. Estarei sempre orando por você, para que seu corpo fluídico seja magnetizado por ondas do bem.

— Aqui, neste lugar, parece impossível.

— Todos os lugares servem a Deus. Assim também este aqui. E agora está na hora. Vamos nos preparar. Convido a todos que me acompanhem numa oração.

O susto de Abaddon foi tão grande que quase fez Abdul sorrir. Há muito não rezava, nem sabia mais como fazê-lo. Mesmo assim, por respeito, ajoelhou-se, fazendo sinal aos dois soldados presentes, para acompanhá-lo em silêncio. À medida que Abdul rezava, a densidade que imprimira a seu corpo fluídico foi aos poucos clareando, como se furinhos minúsculos atravessassem sua pele astral. Era algo tão bonito de se ver que Abaddon se pegou admirando-o, boquiaberto, pensando nas maravilhas que encontraria do lado de lá. Mas não se sentia pronto para ir com ele. Tinha responsabilidades ali que não podia negligenciar.

Encerrada a oração, Bruno parecia mais calmo, apesar de ainda chorar. Aproximando-se dele, Abdul pousou a mão sobre sua testa, causando-lhe um leve torpor.

— Desamarrem-no, por favor. Vamos levá-lo para a câmara que preparamos.

A um sinal de Abaddon, os soldados desamarraram Bruno e o ergueram facilmente. Ele estava atordoado, balbuciando coisas sem sentido. Não parecia sofrer, mas permanecia inquieto. Um dos companheiros de Abdul o pegou no colo, seguindo o grupo em silêncio. Dessa vez, Abdul permitiu que Abaddon os acompanhasse. Como senhor ali, não seria direito ocupar um aposento de seu castelo onde ele não pudesse entrar.

Colocaram Bruno sobre o catre, agora um leito perfumado e macio. Meio adormecido, Bruno continuava tentando manter a consciência, mas não por muito tempo. Posicionados ao redor dele, os quatro espíritos impuseram as mãos sobre o corpo do rapaz. Olhos fechados, em profunda concentração, atingiram seus centros nervosos astrais, retirando-lhes um pouco da força etérea, ocasionando uma espécie de esgotamento dos canais por onde circulava a energia que alimentava seu corpo astral.

Bruno adormeceu. Erguendo as mãos, os quatro espíritos estruturaram, ao redor dele, uma pirâmide de luz, para que, com seus poderes de captação energética, irradiasse sobre ele vibrações de equilíbrio. Tencionavam, com isso, mitigar os pensamentos daninhos que poderiam acarretar-lhe assombrosos pesadelos.

— Está feito — dissera Abdul.

Abaddon, por sua vez, estava impressionado. No fundo, aquela movimentação começara a incomodá-lo. Não tinha mais certeza se gostaria que Bruno continuasse ali. Afinal, uma câmara iluminada, no meio de seu castelo de sombras, podia comprometer a autoridade e a credibilidade que mantinha junto a seus comandados.

Partilhou seu temor com Abdul, que o compreendeu perfeitamente. Já esperava mesmo por aquilo. Fizera todo aquele preparo ali mesmo para que Abaddon chegasse àquela conclusão por conta própria. Não queria ferir o seu orgulho.

Assim, dias depois, Bruno era transferido para o sanatório localizado num astral intermediário, nem muito elevado, para não entrar em choque com a vibração densa dos que ali estavam, nem suficientemente inferior para provocar rombos na estrutura energética que guarnecia o hospital.

No último minuto, antes de retirarem, de vez, todos os apetrechos que ali haviam estruturado, Abdul chamou Abaddon a um canto e confidenciou-lhe:

— Você sabe que lugares como esse desaparecerão no futuro, não sabe?

Abaddon não sabia. Subitamente, a insegurança e o medo o balançaram seriamente. Não havia considerado aquela possibilidade, embora devesse ter pensado a respeito. Ele abriu a boca, abismado, como fizera tantas outras vezes. Ia perguntar a Abdul o que seria dele, de seus súditos e prisioneiros quando o espírito se adiantou, pôs a mão em seu ombro e falou com simplicidade:

— Você sabe como me encontrar.

Sem mais o que dizer, partiu.

EPÍLOGO

Abdul entrou mansamente no sanatório, orando pelos espíritos que ali estavam, pessoas cujos atos, em vida, haviam atingido as massas, todos considerados *casos perdidos no atual estágio da humanidade.* Caminhando em silêncio, dirigiu-se até o leito de Bruno. Embora adormecido, percebia-se que não estava em paz. Talvez sonhasse com seus crimes.

Ajoelhado ao lado dele, Abdul rezou, consciente de que o destino daqueles seres, embora triste, era necessário. Sabendo que o irmão seria atraído para o novo mundo que vinha sendo preparado para recebê-los, chorou mansamente. Em seu coração, havia amor. Desde muito antes de Hebron, estava ligado a Bruno por laços indeléveis de afeto.

Depois da oração, sentiu-se mais calmo. Do lado de fora da janela, o céu brilhava de estrelas tão vívidas que pareciam vagalumes esvoaçando ao alcance de suas mãos. Uma delas era o jovem planeta, cuja formação física já se havia completado e novas formas de vida davam início a um novo ciclo orgânico.

Um meteorito despencou lá do céu, desenhando um rastro de luz ao entrar na atmosfera. Diziam que se devia fazer um pedido quando uma estrela cadente cruzasse o infinito. Era uma crença popular, mas não uma tola ilusão. O pensamento produz maravilhas ou destruição, dependendo da mente que o idealiza.

Foi o que fez o pensamento de Abdul. Imaginou que aquela estrela descia sobre o corpo de Bruno, inundando seu coração de luz. Foi esse o seu pedido, o pedido que dedicou ao irmão e que gostaria que ele levasse aonde quer que fosse.

Bruno aquietou-se no sono. O meteorito sumiu no horizonte. Abdul beijou o irmão na fronte e agradeceu a Deus pela sua infinita bondade. Agora compreendia a mensagem conduzida pela estrela e que poucos conseguiam valorizar ou compreender...

Apenas uma palavra, um nome, uma esperança:

Amor.